Kate Northrup

Das liebe Geld

Sei nett zu ihm,
dann ist es immer bei dir

Aus dem Amerikanischen übersetzt
von Daniela Graf

Für meinen Mann Mike –
durch seine Hilfe ist unser ganzes gemeinsames Leben
eine Liebesgeschichte.

L·E·O Verlag ist ein Imprint der Scorpio Verlag GmbH & Co. KG,
herausgegeben von Michael Görden

Published by Arrangement with Hay House Inc., Carlsbad, CA
Die Originalausgabe ist erstmals 203 bei Hay House Inc. erschienen.
Titel der amerikanischen Originalausgabe:
Money – A Love Story
© 2013 by Kate Northrup
© der deutschen Ausgabe 2014 by L·E·O Verlag in der
Scorpio Verlag GmbH & Co. KG, Berlin · München
Umschlaggestaltung: Torge Niemann, WRAGE
Typografie und Satz: BuchHaus Robert Gigler, München
Druck und Bindung: GGP Media GmbH, Pößneck
ISBN 978-3-95736-001-4
Alle Rechte vorbehalten.

Mehr über unsere Bücher
www.leoverlag.de

INHALT

VORWORT

Christiane Northrup, M.D.,
Autorin von *Frauenkörper – Frauenweisheit*

Ich erinnere mich noch genau an den Tag, an dem ich zusammen mit Kates Vater unseren Finanzberater traf – gleich nach Kates Geburt. Ein neues Baby bedeutete, dass es an der Zeit war für etwas Immobilienplanung. Ich betrat die Hallen eines ehrwürdigen Finanzgebäudes, (das inzwischen nicht mehr existiert) – und fühlte mich ziemlich unwohl, so direkt nach der Geburt, etwas verlottert, dick und altbacken. In den Armen hielt ich meine winzige Kate.

Unser Broker trug – im krassen Gegensatz zu mir – einen maßgeschneiderten Anzug mit weißen Ärmelaufschlägen und edlen Manschettenknöpfen. Er war ein Bild modischer Eleganz.

Die Büros waren mit kostbarem Walnuss- oder Kirschbaum parkettiert, und alles versprühte den Duft des großen Geldes. Es gab keinerlei Zettel auf seinem Schreibtisch. Makellos. Perfekt. Kahl. Er sprach fast ausschließlich nur mit meinem Ehemann. Und das ganze Gespräch drehte sich darum, wie viel Geld wir zurücklegen müssten, um im Ruhestand ein bestimmtes Einkommen zu haben. Für mich hörte sich das alles in etwa so an:

»Am besten halten Sie sich ab jetzt bei allen Dingen, die Ihnen im Leben Freude machen und Geld kosten, rigoros zurück. Nun heißt es knapsen und sparen. Und zwar für die nächsten 30 Jahre. Dann – und nur dann – werden Sie in der Lage sein, ein gutes Leben zu führen, wenn Sie Rentner sind.« Das klang für mich wie: »Legen Sie Ihr Leben erst mal auf Eis. Verschieben Sie Ihr Leben auf später.« Es gab nichts in der gesamten Unterhaltung, das für meine Seele oder für meinen Glauben an die Fülle des Universums irgendeinen Sinn ergab. Nichts mit Freude oder Lebensqualität. Kein Platz mehr für Emotionen oder übersprühende Lebensfreude.

Ich fühlte mich irgendwie unwürdig und minderwertig verglichen mit diesem perfekt angezogenen Typen und seinem Team. Die ganze Situation war ziemlich einschüchternd. Wenn so die Finanzwelt war, wollte ich damit nichts zu tun haben.

Natürlich folgte ich damit unbewusst den finanziellen Verhaltensmustern meiner Familie und trat in die Fußstapfen meines Vaters. Er war immer sehr überschwänglich gewesen, voller Energie und hatte als Zahnarzt gutes Geld verdient. Doch als er mit 68 Jahren ganz plötzlich verstarb, ließ er meine Mutter ohne irgendwelchen finanziellen Sicherheiten zurück. Glücklicherweise sprangen meine Brüder ein und retteten die Situation, sodass sie tatsächlich die Farm behalten konnte! Wenn ich jetzt zurückblicke, erkenne ich, dass Kates Vater die Rolle meiner Mutter übernommen hatte (die sich ständig Sorgen wegen Geld und der Steuern machte), während ich das Erbe meines Vaters angetreten hatte, der immer unbeschwert Geld ausgegeben hatte, ohne groß an die Zukunft zu denken.

Aber es gibt noch eine andere Ebene, die wir alle bei dieser ganzen Geldgeschichte bedenken sollten – und das ist die Ebene, um die es in *Das liebe Geld* geht. In der westlichen Kultur wurde lange an der Vorstellung festgehalten, dass Sparsamkeit und Genügsamkeit eng mit Moral verknüpft sind. Je weniger man ausgibt, desto heiliger ist man. Und wenn man sich schöne Dinge und ein tolles Leben wünscht, ist man eben nicht so moralisch und rechtschaffen wie der Geizkragen von nebenan.

Dieser Glaube stammt noch von den Puritanern, und dagegen wollten mein Vater und ich uns wehren. Aber es ist sinnlos, gegen einen Glaubenssatz zu rebellieren, von dem man gar nicht weiß, dass man ihn hat. Die Kraft, die es braucht, um die eigene Liebesgeschichte zum Geld zu entwickeln, beginnt mit der wohlwollenden Überprüfung des eigenen Verhaltens und der eigenen Glaubenssätze, sodass eine Wandlung stattfinden kann.

Inzwischen darf ich mich voller Freude »finanziell mündig« nennen. Und ich genieße es sehr, dass ich bei der Heilung der finanziellen Erblinie meiner Tochter dabei sein darf, die natürlich eng mit meiner eigenen verbunden ist. Besonders viel Vergnügen hatte ich beim Lesen der Abschnitte, wegen denen Kate besonders nervös war: die über ihre familiären Altlasten zum Thema Geld und unsere gemeinsame Geschäftsgeschichte. Sei unbesorgt, Kleines. Du hast einfach nur die Wahrheit erzählt – und das auf eine sehr liebe- und stilvolle Weise. Und das ist gar nicht so einfach, bei Themen, die so emotionsgeladen sind wie Geld, Scheidung und die eigenen Eltern. Stichwort Familiengeheimnisse!

Aber wir haben nun mal alle eine vererbte Einstellung zum Geld. Und offen und frei über Geld zu sprechen, ist in den meisten Familien einfach nicht üblich. Da braucht es Mut – und den Willen, das eigene Bewusstsein zu diesem Thema zu klären und wenn nötig zu verändern. Dieses

Buch in den Händen zu halten, ist für mich fast so, als würde ich mein eigenes Enkelkind in den Armen wiegen. Das Erste, was ich nach dem Lesen der Einleitung machte, war der »Test rund ums liebe Geld«. Und meine Punktzahl war sehr hoch. Über 30 – ein Zeugnis dafür, wie weit ich seit den Tagen meiner finanziellen Ignoranz gekommen war, die ja der Nährboden für Kates finanzielle Erziehung war.

Und nun hat sich aus der Asche dieser Erblasten ein wunderschöner weiblicher Phönix erhoben! *Das liebe Geld* begegnet dem Thema Finanzen mit liebevollem Verständnis und Mitgefühl.

Das Buch ist voller Emotionen, tiefer Bedeutung und Lebenskraft. Es ist angefüllt mit dem, was Catherine Ponder »strahlende göttliche Substanz« nennt. Es ist die Energie, die hinter allen manifestierten Formen steckt. Die Energie, die Welten erschafft. Die Energie des Wohlstands, der Freude und der Fülle. Die weibliche Energie all der Dinge, für die es sich zu leben lohnt.

Das liebe Geld beinhaltet natürlich auch sehr praktische und einfache Methoden, um Ihre eigenen vererbten finanziellen Muster zu heilen. Ich habe beispielsweise Folgendes getan, um mich von meinen Erblasten zu befreien und die Prägungen von Scham und Schande zu heilen, von denen ich eingangs sprach, ohne diese an meine Töchter weiterzugeben. Gleich nach meiner Scheidung und während meiner Reise in die finanzielle Mündigkeit, nahm ich meine Töchter (damals in ihren späten Teenager-Jahren) in genau dieselben finanziellen Situationen mit, in denen ich mich immer so unzulänglich gefühlt hatte. Ich wollte, dass sie mein »Finanzteam« treffen – meinen Buchhalter, meinen Anwalt, meinen Bankier, meinen Finanzberater. Ich wollte, dass sie wissen, dass die Leute, die in der Finanzbranche arbeiten, von ihnen angeheuert werden, um für sie zu arbeiten – und nicht andersherum. Meine Töchter sollten sich in den heiligen Finanzhallen auf keinen Fall so macht- und wertlos fühlen wie ich damals. Vielmehr wollte ich, dass sie in finanziellen Fragen Unterstützung erfahren würden. Sie sollten spüren, dass ihre eigenen individuellen Werte respektiert werden. Ich wollte nicht, dass sie sich kritisiert oder dumm oder sonst irgendwie schlecht fühlen, wenn es um ihr Geld ging. Und ich ließ sie übrigens auch (mit Stolz!) wissen, dass ich drei verschiedene Buchhalter ausprobiert hatte, bevor ich den für meine Bedürfnisse perfekten gefunden hatte. Die ersten beiden hatten mich wie ein dummes, kleines Mädchen behandelt. Die konnten mir mal den Buckel runterrutschen! Und den Broker, der so gar nicht daran interessiert war, mit mir zu sprechen als Kate noch ein Baby war – aber umso mehr nach meiner Scheidung und moderatem finanziellen Erfolg – den habe ich natürlich auch gefeuert. Und hier ist nun die ganze Wahrheit. Unsere Beziehung zum Geld beeinflusst unsere Gesundheit sehr stark – besonders die Gesundheit des zweiten Chakras – also unsere Fortpflanzungsorgane, die Blase, Teile des Darms sowie den unteren Rücken. Über viele Jahre war ich als Gynäkologin Augenzeugin, wie sehr die weibliche Gesundheit von Geld-, Sex- oder Machtproblemen angegriffen wird – den typischen Energien des zweiten Chakras.

Die Beckengesundheit der Frau ist beispielsweise meist gut, wenn sie ihre Finanzen unter Kontrolle hat. Anders sieht es aus, wenn sie von den Geldern anderer abhängig ist oder sich unwürdig fühlt, mehr Geld für ihre Arbeit zu erhalten.

Ein weiteres gesundheitliches Risiko für eine Frau ist die Unfähigkeit, eine Beziehung zu beenden, in der Missbrauch eine Rolle spielt – aus Angst, es finanziell allein nicht zu schaffen.

Um es kurz zu machen, es gibt eine ganze Menge Begründungen dafür, dass *Das liebe Geld* eigentlich ein Buch über Gesundheit ist. Wenn die eigenen Finanzen gesunden, wird es auch viel einfacher, körperlich fit zu sein. Um es ganz deutlich zu sagen: Bei mir persönlich hatte sich in den letzten drei Jahren meiner Ehe ein riesiger Tumor in meiner Gebärmutter entwickelt. Diese Geschwulst bezeugte die Tatsache, dass die Energien meines zweiten Chakras damals aus der Balance geraten waren. Und deshalb finde ich es so großartig, dass meine Tochter, die den Zusammenhang zwischen Glaubensfragen und Gesundheit kennt, ihren eigenen vererbten Geldengrammen direkt ins Auge geblickt hat. Und ich bin stolz, dass sie dann diese Ödnis mit Liebe und Zärtlichkeit in eine Oase von Achtsamkeit und praktischer Weisheit verwandelt hat. Durch die Augen meines Kindes bin ich in der Lage zu sehen, wie weit auch ich gekommen bin – vom finanziellen Terror in die finanzielle Freiheit. Und das Resultat ist, dass meinen Enkeln – und vielleicht auch Ihren Kindern und Enkeln – Mittellosigkeit und Geldsorgen erspart bleiben. Und genau wie ich und meine Tochter können auch Sie ihre Beziehung zum Geld in eine Liebesgeschichte verwandeln. Und das wird nicht nur sie positiv beeinflussen, sondern auch jeden, der mit Ihnen in Kontakt kommt.

Und nun zu dir, Kate. Ich kann nur sagen: Toll gemacht! Ich bin so stolz auf dich, dass ich platzen könnte.

EINLEITUNG

Jeder der behauptet, er habe keine Probleme mit Geld, lügt – oder vielleicht leidet derjenige auch einfach an Wahnvorstellungen. Geld ist so allgegenwärtig in unserem Leben und gleichzeitig wird so selten auf einer tieferen Ebene darüber diskutiert, dass wir gar nicht begreifen, welchen Einfluss es auf uns hat.

Wissen Sie, das eigentliche Problem beim Geld ist, dass es eigentlich für etwas ganz anderes steht. Im Grunde tauschen wir Geld für die Dinge ein, die wir wollen, die in unseren Augen einen gewissen Wert haben. Die Wirtschaft ist einfach ein System, bei dem Werte ausgetauscht werden. Geld ist an und für sich gar nichts wert. Es ist nur das, was Geld repräsentiert, das diesen ganzen Kram so kompliziert macht.

Für einige steht Geld für Liebe. Für andere wiederum für Komfort, Genuss oder Vergnügen. Und für wieder andere bedeutet Geld einfach Glück. Und diese Zuordnung von Werten bringt genau die gleichen Emotionen mit sich – wie alle anderen Beziehungen auch. Und darum habe ich dieses Buch auch *Das liebe Geld* genannt.

Ich bin mir sicher, dass einige beim Lesen dieses Titels entsetzt sein werden – dass ich *Geld* und *Liebe* in einem Atemzug erwähnt habe. Man kann ja schon durch die bloße Andeutung, dass Geld irgendetwas mit Liebe zu tun haben könnte, gehörig anecken.

Ich bin mir allerdings so sicher, dass das Wirrwarr unserer Geldnöte sehr wohl mit Liebe zu tun hat (und kaum mit irgendetwas anderem), dass ich es sogar auf dem Buchcover stehen haben wollte. Ich muss erst noch jemanden treffen, der nicht irgendwie emotionsgeladen wird, sobald es um Geld geht.

Ob man nun mehrere Millionen Dollar oder nur ein paar davon hat – Geld hat eine ziemliche Bedeutung für nahezu jeden in unserer Kultur.

Doch obwohl Geld für viele ein so schwieriges Thema ist, kann man nahezu nirgends auf diesem Planeten überleben, ohne irgendwie am Wirtschaftssystem teilzunehmen. Deshalb ist es an der Zeit, dass wir diese ganze Geschichte mit dem Geld ein für alle Mal klarstellen. Die meisten Leute, die sich ihre Geldprobleme eingestehen, denken, dass sie nur lernen müssen, besser mit dem Geld umzugehen, um aus ihrer Misere zu kommen. Sie glauben, dass alles wieder gut werden würde, wenn sie nur das richtige Buch über persönliche Finanzen lesen, in die richtigen Aktien investieren oder einen vernünftigen Wirtschaftsprüfer anheuern. Aber ich finde, dass diese Leute die Sache total falsch angehen. Nach meiner Erfahrung – und der von anderen, die ich beobachtet habe – beginnt der Weg vom Schuldenberg zur finanziellen Freiheit an einem Ort, der meist gänzlich übersehen wird: bei uns selbst. Um herauszufinden, wo genau wir beim Thema Geld stehen, braucht es etwas Selbstreflexion und -verständnis. Und wie bei jeder guten Liebesgeschichte gibt es auch bei unserer

Beziehung mit dem Geld Höhen, Tiefs und überraschende Wendungen. Wir sind fasziniert. Wir sind verliebt. Wir hassen es und schwören: nie wieder. Wir streiten uns. Wir vertragen uns. Wir lassen zu schnell los und halten zu lange fest. Und wie bei jeder Beziehung liegt auch bei Ihren Geldnöten der Schlüssel direkt mittendrin versteckt. Es geht nicht darum, sich selbst fertigzumachen oder strenge Regeln aufzustellen, was man nun kaufen darf und was nicht. Es geht darum, die Rolle zu erkennen, die Sie in Ihrer Beziehung spielen. Es geht darum, den Wert der Dinge in Ihrem Leben zu bestimmen. Es geht darum zu sehen, wer Sie wirklich sind – in Bezug auf Geld.

Um eine gute Beziehung zum Geld zu haben, muss man wissen, wer man ist, und wofür man in diese Welt geboren wurde.

Das wurde mir besonders klar, als ich Danielle LaPorte und Navjit Kandola interviewte. Am Ende des Videos (das man sich auf www.moneyalovestory.com/glimpse ansehen kann) stellt Navjit die Frage: Welcher Zukunft gehören Sie an?

Im Grunde fragt sie danach, was einen im Leben anregt und begeistert. Das war eine Möglichkeit, meine Leidenschaft, meinen Lebenssinn, zu benennen. Und dies hat für mich einmal mehr hervorgehoben, dass die Fähigkeit, dieses Leben zu leben, unabdingbar mit Geld und meiner Beziehung damit verknüpft ist. Und das gilt für jeden. Jeden Morgen aufzuwachen und zu tun, zu was auch immer man sich berufen fühlt, hängt mit der eigenen Fähigkeit zusammen, sich frei von finanziellen Zwängen zu fühlen, offen zu sein und seinem Herzen zu folgen. Bevor wir nun zum wesentlichen Teil des ganzen Geldthemas kommen, möchte ich noch einmal klarstellen, dass meine Philosophie *nicht* heißt: Mehr Geld führt zu finanzieller Freiheit.

Viele begehen den großen Fehler, wenn sie über finanzielle Freiheit reden oder sich diese vorstellen, dass sie entweder nicht wissen, was das heißt oder denken, es hätte damit zu tun, Millionen anzuhäufen.

Es gibt Hunderte, eher Tausende von Büchern darüber, wie man mehr Geld macht, besonders *sehr* viel mehr Geld. Ich habe viele davon gelesen und konnte viele wundervolle Ratschläge und Weisheiten sammeln, die ich in mein Leben integriert habe. Vielleicht kommen Ihnen sogar einige Tipps bekannt vor, die ich in diesem Buch immer mal wieder einstreue.

Aber um es nochmals klarzustellen: Dies ist kein Buch über schnellen Reichtum und Wohlstand, sondern darüber, wie Sie Ihr Leben so organisieren, dass Sie das bekommen, was Sie wirklich wollen. Ich werde Ihnen Strategien aufzeigen, durch die Sie mehr Durchblick bei Ihren Finanzen bekommen, Ihre Schulden abbauen und sich auf den Weg zur finanziellen Freiheit machen können. Dazu sollten Sie sich zuerst auf Ihr privates Gefühlsleben und die Struktur Ihrer finanziellen Ausgaben konzentrieren, die wiederum eng mit Ihrem Gefühlsleben verknüpft sind. Obwohl ich nicht weiß, was gerade Ihr spezieller Daseinszweck auf dem Planeten ist, so weiß ich doch, dass Sie im Leben ganz im Hier und Jetzt sein sollten. Und es fällt viel leichter, präsent zu sein, wenn man sich nicht ständig um Geld sorgen muss. Dann kann man im Großen denken und planen – und schauen, was man am Zustand der Welt selbst verbessern kann. Und außerdem kann man dann all die kleinen schönen Momente des Lebens viel besser genießen – wie beispielsweise das Kind zur Schule zu bringen oder ein Feuer im Kamin anzufachen.

Wenn Sie im Hier und Jetzt sind, können Sie Ihre innere Stimme besser verstehen. Dadurch sind Sie zu mehr zu gebrauchen und können mit Herz, Leib und Seele bei der Sache sein.

In *The Fire Starter Sessions* sagt meine Freundin Danielle LaPorte:»Sie selbst zu werden ist Ihr Daseinszweck.« Und das Entscheidende dabei ist, dass es wesentlich einfacher ist, man selbst zu werden – und zwar die widerstandsfähigste Version – wenn man sich nicht die ganze Zeit wegen Geld sorgen muss.

Es ist eigentlich unmöglich, den Umgang mit Geld gänzlich zu vermeiden. Warum es also nicht gleich zum Dreh- und Angelpunkt in Ihrem Leben machen und es vielleicht sogar in Ihre spirituelle Praxis und Philosophie integrieren? Ich habe genau das die letzten Jahre über getan, und die Ergebnisse waren überwältigend: Früher war ich 20000 Dollar in den Miesen – und nun genieße ich die totale finanzielle Freiheit!

Ich habe auf meiner persönlichen Reise viel gelernt und freue mich, diese Tipps und Techniken nun mit Ihnen teilen zu können. Denken Sie daran, Ihr Weg zu einer guten Beziehung zum Geld wird einzigartig sein – so wie jede Beziehung. Dieses Buch ist so angelegt, dass es Sie von einer Erkundung der inneren Aspekte Ihrer Beziehung zum Geld zu den eher äußeren finanziellen Umständen des Alltags begleitet. Doch ich erwarte nicht, dass Sie sich selbst auf genau dieselbe Weise in Bezug auf Ihre Finanzen kennenlernen werden. Die Übungen bauen aufeinander auf und werden Ihnen dabei helfen, sich selbst besser zu verstehen. Während Sie an einigen vielleicht länger knabbern werden, flutschen sie durch andere wiederum einfach so durch. Vertrauen Sie einfach Ihrem eigenen Timing und nehmen Sie sich die Zeit, die Sie brauchen.

Der einzige Rat, den ich geben kann: Überspringen Sie keine Kapitel. Wenn Sie Widerstände spüren, könnte es sein, dass die betreffende Übung oder das spezielle Kapitel Ihnen am meisten helfen wird, eine bessere Beziehung zum Geld zu bekommen. Also probieren Sie die Dinge, über die ich in diesem Buch schreibe, doch einfach mal in Ihrem Leben aus. Ich garantiere Ihnen, dass sich die Dinge zum Besseren wenden werden. Ich kann Ihnen nicht genau sagen, wie oder was, aber ich weiß, dass jede Art von positiver Aufmerksamkeit enorme Ergebnisse bringen wird – und das betrifft jeden Lebensbereich. Und ich weiß ebenfalls, dass die finanziellen Aspekte in Ihrem Leben solch eine Aufmerksamkeit in jedem Fall wert sind. Ganz kurz noch etwas, bevor wir beginnen. Eines der hilfreichsten Mittel, um Ihrem Geld mehr liebevolle Aufmerksamkeit zukommen zu lassen, ist übrigens ein begleitendes Journal. Bei vielen der Übungen in diesem Buch werden Sie gebeten, Ihre Gedanken aufzuschreiben und zu notieren, wie es gerade um Ihre Finanzen steht. Schnappen Sie sich also ein leeres Heft und machen Sie daraus Ihr »Journal rund ums liebe Geld«. Dazu brauchen Sie dann nur noch einen Stift, einen offenen Geist und ein wenig Herzblut. Also, wie wär's?

Lassen Sie uns doch einfach anfangen!

EIN TEST RUND UMS LIEBE GELD

Bevor wir nun zum Hauptteil des Buchs kommen, sollten Sie eine kleine Bestandsaufnahme Ihrer Beziehung zum Geld machen. Mithilfe des folgenden kurzen Tests können Sie erkennen, was Sie von der Fülle, die Sie anstreben, bisher zurückhält und was Ihre gegenwärtige Beziehung zum Geld über Sie aussagt. Finden Sie außerdem heraus, wie Sie den größten persönlichen Nutzen aus diesem Buch ziehen können.

1. Wissen Sie, wie viel Sie letzten Monat ausgegeben haben und für was – auf 100 Euro genau?
2. Wissen Sie, wie viel Sie im letzten Monat verdient haben – auf 100 Euro genau?
3. Haben Sie Ersparnisse in Höhe von mindestens 1000 Euro?
4. Haben Sie mindestens ein Konto für Ihren Ruhestand?
5. Haben Sie mindestens ein Sparkonto?
6. Haben Sie passive Einnahmen aus Immobilienbesitz, Aktien, Fonds oder Unternehmen?
7. Wissen Sie welche Fonds, Aktien oder Wertpapiere Ihnen in Ihren Sparkonten gehören?

8. Sprechen Sie mit Ihrer besseren Hälfte, Ihrem Partner, einem Freund oder einer sonstigen Bezugsperson mindestens einmal in der Woche über Geld?

9. Wissen Sie, wie viel Geld Sie gerade auf Ihrem Girokonto haben – auf 100 Euro genau?

10. Wissen Sie, wie viel Sie im Durchschnitt jeden Monat ausgeben?

11. Kennen Sie die drei Hauptkategorien, für die Sie Ihr Geld ausgeben?

12. Geben Sie bewusst Geld für die Dinge aus, die Ihnen am meisten bedeuten?

13. Haben sie Freude an finanziellen Angelegenheiten wie Rechnungen zu bezahlen, mit Ihrem Buchhalter zu sprechen und Ihre Investitionen zu beobachten?

14. Haben Sie Freude daran, wie Sie Ihren Lebensunterhalt verdienen?

15. Haben Sie jemals ein Buch über Geld vor diesem hier gelesen?

16. Haben Sie schon einmal einen Kurs über Geld belegt?

17. Fühlen Sie sich optimistisch, wenn Sie an Ihre finanzielle Zukunft denken?

18. Überlegen Sie sich zu Beginn jedes Jahres finanzielle Vorsätze?

19. Verfolgen Sie Ihre Ausgaben?

20. Haben Sie das Gefühl, dass Ihre Arbeit wertvoll für die Welt ist?

21. Mögen Sie es, Geld zu verdienen?

22. Haben Sie schon einmal ein Unternehmen gestartet?

23. Liegen Sie manchmal nachts wach im Bett oder wachen zu früh auf, weil Ihnen Ihre Geldsorgen keine Ruhe lassen?

24. Glauben Sie, dass Menschen, die vermögend sind, weniger spirituell sind als Leute, die weniger Geld haben?

25. Enden Gespräche über Geld mit Ihren Freunden oder Ihrem Lebensgefährten oft in Streitigkeiten?

26. Fühlen Sie sich angespannt oder ängstlich, wenn Sie über Geld reden oder nachdenken?

27. Verwenden Sie den Satz »Das kann ich mir nicht leisten« mindestens einmal pro Woche?

28. Ist Ihre Kreditkarte mit Schulden belastet?

29. Vermeiden Sie es, sich Kontoauszüge, Kreditkartenabrechnungen oder andere finanzielle Unterlagen anzusehen?

30. Haben Sie noch Steuerrückstände?

31. Haben Sie das Gefühl, wann immer es um Ihr Geld geht, dann ist irgendwie nie genug davon da?

32. Driften Sie ab, langweilen Sie sich oder zeigen andere Abwehrreaktionen, wenn Sie über Geld reden, mehr darüber erfahren oder sich in anderer Weise um finanzielle Dinge kümmern?

33. Schränkt es Sie ein, wenn Sie weniger Geld ausgeben als Sie verdienen?

34. Hegen Sie den Glauben – vielleicht auch ganz unbewusst – dass Geld schmutzig und schlecht ist?

35. Hegen Sie den Glauben – vielleicht auch ganz unbewusst – dass reiche Leute böse und gierig sind?

36. Fühlen Sie sich von der Arbeit, mit der Sie Ihr Geld verdienen, ausgelaugt?

37. Haben Sie Probleme damit, Geld für sich selbst auszugeben?

38. Fühlen Sie sich nervös und unsicher, wenn Sie eine größere Summe ausgeben?

39. Nutzen Sie den Rahmen Ihrer Kreditkarte voll aus, obwohl Sie wissen, dass Sie den Betrag ganz leicht zurückzahlen könnten?

Auswertung:

Addieren Sie jedes »Ja« von Frage 1 bis 22. Tragen Sie diese Zahl hier ein: _13_ 5

Addieren Sie jedes »Nein« von Frage 23 bis 39. Tragen Sie diese Zahl hier ein: _9_

Zählen Sie nun Ihre beiden Zahlen zusammen. Ihr Gesamtpunktestand bei diesem Test lautet: _14_.

Wenn Ihr Punktestand zwischen 0 und 11 liegt: Sie stehen mit Ihrem Geld auf Kriegsfuß. Ganz ehrlich: Geld ist nicht gerade Ihr Lieblingsthema. Wenn es um Ihre Finanzen geht, wird die Stimmung ziemlich düster.

Ich gratuliere Ihnen daher besonders, dass Sie den mutigen Schritt gewagt und sich diesem Test gestellt haben. Der bloße Akt der Konfrontation mit den Tatsachen und der ehrliche Umgang mit Ihrer finanziellen Situation erfordert bereits viel Courage. Dass Sie hierbei präsent sind und sich über Ihre Beziehung zum Geld klar werden wollen, zeigt Ihren guten Willen. Und dieser Wille ist der erste Schritt zur Wandlung. So sind Sie Vielen bereits einen Schritt voraus, denn wie schon Woody Allen sagte: »Achtzig Prozent von Erfolg ist: Präsenz zeigen.«

Sie werden einige Spinnweben entfernen müssen, die sich um Ihr Geldbewusstsein gewickelt haben. Und Sie sollten einige praktische Schritte unternehmen, um Ihre finanziellen Angelegenheiten in Ordnung zu bringen. Ihre stürmische Beziehung zum Geld war bisher alles andere als eine Liebesaffäre, und Sie haben vielleicht sogar einige Narben davongetragen. Aber das kann sich ab heute alles ändern. Die gute Nachricht ist, dass Sie hier und jetzt dieses Buch in den Händen halten und guten Willen zeigen. Sie sind zur richtigen Zeit am richtigen Ort.

Wie Sie das Meiste aus diesem Buch herausholen können: Gehen Sie es leicht und locker an. Wenn Sie sich ängstlich oder überfordert fühlen, gönnen Sie sich eine Pause. Aber geben Sie sich das Versprechen, dieses Buch und alle Übungen darin innerhalb eines Jahres komplett durchzuarbeiten.

Schnappen Sie sich eine Freundin oder einen Kumpel (besser gleich ein paar davon) und unterstützen Sie sich gegenseitig bei Ihrer persönlichen Reise.

Sich unsterblich in sein Geld zu verlieben (und in sich selbst), sodass Sie das Leben führen können, dass Sie sich wünschen, ist nichts für Feiglinge. Aber ich verspreche Ihnen, dass die Vorteile von Wohlstand, Freiheit und wahrem Selbstwert sich wirklich lohnen, selbst wenn Sie sich auch mal unbehaglich fühlen sollten. Und beim Lesen dieses Buchs werden Sie sich wahrscheinlich sogar oft unbehaglich fühlen. Und sobald das der Fall ist, dürfen Sie sich gratulieren. Wenn Sie sich unwohl fühlen, bedeutet das nämlich, dass Sie sich weiterentwickeln. Ihre Zukunft ist rosig. Bleiben Sie dran. Zusammen schaffen wir das.

Wenn Ihr Punktestand zwischen 12 und 30 liegt: Liebe liegt in der Luft. Ich sehe, dass da viel geschmust wird in Zukunft. Sie sind auf dem Weg, ein Experte in Geldfragen zu werden. Gut gemacht! Sie müssen vielleicht noch einige begrenzende Glaubenssätze ausmisten und ein paar Schulden abbezahlen, aber Sie sind auf dem richtigen Weg! Es ist an der Zeit, die Sache anzuheizen und es sich noch etwas kuschliger mit Ihrem Geld zu machen. Sie sind schon toll vorangestürmt, aber es gibt durchaus noch Entwicklungspotenzial. Und das Großartige dabei ist: Es wird einfach immer, immer besser. Jede Beziehung, die einen Wert hat, sollte regelmäßig durch liebevolle Taten vertieft werden.

Wie Sie das Meiste aus diesem Buch herausholen können: Lesen Sie mit einem offenen Geist und einem offenen Herzen. Die Art, wie ich über Geld rede, hat nichts mit der Art zu tun, mit der die meisten Leute über Geld sprechen. Dieses Buch kombiniert das Spirituelle mit dem Finanziellen. Und das kommt selten genug vor. Wenn Sie sich durch die Prozesse in diesem Buch erschöpft fühlen, bleiben Sie einfach präsent. Sie sind bereits auf dem Weg zu einer wundervollen Liebesbeziehung zu Ihrem Geld. Und falls Sie sich gelangweilt fühlen, weil Sie etwas schon kennen, dann bleiben Sie trotzdem dabei. Machen Sie die Übungen, selbst wenn Sie denken, Sie wissen bereits alles über das Thema. Denn es ist möglich, dass Sie etwas entdecken, von dem Sie nicht wussten, dass Sie es noch nicht kannten.

Wirklich großartige Beziehungen erfordern, dass wir Orte aufsuchen, an denen wir noch nie zuvor waren. Und es ist gut möglich, dass Sie und ich diese Orte gemeinsam besuchen werden. Seien Sie unbesorgt. Ich pass auf Sie auf. Und eigentlich wird es sowieso ziemlich viel Spaß machen.

Wenn Ihr Punktestand zwischen 31 und 39 liegt: Das ist wahre Liebe! Sie leben im seltenen Flair von Leuten, die bereits eine herrliche Liebesaffäre mit Ihrem Geld haben. Sie verstehen, wie Geld funktioniert, und haben keine Angst darüber zu reden oder sich damit zu beschäftigen. Trotzdem: Beziehungen erfordern tägliche Pflege. Jeder, der bereits einige Jahre verheiratet ist, wird Ihnen bestätigen können, dass dies Arbeit erfordert. Treffen Sie heute die Entscheidung, sich immer liebevoll mit Ihrem Geld zu beschäftigen. Werden Sie nicht behäbig und selbstzufrieden, sondern unternehmen Sie täglich etwas, um die liebevolle Beziehung zu Ihrem Geld aufrechtzuerhalten.

Wie Sie das Meiste aus diesem Buch herausholen können: Vorsicht vor dem *Ich-weiß-schon-alles*-Syndrom! Wenn Sie schon andere Bücher oder Kurse über Geld kennen und sich nun bereits auf dem Wohlstandszug befinden, könnten Sie diesem heimtückischen Syndrom leicht zum Opfer fallen. Jedes Mal, wenn Sie merken, dass Sie abdriften, weil Sie glauben, etwas längst zu wissen, ist das eine tolle Möglichkeit, um sich nochmals damit zu beschäftigen. Ich glaube nicht daran, dass es 100 Prozent originelle, neue Ideen da draußen gibt. Dennoch müssen wir die gleichen Dinge wieder und wieder hören, bevor sie uns wirklich bewusst werden. Vielleicht kennen Sie bereits einiges, über das ich hier geschrieben habe. Aber ich verspreche Ihnen: Sie haben dieses Buch aus gutem Grund in den Händen. Wir haben einander gefunden, und hier gibt es auch etwas für Sie. Geben Sie sich den tiefen Erfahrungen hin, zu denen der Geist des Anfängers fähig ist. Gehen Sie diese Arbeit an, als wäre alles brandneu für Sie. Wir haben alle das Potenzial, um noch tiefer in unsere Beziehung zum Geld einzutauchen, mit uns selbst und mit der Liebe an sich.

Das ist Ihre Chance – und jetzt ist der richtige Augenblick. Also, packen wir die Sache an!

KAPITEL 1

WAS HAT DENN DAS MIT LIEBE ZU TUN?

Um diese Frage zu beantworten, welche die fabelhafte Tina Turner einst stellte – und nun dieses Kapitel – braucht es nur ein Wort: *alles*.

Lassen Sie uns beginnen, indem wir uns etwas in das Konzept vertiefen, das ich bereits in der Einleitung angesprochen habe – was Geld wirklich ist ... oder nicht ist.

Geld existiert nicht. Was?! Gehen Sie noch mal zurück und vergewissern Sie sich, dass Sie richtig gelesen haben. Ja, haben Sie!

Ich wiederhole: Geld existiert nicht. Die erste urkundliche Erwähnung fand der Begriff *Geld* etwa 3000 v. Chr. in Mesopotamien. Damals brauchten die Menschen ein Tauschsystem, um den Überblick über ihre Wertgegenstände zu behalten. Das war die Geburtsstunde des Geldes. Wir haben es uns einfach ausgedacht. Die Tatsache, dass das Haus, in dem ich das hier schreibe und das inmitten der Wüste von Scottsdale, Arizona, liegt, einen Wert von 100 000 Dollar hat, ist frei erfunden. Die Tatsache, dass meine Pediküre letzte Woche 45 Dollar gekostet hat und die Shorts, die ich gerade trage, 39,95 Dollar, ist ebenfalls komplett abhängig von der Werteinschätzung der Menschen.

Die grün-weißen Vierecke aus Papier in meinem Portemonnaie sind an sich wertlos. Ebenso die kleinen Plastikkarten mit den aufgeprägten Nummern, die ich benutze, um Sachen zu bezahlen. All das hat keinen wirklichen Wert. Wenn Sie das ganze Geldsystem mal mit etwas Abstand betrachten, werden Sie erkennen, dass Geld tatsächlich nicht existiert. Die Menschen haben es sich einfach nur ausgedacht.

Wenn Sie sich also das nächste Mal über die Wirtschaft beklagen und sich hilf- und hoffnungslos wegen Ihrer finanziellen Situation fühlen, nehmen Sie sich einen Moment Zeit für einen Realitätscheck. Öffnen Sie Ihr Portemonnaie und nehmen Sie die Papierscheine und Plastikteile heraus, welche die vermeintlichen Verursacher Ihres Kummers sind. Schauen Sie genau hin. Schnüffeln Sie an ihnen. Befühlen Sie sie. Zerknittern Sie sie ein bisschen, rascheln Sie damit und lauschen Sie den Geräuschen. Was sind diese Dinger aus Papier und Plastik eigentlich wirklich? Es sind einfach Symbole für Werte, die wir Menschen erfunden haben.

Ihre Geldgeschichte

Da wir nun herausgefunden haben, dass Geld nicht real ist, können wir auch genauso gut zugeben, dass wir ziemlich intensive Emotionen mit dem Thema verbinden und jetzt ein guter Zeitpunkt wäre, um diese einmal genauer unter die Lupe zu nehmen.

Und wie sollten wir das besser beginnen, als uns zuerst unsere eigene Geschichte mit dem lieben Geld anzuschauen?

Im ersten Stadium der finanziellen Freiheit erzählt man sich selbst die eigene wahre Geschichte und fühlt die aufkommenden Emotionen, wenn man das nicht schon getan hat (und selbst wenn – emotionale Heilung findet üblicherweise in mehreren Schichten und Stufen statt). Das ist wichtig, denn die Wahrheit kommt immer irgendwann ans Licht, selbst wenn man versucht, sie zu ignorieren. Also kann man sie genauso gut gleich ins Helle einladen – und zwar mit Liebe, sodass sie Ihnen später nicht unliebsam in den Rücken fällt, wenn Sie es am wenigsten erwarten.

Meine Mutter sagte immer:»Du musst es spüren, damit es heilen kann.« Das ist eine meiner Lebensmaximen. Ich glaube nämlich nicht, dass es im Leben darum geht, die ganze Zeit glücklich zu sein. Vielmehr denke ich, dass es um das ganze erfahrbare Spektrum menschlicher Emotionen geht, sodass wir jeden Moment voll ausleben können. Lassen Sie uns also einfach mit meiner Geldgeschichte beginnen, die wie bei jedem von uns mit vielen überraschenden Wendungen ausgestattet ist. Ich tue das nicht, weil ich meine Geschichte für besonders interessant halte, sondern damit Sie die Möglichkeit haben, sich vielleicht in meiner Geschichte wiederzuerkennen. Wenn Sie meine Geschichte und die von anderen in diesem Buch gelesen haben, achten Sie darauf, welche sie bewegt und welche sie langweilt. Beobachten Sie, welche Sie verärgert und welche Sie besonders spannend finden. Machen Sie es sich bewusst, wenn Sie bei einer Geschichte starke Emotionen überkommen – sowohl positive als auch negative.

In jeder dieser Geschichten sind Perlen der Weisheit versteckt. Also aufgepasst: Der Text auf den folgenden Seiten ist vielleicht Ihre in Tinte manifestierte innere Stimme.

Ich wuchs in einem typischen weißen, evangelischen

Haushalt in Maine auf, mit zwei Ärzten als Eltern. Meine Mutter kam aus einer Familie mit einem überdurchschnittlichem Einkommen – verglichen mit den meisten Leuten in ihrer Stadt. Mein Vater kam aus einer Familie, die Geld von der Alcoa Aluminium Company geerbt hatte. Er wuchs mit Zimmermädchen auf, und einmal pro Woche kam sogar jemand, um das ganze Silber zu polieren.

Für meine Schwester und mich wurde gut gesorgt. Wir hatten Tanzstunden, tolle Urlaube und bekamen eine College-Ausbildung. Trotzdem gab es bei uns kaum Gespräche über Geld. Eigentlich sprach niemand je darüber. Ich erinnere mich, dass mein Vater einmal im Jahr, nicht lange nach meinem Geburtstag am ersten Frühlingstag, viele Papiere mit langen Zahlenkolonnen hervorkramte. Er breitete sie in verschiedenen Stapeln auf dem Wohnzimmerboden aus, schnappte sich einen Textmarker und begann darüber herzufallen. Die ganze Sache sah äußerst komplex aus und strengte ihn offensichtlich sehr an. Trotzdem wurde das Thema nicht extra ausdiskutiert.

Ich wusste eigentlich nur, dass meine Familie wohl ziemlich viel Geld besaß, da meine Freunde manchmal darüber redeten. Sie fragten mich dann Dinge wie: »Wie fühlt es sich eigentlich an, reich zu sein?« Und: »Wie viel hat dieses Outfit gekostet? Ich schätze, deine Schuhe kosten mehr als alles, was ich heute anhabe, zusammen.«

Ich wusste, dass andere Eltern meine Eltern respektierten (oder beneideten – je nach Charaktertyp), weil sie Ärzte waren. Ich wusste, dass wir viel auswärts aßen und oft Ausflüge machten. Wenn ich neue Ballettschuhe brauchte, weil mir die alten zu klein wurden, schien das kein Problem darzustellen.

Ich erinnere mich, dass es mir von klein auf gefiel, Geld zu verdienen. Meine Schwester Ann und ich eröffneten unser erstes »Geschäft«, als ich ungefähr sechs und sie etwa acht war. Es hieß: Queen Anne's Lace & Katydids (Wiesenkerbel und Laubheuschrecke). Im Sommer verkauften wir Limonade, Wildblumensträuße und selbst gebastelten Schmuck auf der Insel Chebeague vor der Küste Maines. Und als Teenager besaß ich dann eine boomende Hunde-, Katzen- und Babysitting-Agentur. Außerdem war ich regelmäßig die beste Verkäuferin bei den Spendenaktionen unserer Schulklasse und verkaufte auch die meisten Zeitschriften-Abos, Apfelsinenkisten oder Kränze – abhängig vom Jahr und der Sportart, die ich gerade betrieb. Mein Erfolg beschämte mich, machte mich aber gleichzeitig auch stolz, da ich dadurch so viel Aufmerksamkeit bekam. Obwohl meine Eltern mit meiner Schwester und mir nicht viel über Geld redeten, schien mir, dass es wohl sehr wichtig war. Mir fiel auch auf, dass meine Freunde und deren Eltern dem Thema eine große Bedeutung beimaßen.

Dann ließen sich meine Eltern nach 24 Jahren scheiden, als ich 16 war. Plötzlich gab es mehr Unterhaltungen über Geld als je zuvor.

Ich hatte nun zum ersten Mal mit meinen Eltern – jeweils einzeln – damit zu tun. Ich konnte ihre grundverschiedenen Einstellungen dazu beobachten und wie unterschiedlich sie damit umgingen. Damals begann meine eigentliche finanzielle Ausbildung, weil die Gegensätze bei meinen Eltern einfach so groß waren. Ich begann mir sorgfältig die Perspektiven auszuwählen, die mir wirklich sinnvoll erschienen. Nach der Scheidung begann meine Mutter ihr eigenes finanzielles Training. Sie hatte, wie viele Frauen auch, einfach angenommen, dass ihr Mann wahrscheinlich besser mit Geld umgehen könne als sie.

Er war groß, gut aussehend und ein Harvard-Absolvent der dritten Generation. Meine Mutter, die in den Fünfzigern aufgewachsen war, hatte keinerlei finanzielle Bildung erhalten. Und obwohl sie eine unglaublich erfolgreiche Ärztin war, kam sie nie richtig mit ihren Finanzen klar. Sie fand das ganze Thema einfach todlangweilig, also hielt sie sich komplett raus. Natürlich ging das nur, bis sie sich mitten in einer Scheidung wiederfand und auf einmal sehr viel mehr finanzielle Verantwortung zu tragen hatte als je zuvor.

Zum ersten Mal in ihrem Leben kam es meiner Mutter in den Sinn, dass man für den geschickten Umgang mit Geld vielleicht doch mehr benötigte als eine positive Einstellung zu Wohlstand und Reichtum.

Wenn man Angst hat, das eigene Haus zu verlieren und zur Müllhalde muss, um seine alte Mischbatterie zurückzuholen, weil man feststellt, dass eine neue 250 Dollar kostet, merkt man, dass man vielleicht doch mehr als nur Affirmationen machen sollte, um seine Finanzen in Ordnung zu halten (obwohl Affirmationen an sich gut ins Puzzlespiel der eigenen Finanzverwaltung passen können).

Glücklicherweise bekam meine Mutter aber nicht nur Angst, sondern trat auch gleich in Aktion. Sie stellte fest, dass sie eine 50-jährige Frau mit einem *New York Times*-Bestseller war (*Frauenkörper – Frauenweisheit)*, die schon bei Oprah zu Gast gewesen war und eine sehr erfolgreiche Arztpraxis führte – aber herzlich wenig über Geld wusste. Also begann sie, jedes Buch über Geld und Wohlstand zu lesen, das ihr in die Finger kam.

Aus welchem Grund auch immer, aber im reifen Alter von 16 Jahren bekam ich einen unstillbaren Appetit nach Büchern über Geld. Als meine Mutter also Catherine Ponders *Die dynamischen Gesetze des Reichtums, Denke nach und werde reich* von Napoleon Hill und *Rich Dad, Poor Dad – Was die Reichen ihren Kindern über Geld beibringen* von Robert Kiyosaki las, so las ich diese Ratgeber ebenfalls. Das war ungefähr zur selben Zeit, als ich beobachten konnte, wie sich meine Mutter wegen Geld total verrückt machte, sodass ich mir schwor, niemals selbst in so einer Lage zu enden. Ich hatte beobachtet, wie sie freiwillig ihre finanzielle Unabhängigkeit aufgegeben hatte. Sie hatte die äußerst negative Überzeugung, dass sie eh nicht in der Lage wäre, mit ihren Finanzen richtig umzugehen. Doch dann plötzlich, im Alter von 50 Jahren, sah sie sich gezwungen, ihren Kurs dramatisch zu ändern. Und ich wollte einfach nicht zulassen, dass es mir irgendwann genauso ergehen würde.

Eine andere Sache, über die ich mir mehr und mehr Gedanken machte, war das Wesen des Erfolgs und was diese Charakteristika mit Geld zu tun haben könnten.

Als Kind konnte ich spüren, wie meine Eltern sich die ganze Zeit anstrengten und abrackerten. Damit wollten sie mir wohl zeigen: Müßiggang ist aller Laster Anfang.

Ich erhielt auf jeden Fall zwei Botschaften: dass es immer besser war, noch länger zu arbeiten und dass finanzieller Erfolg sehr wichtig ist. Dabei wusste ich nicht mal richtig, was finanzieller Erfolg überhaupt bedeutete. Es wurde auch nie direkt darüber geredet. Trotzdem erhielt ich diese Botschaft laut und deutlich.

Es gab also definitiv eine Leistungskultur in meiner Familie, und meine Schwester und ich folgten diesem Beispiel, indem wir beide an Ivy League Universitäten studierten. Ich schloss *Brown* mit Auszeichnung ab, während ich gleichzeitig mit zwei Tanzgruppen auftrat, schauspielerte, sang, in Musicals tanzte, ein abwechslungsreiches Privatleben führte und ein Unternehmen gründete. Das Streben nach Leistung hatte sich tief in mein Bewusstsein eingeprägt.

Ich dachte darüber nach, wie hart meine Eltern gearbeitet hatten, als ich aufwuchs. Diese Gedanken hatte ich schon, bevor ich aufs College ging. Während meiner Kindheit hatten meine Eltern jeweils eine eigene florierende Arztpraxis und waren zudem Teileigentümer. Beide waren viel auf Abruf und mussten 3 Uhr früh aufstehen, wenn es einen Notfall gab oder jemand gerade ein Baby bekam. Meine Mutter schrieb außerdem einen *New York Times*-Bestseller, während sie weiterhin als Ärztin arbeitete. Und dann waren sie ja noch Eltern, was auch nicht gerade eine Nebenbeschäftigung ist. Doch obwohl sie stets so viel beschäftigt waren, kamen sie zu allen Elternabenden, Fußballspielen oder Theateraufführungen.

Obwohl meine Eltern viel Geld verdient hatten und sich Zeit für die Dinge nahmen, die ihnen etwas bedeuteten (wie meine Aufführung von *Going Buggy* in der zweiten Klasse), kamen sie mir nicht sehr frei vor. Meine Mutter schrieb meist während der Wochenenden und reiste viel, um Vorträge zu halten. Mein Vater war oft entweder auf Abruf oder im Krankenhaus, um Visite zu machen. Es schien, als gebe es immer eine superdringende Sache auf Arbeit zu erledigen, obwohl wir auch viel Zeit als Familie verbrachten.

Das bedeutete, dass unsere gemeinsame Zeit oft von den beruflichen Vorkommnissen meiner Eltern eingefärbt wurde. Egal ob sie Operationen diskutierten, die sie tagsüber durchgeführt hatten oder noch kurz auf dem Heimweg vom auswärtigen Sonntagsfrühstück im Krankenhaus vorbeischauten, um ihre Runden zu drehen – die Arbeit war stets präsent. Mir war bewusst, dass ich die Erfahrungen, die uns das Geld unserer Eltern ermöglichten, gefielen – in Restaurants zu essen, Broadwayshows zu sehen und Reisen zu unternehmen. Aber ich wusste auch, selbst bevor ich dies überhaupt artikulieren konnte, dass ich die Freiheit wollte, meine Zeit so zu verbringen, wie ich es für richtig hielt.

Und als ich dann 16 war, hatte ich erkannt, dass Freiheit nicht bedeutet, immer härter zu arbeiten und noch mehr Geld zu verdienen, so als würde man ständig mit einer Pistole bedroht.

Die Samen meines Freiheitsdrangs waren also ausgesät. Ich trat also nicht nur in die Fußstapfen meiner Mutter und eignete mir allerhand Wissen über Geld an, sondern strebte in den folgenden Jahren auch danach, meine finanzielle Ausbildung stetig zu vertiefen und auszubauen. Ich las jedes Buch aus Robert Kiyosakis *Rich Dad*-Reihe. Ich kreierte meine eigenen Affirmationen für mehr Wohlstand. Ich belegte Seminare über die richtige Geisteshaltung bezüglich Fülle und Reichtum.

Ich besuchte jeden Kurs über Unternehmensführung, der an der Brown angeboten wurde und kniete mich richtig rein. Kiyoski sagt in seinem Buch *Rich Dad, Poor Dad*: Wenn man etwas über die Erlangung finanzieller Freiheit und den Aufbau eines erfolgreichen Geschäfts lernen will, solle man fünf Jahre in einem guten Network-Marketing-Unternehmen verbringen. (Ein Network-Marketing-Unternehmen ist eine Firma, die ein bestimmtes Produkt produziert und es dann durch Mundpropaganda und Empfehlungen unter die Leute bringt.) Zu der Zeit als meine Mutter besagtes Buch las, verwendete sie bereits seit einigen Jahren die Nahrungsergänzungsmittel der Firma USANA Health Sciences. Durch Zufall handelte es sich dabei um Produkte, die durch Network-Marketing vertrieben wurden. Da sie die Marke bereits gut kannte, entschied sie sich, selbst USANA-Produkte zu vertreiben. Einfach, um etwas mehr Geschäftsluft zu schnuppern – etwas, das sie vorher nicht einmal in

Erwägung gezogen hätte. Ich denke, wenn man wirklich richtig Schiss kriegt, probiert man glücklicherweise Dinge aus, die man sich sonst nie trauen würde.

Doch obwohl meine Mutter fand, dass Network-Marketing eine gute Methode war, um mehr über die Geschäftswelt zu lernen und sich ein passives Einkommen aufzubauen, war sie der Sache gegenüber eher zurückhaltend und entschied, dass es eine viel bessere Idee wäre, wenn *ich* das Ganze übernehmen würde. Also vertraute sie mir ihren USANA-Vertrieb an, und ich begann, mit 18 Jahren mein eigenes Network-Marketing-Unternehmen aufzubauen.

Da war ich also und trommelte alle Freunde meiner Eltern und die Eltern all meiner Freunde zusammen, um Ihnen einen Diavortrag über USANA-Produkte in unserem Wohnzimmer zu präsentieren.

Während der Zeit, in der meine Mutter so viele Sachen über Finanzen lernte und nachholte, begann sie einige der Methoden, die sie inzwischen aufgeschnappt hatte, in ihr Leben einzubauen, und schon bald konnte sie erste Erfolge feiern.

Durch einen göttlichen Wink las Oprah ihre Bücher und war begeistert. Und das gab der Karriere meiner Mutter natürlich einen Kickstart.

Nach der Scheidung meiner Eltern lebte ich mit meiner Mom zu zweit zu Hause, da meine Schwester inzwischen auf dem College war. Und wegen dem wachsenden Erfolg meiner Mutter schwang das finanzielle Pendel in Richtung Überfluss. Einer ihrer frechen Lieblingssprüche zu dieser Zeit: »Nichts ist so erfolgreich wir der Exzess.«

Wir machten Traumurlaube. Wir gingen auf ausgedehnte Shopping-Touren in die feinsten Boutiquen der Newbury Street in Boston. Wir übernachteten in den schönsten Hotels und aßen immer auswärts.

So einen Luxus hatten wir bisher in unserer Familie nicht gekannt, obwohl meine Mutter schon immer eher großzügig gewesen war, besonders bei gemeinsamen Unternehmungen wie Restaurantbesuchen. Es war vielleicht früher nicht so extravagant bei uns zugegangen, aber das Gefühl, in Hülle und Fülle zu leben, war nicht völlig neu für mich. Meine Mutter hatte nie große Probleme damit gehabt, Geld für Dinge auszugeben, die sie mochte. Irgendwie schien sie immer darauf zu vertrauen, dass schon genug dafür da wäre.

Als ich bald darauf mit dem College anfing, begann sich mein USANA-Unternehmen auszuzahlen. Bereits im ersten Semester hatte ich wöchentliche Einnahmen. Für Studentenverhältnisse war ich dadurch wahnsinnig reich. Doch schon bald lag nicht nur mein Einkommen über dem Durchschnitt, sondern auch meine Ausgaben. Es genügt vielleicht, wenn ich erwähne, dass ich während meines Studiums an der Brown mehr Zeit bei Nordstrom als in der John.-D.-Rockefeller-Bibliothek verbrachte.

Meine Eltern hatten mir eingetrichtert, dass ich Schulden immer sofort ausgleichen sollte, wenn ich mir eine Kreditkarte zulegen würde. Und zwar jeden Monat. Eigentlich reichte mein Einkommen für die Miete, für Bücher und meine Kreditkartenabrechnung damals völlig aus. Doch obwohl ich überdurchschnittlich verdiente, schaffte ich es nicht, irgendwelche Ersparnisse anzuhäufen. Ich werde nie vergessen, wie ich mit einer Freundin im Postamt stand, um einen meiner USANA-Schecks abzuholen.

Ich öffnete gerade den Umschlag, als sie mich fragte, wie viel ich denn so verdient hätte. Als ich es ihr sagte, rief sie aus:»Wow, dann musst du ja einiges zusammengespart haben.« Ich lächelte zwar, aber innerlich verkrampfte sich bei mir alles. Ersparnisse? Es war fast so, als hätte sie gerade ein Wort in einer Fremdsprache vor sich hingemurmelt. Es war mir noch nie in den Sinn gekommen, mein Geld zu sparen.

Ich gab einfach jeden Monat den Betrag aus, den ich verdiente, unabhängig davon, dass meine grundlegenden Lebensunterhaltskosten (Miete, Bücher und Essen) verhältnismäßig gering waren.

Als ich 2005 meinen College-Abschluss machte, zog ich nach New York – nicht nur ins Herz des Landes der unbegrenzten Möglichkeiten, sondern auch in eine der teuersten Städte der Welt mit unzähligen Ablenkungen. Und so kam es, dass ich als Mittzwanzigerin mit 20000 Dollar Schulden auf meiner Kreditkarte dastand.

Und wie so viele andere, mit denen ich inzwischen gesprochen habe, entschloss ich mich, meine Schulden erst mal genüsslich zu ignorieren. Es war wie bei diesem entzückenden Vogel Strauß: Kopf in den Sand, Po in die Höh! Irgendwie dachte ich, wenn ich »so täte als ob« und meinen hohen Lebensstandard als Affirmation meines Wohlstands beibehielt, dann würden sich die Schulden schon bald spontan dematerialisieren. Meine Mutter, meine Tante, mein Onkel und ich gründeten 2002 das *Team Northrup*, eine Gruppe von USANA-Vertretern, inspiriert von der Arbeit meiner Mutter, die von diesen speziellen Produkten wohl ursprünglich von einem ihrer Teammitglieder erfahren hatte. Ich baute mein Geschäft in New York auf, ging zu den entsprechenden Gruppen und erzählte den Leuten, dass ich Frauen über das Schaffen von finanzieller Freiheit unterrichtete. Die Leute waren beeindruckt, dass dieses feurige, junge Ding ein erfolgreiches Unternehmen führte und anderen beibrachte, wie sie das Gleiche tun könnten. Unglücklicherweise kam ich mir schon bald wie eine ziemliche Hochstaplerin vor. Ich lebte in einer Wohnung, die meiner Mutter gehörte, und häufte weiterhin Kreditkartenschulden an. Doch was ich nach außen hin darstellte, passte nicht wirklich zu dem, was hinter den Kulissen abging. Ja, ich hatte ein tolles Einkommen, das reinkam, ob ich nun arbeitete oder nicht, da ich mich in meinen Collegeferien immer darum gekümmert hatte, mein Unternehmen aufzubauen. Trotzdem fehlte mir die praktische finanzielle Achtsamkeit, die es mir erlaubt hätte, davon auch etwas zu behalten. Jahr für Jahr konnte ich meine Steuern nur gerade so bezahlen (einmal musste ich sogar meinen Vater bitten, mir einige Tausend Dollar dafür auszulegen). Außerdem ignorierte ich auch weiterhin meine Kreditkartenschulden. Mehr oder weniger.

Ich greife nun mal ein paar Jahre vor. Inzwischen lebe ich in einem wunderschönen Haus und habe all meine Schulden abbezahlt. In meiner Bank wächst allmählich ein hübsches Sümmchen, und die Ausgaben für meinen Lebensunterhalt bestreite ich spielend. Ich habe dabei sogar immer genügend Puffer. Also ich muss sagen, dass sich das verdammt gut anfühlt.

Und so endet meine Geldgeschichte, jedenfalls für den Moment. Aber bevor ich an den Punkt kam, an dem ich jetzt stehe, gab es natürlich schon einige überraschende Wendungen.

Mit meinen USANA-Verkäufen erreichte ich 2007 den begehrten Rang eines »Gold Directors«. Um auf dieses Level zu kommen, muss man das Geschäft schon sehr ernst nehmen und kann nicht gerade zartbesaitet sein. Zur Belohnung flog mich USANA zum Gold Retreat, das im wunderschönen Canyon-Ressort abgehalten wurde. Alles war auf 5-Sterne-Standard: Limousinen-Service, Präsente auf dem Zimmer, Blumen, Obstplatten, eine VIP-Tour durch die Olympischen Anlagen – das ganze Verwöhnprogramm eben. Sich darauf einzulassen, war eine ziemlich große Sache für mich, weil ich noch niemals zuvor für meine eigenen Leistungen so gut behandelt worden war. Bis zu diesem Zeitpunkt meines Lebens war jeder bezahlte Urlaub und jede edle Unterkunft, auf die Tatsache zurückzuführen, dass ich mit meiner Mutter reiste und sie dadurch gewürdigt wurde. Diesmal jedoch nahm ich meine Mutter als Gast mit auf den Trip. Ich habe ihre Gesellschaft immer sehr genossen, und es fühlte sich gut an, meinen Wohlstand mit ihr teilen zu können, nachdem ich so oft nur die Hand aufgehalten hatte.

Auf einem unserer Edeldinners saßen meine Mum und ich dann neben dem Präsidenten von USANA. Mit leiser Stimme erklärte er uns, dass er nie gedacht hätte, dass er Leuten bei USANA so etwas je vorschlagen würde, aber wir hätten hier so eine einzigartige Situation, dass er das Gefühl hätte, wir sollten daraus einen Vorteil ziehen. Er glaubte, wir würden perfekte Partner abgeben – durch die Kombination der vielen Kontakte meiner Mutter als bekannte medizinische Größe und meiner Fähigkeiten, tägliche Abläufe im Network Marketing zu managen. Er beeindruckte uns mit seinen Erklärungen darüber, wie wir weit mehr Geld verdienen und mehr Menschen gemeinsam als allein helfen könnten. Ich war begeistert, aus einer Gruppe herausgepickt zu werden, die bereits nur aus Elite-Mitgliedern bestand und dass meine Fähigkeiten auf diese Weise anerkannt wurden.

Nach einigem Hin und Her waren wir überzeugt, dass ein solides fünfstelliges Einkommen dabei herausspringen würde (nicht gerade wenig für jemanden, der gerademal zwei Jahre aus dem College raus war). Ich begann, meine ganze Energie für die Vertriebsagentur meiner Mutter zu verwenden und stimmte zu, mein eigenes USANA-Geschäft erst mal auf Eis zu legen. Wir waren voller Hoffnung und Begeisterung. Es schien einfach eine wirklich großartige Idee zu sein. Ich hatte das nötige Fachwissen und die Zeit, um praktische Dinge zu erledigen, und meine Mutter hatte die Kontakte, um viele Leute in unser Team zu bringen. Aber nach zweieinhalb Jahren unserer Zusammenarbeit fing ich an, mich unwohl zu fühlen. Ich hatte große Mühe, die notwendige Motivation aufzubringen, um das Unternehmen weiter auszubauen oder zumindest am Laufen zu halten. Außerdem war ich während der Ausbildung des Teams immer ziemlich genervt. Ich hatte diesen Prozess mal geliebt, doch jetzt fühlte ich mich dadurch nur noch erschöpft und ausgelaugt.

Gegen Ende 2010 hatte ich einen Traum, der gleichermaßen beängstigend und erhellend war. In dem Traum war ich lebendig, obwohl ich gleichzeitig verstorben war. Ich fand meinen eigenen toten Körper, und aus irgendeinem Grund durfte niemand wissen, dass ich tot war. Ich bestellte mir online etwas, mit dessen Hilfe man tote Körper verstecken konnte. Im Endeffekt war es nur eine Plastiktasche, die den Gestank neutralisierte (ich weiß, igitt!). Darin verstaute ich meinen Körper und schaffte es irgendwie, das ganze Ding in einen FedEx-Karton reinzupressen. Ich war gerade unterwegs zu einem Event, wo ich einen *Team Northrup*-Tisch im Verkaufsbereich hatte. Aus irgendeinem Grund musste ich die Kiste mit meinem toten Körper dorthin schleppen. Als ich auf dem Event ankam, richtete ich eine wunderschöne Dekoration mit unserer Produktlinie her, und die Leichenbox wurde das Herzstück. Um sicherzugehen, dass keiner etwas von meinem toten Körper in der Kiste mitbekam, schmückte ich den ganzen Tisch mit Blumen und Glitzerschmuck. Ich kann mich auch genau daran erinnern, dass ich in diesem Traum immer ein breites Lächeln auf dem Gesicht hatte, um zu demonstrieren, dass alles in bester Ordnung wäre. Während dieser Zeit fühlte ich mich in meinem realen Leben, wie Sie sich vielleicht erinnern können, wie eine Schwindlerin, da ich in ganz Manhattan Frauen über finanzielle Freiheit belehrte, während ich selbst noch reichlich Konsumschulden hatte (und nichts dagegen unternahm). Es gab da auch dieses nicht ganz unwichtige Detail, dass ich in einem Apartment wohnte, das meiner Mutter gehörte und bei dem sie die Hypothek abbezahlte. Mietfrei in diesem Apartment zu wohnen, war mein Ausgleich, dass ich dabei half, das Unternehmen aufzubauen. Aber wir hatten zugegebenermaßen nie einen Ausgleichsplan oder dergleichen schriftlich festgehalten, noch waren wir je zu einer klaren Absprache gelangt. Daher fühlte es sich nicht wirklich so an, als ob ich es verdient hätte. Eher so, als würde ich im Apartment meiner Mutter wohnen. Die ganze Zeit war es, als steckte ich in einem finanziellen Morast. Meine Karriere gründete einzig und allein auf Vermeidung. Ich arbeitete weiter am Aufbau des Geschäftes mit meiner Mutter, erweiterte unser Team und integrierte neue Marketing- und Trainingsstrategien, die sich auszahlten. Aber ich hatte immer noch dieses nagende Gefühl, dass etwas nicht stimmte. Die Gespräche über mein Unternehmen mit meiner Mutter wurden immer angespannter. Keine von uns fühlte sich beim Gedanken an die Zukunft unseres Unternehmens oder an unsere Geschäftsbeziehung wirklich gut. Es war furchtbar, zu erkennen, dass meine Mutter und ich nicht auf einer Wellenlänge waren. Wir schwammen ja nicht mal im selben Meer. Doch besonders fürchterlich war es, zu wissen, dass ich mitgeholfen hatte, diese Situation herbeizuführen. Es wurde mir schmerzhaft bewusst, dass sich etwas in meiner Geschäftspartnerschaft mit meiner Mutter ändern musste, also kamen wir endlich zu einer Absprache – auf Papier. Ich präsentierte ihr ein neues Angebot für eine schriftliche Vereinbarung wie jede von uns für unseren Beitrag kompensiert werden könnte. Das war unglaublich heilsam und stärkend für mich. Als ich mir darüber klar wurde, wie sehr das Unternehmen seit Beginn unserer Partnerschaft gewachsen war, traten meine eigenen Wertvorstellungen viel klarer hervor.

Ich sah, dass auch ich etwas beigesteuert hatte und nicht nur einfach am Rockzipfel meiner Mutter gehangen hatte. Es fühlte sich toll an, das mal in einer Tabelle zu sehen und es auch gleichzeitig zu verinnerlichen.

Inmitten dieser ganzen Erkenntnisse, fühlte ich mich dazu berufen, noch ein paar andere Veränderungen an meiner Lebenssituation durchzuführen. Zuerst entschied ich mich dafür, New York zu verlassen und dahin zu ziehen, wo ich meine Lebenserhaltungskosten drastisch senken konnte. Dadurch würde ich schuldenfrei werden und könnte mit mehr finanzieller Integrität leben. Ich entschied mich, nach Maine zu ziehen und für einige Monate bei meiner Mutter zu wohnen. Ich hatte Visionen, wie ich heiraten, ein paar Kinder kriegen, Kuchen backen und glücklich bis zum Ende meiner Tage leben würde. Doch sobald diese Visionen häuslicher Harmonie vor meinem geistigen Auge auftauchten, fühlte ich mich eingezwängt und deprimiert.

Eines Abends saß ich mit einer guten Freundin im Restaurant und hatte eine Idee. Ich würde aus dem Apartment ausziehen, das ich zwar zusammen mit meiner Mutter besaß, aber für das sie stets bezahlt hatte. Wir würden es verkaufen, ich würde das Meiste meiner Besitztümer verscherbeln und das Land bereisen – auf einem Road Trip von unbestimmter Dauer. Ich würde das die »Freedom Tour« nennen. Und ich würde unterwegs Workshops geben, die »Women &Wealth« heißen würden, in denen ich die Schlüssel der finanziellen Freiheit, die ich auf meinem Weg kennengelernt hatte, an andere Frauen weitergab. Ich fühlte mich freudig erregt und äußerst mitteilsam, als ich meiner Freundin davon erzählte. Ihre Augen wurden immer größer, während ich sprach. Auch meine Augen wurden immer größer. Selbst unsere unglaublich nervige Kellnerin konnte unsere begeisterte, optimistische Stimmung nicht trüben. Ich wusste, dass das die Veränderung war, die ich brauchte. Ich hatte ein wirklich gutes Leben, aber nun war es Zeit für etwas Großartiges. Ich wusste, dass diese Freedom Tour meine Lebenserhaltungskosten drastisch senken würde, sodass ich meine Schulden abbezahlen konnte.

Wenn wir so eine Veränderung durchmachen, ist es, als ob eine Sturzflut den alten Weg hinter uns weggewaschen hätte.

Wenn wir uns umdrehen, um den Weg, den wir gekommen sind, wieder zurückzugehen, gibt es da keine Spuren mehr, keinen klaren Pfad. Wir können den alten Weg nicht einmal mehr erahnen. Die einzige Wahl, die wir dann treffen können, lautet: vorwärtsgehen. Und genau das tat ich! Zwei Wochen bevor ich Ellicottville, New York verließ, um mitten im Februar nach San Diego zu fahren, kam mir der Gedanke, dass ich vielleicht jemanden zum Fahren einladen sollte. Ich würde wahrscheinlich etwas Hilfe benötigen, etwas Kameradschaft und eine Schulter zum Ausweinen, wenn ich in Oklahoma aufwachen und denken würde: *Was zur Hölle habe ich getan?!* Wie aus dem Nichts fühlte ich mich dazu inspiriert, diesen Mike einzuladen,

den ich nur ein paar Mal getroffen hatte. Wir hatten uns im Juni davor in Chicago getroffen, ein paar Mal gemailt und in Phoenix etwas Zeit zusammenverbracht, als ich über Weihnachten meine Verwandten dort besuchte. Nun war es Januar. In einem Moment der Inspiration, erschien sozusagen ein gelber Post-it-Zettel auf meiner mentalen Pinnwand und sagte:»Lade Mike Watts ein, um mit ihm durchs Land zu fahren.« Und ich dachte so bei mir: *Was? Wer hat das denn da drangepinnt? Das ist verrückt. Ich kenn den Typen doch gar nicht.*

Aber ich musste irgendwie von Ellicottville nach San Diego kommen. Außerdem war es tiefster Winter, und ich fühlte mich etwas unsicher inmitten von alldem, was sich gerade so alles in meinem Leben veränderte. Und ich hatte Mike Watts eindrucksvolle Arme gesehen. Sie waren stark und verhießen Geborgenheit – die Art von Armen, die man gerne um sich hat, sollte man einen Nervenzusammenbruch in Nebraska erleiden. Die Art von Armen, die man gerne um sich hat, wenn man in Indiana in eine Schneebank gerät. Und das Schönste, wenn man alles auf einmal in seinem Leben ändert: Die Möglichkeiten sind grenzenlos. Deshalb entschloss ich mich, den Rat des Post-Its zu befolgen.

Außerdem entschied ich, dass ich definitiv nicht meinen zukünftigen Mann treffen würde, während ich kreuz und quer durchs Land reiste, also konnte ich auch meinen Begierden freien Lauf lassen. Mit keinem bestimmten Plan oder Ziel im Sinn, lud ich also Mike ein, mich zu fahren. Er sagte ja, und innerhalb weniger Tage hatte er ein Flugticket von Phoenix nach Buffalo gebucht, um ein Mädchen, das er kaum kannte, quer durchs Land zu fahren. Es gab einen Blizzard an dem Tag, an dem er flog, um mich zu treffen. Er brachte mir Pralinen mit, und in dieser Nacht küsste er mich zum ersten Mal, im Wohnzimmer des Farmhauses, in dem meine Mum aufgewachsen war.

Am Tag Fünf der Freedom Tour, nach einem Gespräch, in dem ich über ein neues Business-Arrangement mit meiner Mom verhandelte, bekam ich endlich die Klarheit, auf die ich so lange gehofft hatte. Ich hing auf und fühlte mich durcheinander, frustriert und wütend.

Ich ging in das Zimmer meines noch sehr frischen Freundes Mike, mit tränenüberströmten Gesicht und voll atemloser, halbunterdrückter Schluchzer. Nachdem ich ihm mitgeteilt hatte, wie ich mich fühlte, schaute mich Mike ernst an und fragte, ob er mir seine Meinung sagen dürfte. Ich nickte: »Natürlich.«

»Kate, du kannst das doch allein machen. Du bist genug«, sagte er. Es war das erste Mal seit Beginn der Partnerschaft mit meiner Mutter, dass ich wieder überlegte, alles allein zu machen. Dieser kurze Geschmack von Freiheit, wenn auch nur theoretisch, war einfach zu köstlich. Als ich mir darüber klar wurde, dass ich nicht länger dieses Geschäft mit meiner Mutter haben wollte, erklärte ich ihr das mit absoluter Entschiedenheit. Das Gespräch dauerte weniger als zehn Minuten und war überraschenderweise sehr leicht. Sie war superhilfsbereit und wünschte mir nur das Beste. Während der nächsten sechs Monate entwirrten wir uns also finanziell. Nun, im September 2011, bin ich nicht nur komplett finanziell unabhängig und schuldenfrei, sondern auch finanziell völlig frei.

Mein derzeitiges passives Einkommen deckt meine Lebenserhaltungskosten, sodass ich mir aussuchen kann, wann ich arbeite. Und wenn ich das tue, dann entweder weil ich kreative Erfüllung suche oder meinen Lebensstandard erhöhen möchte. Finanzielle Freiheit eben. Die vollständige Definition davon werden wir übrigens in Kapitel 8 erörtern. Was noch besonders wichtig zu erwähnen ist: Meine Beziehung zu meiner Mutter ist so gut wie noch nie. Wir feuern uns gegenseitig an und hängen zusammen ab – nur so zum Spaß. Und wir helfen uns gegenseitig bei unseren Geschäftsstrategien – und zwar ganz liebevoll und voller Begeisterung für die Arbeit, die wir jeweils in dieser Welt vollbringen. Und die Sache mit dem Post-it-Zettel-Typ: Ich sollte Mike eigentlich nach fünf Tagen bei ihm zu Hause in Phoenix absetzen. Aber, um es kurz zu machen: Er verließ das Auto nie, und so verbrachten wir die nächsten zehn Monate, indem wir zusammen durch das Land reisten und uns verliebten. Auf diese Weise beackerten wir 34000 Meilen und 41 Staaten auf unserer Freedom Tour. Nun leben wir zusammen in Maine.

Und nun ... Ihre Liebesgeschichte zum Geld

Wenn Sie einmal Ihre Geschichte aufgeschrieben haben und die Gefühle empfunden haben, die damit verbunden sind, dann ist das zweite Stadium Ihres persönlichen Geldgeschichtenprozesses, zu einer Übereinstimmung Ihrer Vergangenheit mit Ihrer Gegenwart zu gelangen. Eine meiner absoluten Lieblingslehrerinnen, Nicole Daedone, die Gründerin von *OneTaste* und die Autorin von *Slow Sex,* erzählte mir einmal, dass unsere Kraft in jedem Moment in unserer *Fähigkeit liegt, eine Zustimmung* zu dem zu verspüren, was passiert. Verlieben Sie sich in Ihre Geschichte.

Je mehr wir uns gegen etwas wehren, je mehr wir es falsch finden, und je mehr wir uns wünschen, etwas wäre anders, desto machtloser sind wir, um die Realität zu erschaffen, die wir uns wirklich wünschen.

Ganz im Gegenteil, je mehr wir das Hier und Jetzt annehmen und Wege finden, um es schätzen zu können, vielleicht sogar dankbar dafür sind, desto mehr Kraft haben wir, um weiter vorwärts zu kommen.

Wenn wir uns unsere Geldgeschichte voll eingestehen, und sie sogar auf eine Art erzählen, bei der wir die Heldin sind, anstelle des Opfers, dann fangen wir an, die ersten Pinselstriche für ein neues Bild voll Frieden und finanzieller Freiheit zu malen.

Hab ich gerade gehört, wie Sie mich eine Pollyanna genannt haben? Es stimmt, manchmal werden wir in unserer Kultur dazu aufgefordert, auch die härtesten Kapitel unserer Geschichte voll anzunehmen und zu erkennen, wie sie im Großen und Ganzen perfekt für unser Leben waren. Aber denken Sie daran, dass es einen Unterschied zwischen Eingestehen und begeistertem Annehmen ihrer Geschichte gibt. Man sollte Kummer und Elend nicht beschönigen. Ich sage nicht, dass man seine Nöte vertuschen sollte, damit man sich sofort großartig fühlen kann – denn dieses »gute Gefühl« wird dann sowieso nicht lange vorhalten.

Sie müssen diese Momente in Ihrer Vergangenheit finden, die als weniger gut angesehen werden könnten. Konfrontieren Sie sich damit und sehen Sie die gute Seite. Schauen Sie wirklich, was diese Momente *für* Sie getan haben, anstatt was sie Ihnen *angetan* zu haben. Und wenn Sie erst einmal diese »schlechten« Dinge in einem neuen Licht sehen, können Sie Ihre Geschichte neu erzählen – mit Ihnen als Heldin.

Also machen Sie sich nun daran, sich zu befreien. Es ist an der Zeit, sich Ihre Geschichte einzugestehen. Es ist an der Zeit, die Schönheit Ihrer persönlichen Reise zu enthüllen – und zwar bis zum jetzigen Zeitpunkt. Und zu entdecken, inwieweit das alles eine Schatzkarte war, die Sie dorthin geführt hat, wo Sie heute stehen. Es ist an der Zeit, Ihre Geschichte anzunehmen, denn egal wie sehr Sie sich auch wünschen, sie wäre anders – sie ist es nicht. Erzählen Sie Ihre Geschichte stattdessen lieber neu. Erzählen Sie sie voller Erstaunen, einem Sinn für Wunder und mit einem Hauch Magie. Erzählen Sie stolz, dass das die Geschichte ist, die Sie zu dem gemacht hat, was Sie sind. Sie bekommen nur diese eine Geschichte, warum sie also nicht annehmen?

Nun, da Sie meine Geschichte kennen, würde ich Ihnen gerne zeigen, wie ich sie annahm. Wie wurde ich zur Heldin meiner Geschichte? Nun, Sie haben über die zahlreichen überraschenden Wendungen gelesen, über die Höhen und Tiefen. Aber am Ende habe ich eingesehen, dass eine Menge Gutes passiert, wenn ich mich entscheide, meinen wahren Wert zu erkennen. Denn als Ergebnis kann ich der Welt dann auch mehr von meinem wahren Selbst geben.

Ich zahlte innerhalb weniger Wochen all meine Schulden ab, weil mein Einkommen sich so stark erhöht hatte. Ich verliebte mich in einen wundervollen Mann, der mich total unterstützte – bei meiner Arbeit, in der Liebe, im Leben und den ich ebenfalls zurückunterstützte. Ich begann, für meine Vorträge bezahlt zu werden. Ich bekam einen Buchvertrag (und Sie halten das Resultat davon in Ihren Händen). Ich habe eine Arbeit, die ich liebe und die meinem Leben einen neuen Wert gibt und das Leben anderer verbessert. Wenn ich nicht den Punkt durchgemacht hätte, an dem ich noch vor etwa zwei Jahren stand, könnte ich meine Gegenwart weder annehmen, noch würdigen oder verstehen. Sich wie eine Hochstaplerin zu fühlen und meine Finanzen total zu ignorieren, während ich riesige Zinsen auf meiner Kreditkarte anhäufte, fühlte sich ein-

fach scheiße an. Das finanzielle Bewusstsein, das ich jetzt
habe und das Leben, das ich im Gegenzug genießen kann,
fühlt sich fantastisch an. Ich will dieses Gefühl für jeden auf diesem Planeten.
Durch meine eigene finanzielle Misere habe ich nicht
nur Glaubwürdigkeit gewonnen, sondern auch Einfüh-
lungsvermögen und die Perspektive, um hoffentlich Tausenden anderer zu helfen, mit ihren eigenen Versionen
dieser Geldgeschichte weiterzumachen – und zwar mit Anmut und Leichtigkeit. Es stellte sich heraus, dass meine
persönliche Geldgeschichte, tatsächlich eine Liebesgeschichte auf vielen Ebenen ist. Es ist meine abenteuerliche
Liebesaffäre mit dem Geld, die Entwicklung einer liebevollen Beziehung zu meiner Mutter, die Lovestory, in der ich
mich in meinen Traummann verliebe und die Geschichte,
wie ich anderen dabei helfe, ihre eigene Liebesbeziehung
zum Geld zu erschaffen.

All diese Geschichten kommen mit ihren eigenen Le-
benslektionen. Lektionen, nach denen man manchmal suchen muss, indem man unter die Oberfläche der Dinge
sieht. Lassen Sie uns beispielsweise meine Beziehung anschauen mit meinem lieben Vater, und wie diese mein Leben geprägt hat. Mein Vater war wie meine Mutter, all die
Jahre über großzügig zu mir und meiner Schwester.

Meine Eltern schätzen beide Reisen sowie eine gute
Ausbildung und scheuten keine Ausgaben, wenn es darum
ging, unsere Kindheit und Jugend mit akademischen,
künstlerischen und kulturellen Ausbildungsmöglichkeiten
zu bereichern.

Wie auch immer, mein Vater hatte eine andere finanzielle Konstitution als meine Mutter und ist generell eher
konservativ, was Geld betrifft. Und die Wahrheit ist, einige
seiner finanziellen Entscheidungen während meiner Ju-

gendjahre fühlten sich emotional für mich als Zurückweisung an oder ich fühlte mich minderwertig, was natürlich an sich schon eine Lektion ist, die ich wahrlich schätze. Eine der wichtigsten Lektionen kam dadurch zustande, dass ich mich unzulänglich und nicht gewürdigt fühlte. Ich weiß, was Sie denken – *Wie kann das positiv sein?* Doch warten Sie, ich erkläre es gleich. Unglücklicherweise hinterlassen äußere Umstände bei einem Kind dauerhafte Spuren. Das liegt wahrscheinlich an einer Vielzahl von Faktoren, beispielsweise:

1. Als Kind ist man empfindsamer und leichter zu beeindrucken.
2. Als Kind ist man komplett abhängig von Eltern oder anderen Fürsorgepersonen, um seine Bedürfnisse erfüllt zu bekommen. Also steht bei diesen Beziehungen immer viel auf dem Spiel. Denn alles, was passiert, könnte möglicherweise das eigene Überleben beeinflussen.
3. Im Leben ist für ein Kind fast alles neu, und deshalb ist jede Erfahrung frischer und viel eindringlicher.
4. Sie haben nicht die emotionale Reife, um die Ereignisse so zu verstehen, als wenn sie erwachsen wären. Also frisst man mehr in sich hinein, was man vielleicht nicht tun würde, wenn man verständiger wäre. Als ich ein Kind war und auch später als Teenie, wollte mein Vater zu bestimmten Gelegenheiten kein Geld für mich ausgeben. Und ich hatte damals nicht die Reife mit ihm darüber zu sprechen oder meine Gefühle deswegen auszudrücken. Ich traf vielmehr eine Entscheidung, die einen Dominoeffekt auf mein weiteres Leben hatte. Ich begann zu glauben, dass ich irgendwie nichts wert wäre, wenn mein Vater nie bereit war, für mich Geld auszugeben.

Indem ich Geld mit Liebe gleichsetzte, entschied ich, dass ich nicht liebenswert war. Diese Sache mit meinem Vater verhinderte quasi, dass ich während der nächsten sechseinhalb Jahre bedeutsame romantische Beziehungen mit Männern einging. Natürlich wissen Sie und ich, dass das inzwischen kein Problem mehr in meinem Leben darstellt. Was aber das Tolle an meinem fehlenden Liebesleben in der High School und im College war: dass mir viele der emotionalen Dramen erspart blieben, durch die junge Frauen sonst so gehen müssen – in der Dating-Welt von den späten Teenagerjahren bis in die frühen Zwanziger. Stattdessen benutzte ich meine zusätzliche emotionale Energie und Freizeit, um unglaublich feste Beziehungen mit meinen Freundinnen aufzubauen und meine eigenes Geschäft zu starten, von dem ich immer noch – heute nach über zehn Jahren – Gewinne einstreiche. Habe ich Zeit gebraucht und Dutzende Kleenex-Boxen, um meinen verlorenen Selbstwert als Teenager zu betrauern und das junge, ausgeflippte Dating-Leben, das ich verpasst habe? Darauf können Sie wetten. Ich war wutentbrannt. Ich schrieb Tagebuch. Ich habe es ausgetanzt. Und ich hatte unglaubliche Aussprachen und Unterhaltungen über Gott und die Welt mit meinen Eltern und meiner Schwester. Ich fand also Möglichkeiten, den Heilungsprozess voranzutreiben, indem ich bestimmte Schichten entfernte.

Aber meine emotionale Ehrlichkeit radiert mich nicht als Heldin meiner Geschichte aus. Außerdem gibt es doch keine gute Geschichte ohne Konflikte auf dem Weg und Tränen neben dem Lachen, nicht wahr? Nach all diesen Jahren sehe ich nun, dass mein Dad seine eigene Reise rund ums Geld zu bewältigen hatte, die nichts mit mir zu tun hatte. Er hatte eine schwierige Kindheit mit einer sehr komplexen Dynamik zwischen Geld und Sucht. Als Kind dachte ich, dass sein Verhalten damit zu tun hätte, wie viel Liebe ich wert war. Aber das stimmte ganz einfach nicht. Seine Entscheidungen hatten absolut nichts damit zu tun, wie viel er für mich fühlte oder wie sehr er mich liebte. Und nun entscheide ich mich dafür, die Sache mit meinem Vater so zu sehen, wie sie wirklich war: dass er immer sein Bestes gab – mit den Informationen, Hilfsmitteln und Fähigkeiten, die er eben gerade zur Verfügung hatte.

Ich entscheide mich dafür, ihn als liebevollen, großzügigen Mann zu sehen, der alles für mich tun würde – weil das die Wahrheit ist. Und wissen Sie, was? Inzwischen stehe ich meinem Vater viel näher als in meiner Kindheit. Unsere Beziehung ist total neu aufgeblüht. Und wissen Sie, was noch? Genauso trifft das auf meine Beziehungen mit anderen Männern *und* mit meinen Geld zu. Außerdem sehe ich sehr viel Vollkommenheit in meiner Liebesgeschichte zum Geld, exakt so wie sie ist. Ganz besonders gefällt mir die Tatsache, dass ich einen großen Teil meines beruflichen Erfolgs meiner eigenen frühen Programmierung auf finanzielle Freiheit verdanke. Ich bin für diese Ausbildung in jungen Jahren so dankbar. Und wenn sich meine Eltern nicht hätten scheiden lassen und meine Mutter nicht vor Angst so ausgeflippt wäre, dann hätte ich die Business- und Finanzbücher höchstwahrscheinlich gegen Teenagerromane getauscht. Meine Achterbahnfahrt der Geschäftsbeziehung mit meiner Mutter ist natürlich auch urkomisch im Rückblick. Ich bin für ewig dankbar, dass ich es nicht besser wusste, als mich einfach reinzustürzen, da ich jung und unschuldig war und von nichts eine Ahnung hatte. Das zeigte sich in einer Vielzahl von Dingen. Am meisten jedoch in der Tatsache, dass wir nie eine schriftliche Abmachung getroffen hatten. Von Beginn an hatten wir gleich darüber gesprochen, wie ich kompensiert und die Arbeit aufgeteilt werden würde. Aber wir hatten es nie aufgeschrieben und detailliert aufgestellt. Das war eine große Lernerfahrung für mich. Ich werde niemals wieder in eine Geschäftsbeziehung treten, ohne alles schriftlich festzuhalten, besonders mit Freunden und Familie. Aber ich wäre niemals so firm in meiner Entscheidung gewesen, wenn ich nicht die Herausforderungen, kennengelernt hätte, die entstehen, wenn man es andersrum macht.

Meine persönliche Weiterentwicklung, nachdem ich die Geschäftsbeziehung mit meiner Mutter aufgelöst hatte, ist für mich ein unbezahlbares Geschenk, dass nie anders stattgefunden haben könnte. Jugendliche Begeisterung ist ein wahrer Segen. Sie kann Sie genau auf den Weg schicken, den Ihre Seele fordert, um sich weiterzuentwickeln. Da gibt es so viele kostbare Lektionen, die man aus diesem bestimmten Kapitel der Geschichte ziehen kann. Ich habe nicht nur gelernt, schriftliche Übereinkünfte zu treffen, sondern auch dass ich selbst verantwortlich bin, wie viel ich der Welt schenke. Und kein anderer kann mich kleiner machen als ich bin. Es sei denn, ich lasse das zu. Ich denke immer daran, dass ich genug bin – es immer war und immer sein werde. Ich habe gelernt, dass Dinge, an denen wir uns festhalten, damit wir uns sicher fühlen, uns daran hindern, unsere Freiheit einzufordern.

Doch wie können wir in irgendeinem Bereich unseres Lebens Freiheit erhalten? Indem wir auf unsere persönlichen Geschichten durch eine Linse blicken, mit der wir nur die positiven Lektionen sehen. Indem wir Verantwortung für unser Handeln übernehmen und Wege finden, uns durch unsere Erfahrungen weiterzuentwickeln. Und das ist es, was ich getan habe. Es gibt so viele Gründe, die ich ihnen erzählen könnte, die meine finanziellen Niederlagen erklären würden.

Ich könnte auch sagen, alles kam, wie es kam, weil ich nie finanzielle Verantwortung von meinen Eltern gelernt hatte. Ich könnte nun anführen, dass mein Vater meiner Schwester und mir immer den »Wert des Dollars« beibringen wollte, aber wir würden einfach hinter seinem Rücken meine Mutter um Geld bitten, das sie uns dann immer gerne gab. Ich könnte sagen, dass es so war, weil sie nie ihre Finanzpläne mit uns teilten. Oder der viele Schmerz wegen der Scheidung meiner Eltern war schuld. Aber eigentlich klingt keine dieser Versionen besonders befreiend. Wenn ich meiner Mutter, meinem Vater (oder der Gesellschaft) die Schuld für meine Schulden in Höhe von 20 000 Dollar geben würde, dann könnte ich mich gleich in eine Zelle sperren und den Schlüssel wegwerfen. Ich war komplett selbst verantwortlich für den nachlässigen Umgang mit meinen Finanzen, für das Chaos, die roten Zahlen und die Scham vor mir selbst. Ich entschied mich, meinem Geld keine Beachtung zu schenken – aus einer Vielzahl von Gründen und keiner davon war die Schuld von irgendwem. Im Übrigen war das alles perfekt für meinen Weg, denn man kann solche Dinge nur auf die harte Tour lernen, um sie ernsthaft lehren zu können. Ich sage nicht, dass man, um etwas lehren zu können, es unbedingt schon einmal durchgemacht haben sollte (oder vermasselt, je nachdem). Aber lassen Sie mich folgende Frage stellen: Nehmen Sie mich als Geldweisheitslehrerin nicht ernster, wenn Sie wissen, dass ich mich in einer Zeitspanne von 5 Jahren aus 20 000 Dollar Schulden befreit habe, während ich ein erfolgreiches Network Marketing-Unternehmen aufbaute? Das hoffe ich wirklich, denn indem ich das aufschreibe, werde ich daran erinnert, dass ich wirklich etwas zu lehren habe. Das ist meine Heldinnenversion der Geschichte. *Ich* hab Fehler gemacht – und *ich* kam darüber hinweg. Ich bin stolz und fähig. Ich lebe mein Leben viel mehr im Einklang mit mir selbst. Meine Erfahrungen haben mir die Chance gegeben, den Weg meiner Seele einzuschlagen. Können Sie sehen, wie wertvoll eine 30000-Meter-Sicht auf das Leben von Zeit zu Zeit ist? Einmal hörte ich Louise Hay sagen, wie dankbar sie ihrem Ex-Ehemann ist, obwohl ihr Herz nach der Scheidung gebrochen war – denn er hat sie zu der Louise Hay gemacht, die sie heute ist. Ich fühle genauso.

Wenn meine Eltern sich nicht hätten scheiden lassen, und ich nicht durch diese harten Jahre gegangen wäre, in denen ich meine Mutter und meinen Vater ständig traurig, nachdenklich oder wütend gesehen hatte, dann hätte ich nie gelernt, eine erfolgreiche Geschäftsfrau zu sein.

Und ich hätte nie bewusst diese Reise angetreten, bei der ich meinen eigenen Wert anerkenne und als Ergebnis, mehr zum Wohle dieses Planeten beitrage.

Ich bin beiden so dankbar für alles, was sie mich gelehrt haben. Es kam schließlich alles genauso, wie es immer sein sollte. Es brauchte dazu zwar ein paar Schritte, die andere als Fehltritte bezeichnen würden.

Doch falls Sie es noch nicht begriffen haben: Ich sehe selbstverständlich alle Momente und Ereignisse als absolut perfekt an. Denn sie haben mich zu dem Moment gebracht, in dem ich mich jetzt befinde, während ich dies hier für Sie schreibe. Ich glaube nicht an Reue.

WIE GEHT IHRE LIEBESGESCHICHTE ZUM GELD?

Nun sind Sie an der Reihe! Sie mögen vielleicht relativ neu sein – auf dem Weg zu mehr Achtsamkeit Ihrem Geld gegenüber. Dies könnte das erste Buch sein, das Sie jemals über Geld gelesen haben. Es ist vielleicht ein Thema, das Sie die meiste Zeit Ihres Lebens vermieden haben. Wenn das so ist, dann ist das völlig in Ordnung. Sie machen das großartig! Oder vielleicht lieben Sie dieses Thema ja auch, und dieses Buch ist nur eine der vielen Ressourcen, die Sie sich mal anschauen. Wie dem auch sei, es ist ein toller Zeitpunkt, um einen Blick auf Ihre Geldgeschichte zu werfen. Diese Übung wird Ihnen dabei helfen, Ihre Geschichte zu erzählen, um sie dann annehmen zu können, genauso wie ich es oben beschrieben habe.

TEIL 1: ERZÄHLEN SIE IHRE GESCHICHTE

Nehmen Sie Ihr »Journal rund ums liebe Geld« zur Hand und schreiben Sie Ihre eigene Liebesgeschichte zum Geld. Wo hat alles angefangen? Was waren die Höhepunkte? Und was die Tiefpunkte? Was waren die schönsten Momente? Erzählen Sie Ihre Geldgeschichte auf eine Art, wie Sie sie nie zuvor erzählt haben.

TEIL 2: ERINNERUNGSWERTE MOMENTE

Erzählen Sie die Wahrheit, aber vergessen Sie dabei nicht unbedingt Ihre rosarote Brille. Jeder Moment war eine Lektion, die Sie genau zu dem Punkt führte, an dem Sie heute stehen.

Wo haben Sie in Ihrem Leben problematische Umstände oder Ereignisse Ihre Realität definieren lassen? Wo haben Sie keine Verantwortung übernommen für Ihre spezielle Sicht der Dinge?

Picken Sie sich ein oder zwei solcher Bereiche heraus und suchen Sie nach Dingen, die gut geendet haben – als Ergebnis von jenen Umständen,die sich damals vielleicht nicht so toll anfühlten.

Haben Sie etwas gelernt, dass Sie nicht ohne Ihre Schulden hätten lernen können?

Haben Sie begonnen, Ihre finanzielle Macht und Ihren Wert auf neue Art einzufordern, nachdem Sie erkannt haben, wie schmerzhaft es sich anfühlte, als Sie diese beiden Dinge aufgegeben hatten?

Ich bitte Sie nicht darum, Ihre Sicht der unerfreulichen Ereignisse in Ihrer Vergangenheit um 180 Grad zu ändern. Aber ich bitte Sie um eine 90 Grad-Wende. Gibt es eine Sache in Ihrer Geldgeschichte, die Sie in diesem Moment richtig finden? Vielleicht sogar zwei?

TEIL 3: DIE HELDINNEN-VERSION DER GESCHICHTE

Heute ist der Tag, an dem Sie Ihre Geschichte annehmen sollten, und zwar so, wie die Dinge sind. Und das fängt an, indem Sie die Schönheit und Vollkommenheit des Weges, den Sie eingeschlagen haben, anerkennen. Und nun lade ich Sie dazu ein, den Ansatz aus Teil 2 etwas auszudehnen. Da Sie inzwischen bei einem bestimmten Element Ihrer Geschichte oder zwei Ihre Perspektive gewechselt haben, überblicken Sie Ihre Geschichte noch mal im Ganzen und suchen Sie nach weiteren Ebenen der Schönheit, Vollkommenheit und Richtigkeit in dem, was *ist* und/oder *war*. Schreiben Sie es auf, meditieren Sie darüber und bitten Sie Ihre Höhere Macht um Führung. Oder Sie diskutieren das Ganze mit einem vertrauten Freund, der eine bereits ein höheres Verständnis der Dinge hat.

Wenn Sie einmal angefangen haben, Ihre Geschichte in eine neue Richtung zu schieben, werden Sie vielleicht überrascht sein, wie Ihr Leben anfangen wird, sich vor Ihnen zu entfalten wie ein reicher, farbenprächtiger Bilderteppich. Der Schmerz und die Freude, die Anmut und die Entwicklung – alles perfekt und unentwirrbar verwoben.

Genauso wie ich es bei meiner Geschichte tat, wird auch Ihr Perspektivenwechsel andere Elemente Ihres Lebens enthalten, jenseits Ihrer Beziehung zum Geld. Alles im Leben ist schließlich miteinander verbunden.

Was auch immer Sie tun, würdigen Sie sich selbst, indem Sie Ihre Geschichte so erzählen, dass Sie die Heldin sind. Diesen feinen Unterschied sind sie absolut wert.

KAPITEL 2

ES GEHT NICHT UM GELD

Wo doch das ganze Geldsystem erfunden ist, warum nicht gleich Teilnehmer werden anstatt nur Zuschauer? Oder Opfer? Wo immer man hingeht, hört man, wie sich die Leute über die Wirtschaftslage beschweren und dass sie Opfer der Umstände sind:

»Oh, die Arbeitslosigkeit ist auf 10 Prozent – die höchste Quote seit 1929. Also gibt es für mich keine Möglichkeit, mein Einkommen zu erhöhen, geschweige denn einen Job zu kriegen.«

»Leute mit meiner Ausbildung machen nicht mehr als 30 000 Dollar im Jahr. Haben sie nie und werden sie nie.«

»Ich werde mich nie selbstständig machen können. Es ist zu riskant. Weißt du, wie schlecht die Wirtschaftslage ist?«

Ich bin sicher, Sie haben ihre eigene Lieblingsausrede, warum Sie nicht das können oder haben, was sie wollen. Es ist unglaublich hilfreich und transformativ, sich der wertlosen Sachen, durch die wir steckenbleiben, bewusst zu werden. Erkenntnis ist der erste Schritt für Veränderung. Also lüften Sie durch. Achten Sie darauf, wenn Sie negatives Denken und Sprechen bei sich feststellen.

Die Stimmen in Ihrem Kopf

Lassen Sie uns ehrlich sein. Die Tatsache, dass Sie dieses Buch ausgewählt haben, bedeutet, dass Sie jemand sind, der sich seiner Gedanken, Einstellungen und Gefühle schon etwas bewusst ist (oder sogar mehr als das). Sie haben wahrscheinlich das oben erwähnte finanzielle Gejammer gelesen und sich gesagt: *Oh, so denke ich nicht. Ich weiß, dass ich konstant meine eigene Realität erschaffe. Ich bin kein Opfer. Ich bin die Ausnahme von der Norm.*

Haben Sie jemals gesagt oder gedacht: ›Ich kann mir das nicht leisten?‹ Wenn ja, dann sollten Sie sich vielleicht noch mal damit auseinandersetzen, wie sehr Sie daran glauben, Ihre eigene Realität zu erschaffen. Auch diejenigen, die Stunden damit verbracht haben, mit Lebensberatern zu arbeiten, Hunderte von Seminaren zur Persönlichkeitsentfaltung besucht, jedes von Hay House veröffentlichte Buch gelesen und mit ihrem Po viel Zeit auf Meditationskissen verbracht haben, und mit ihrem Po viel Zeit auf Meditationskissen gesessen haben, können für sich keine Perfektion beanspruchen, wenn es um diese kleinen Stimmen im Kopf geht. Der zweite Schritt um Ihre eigene finanzielle Realität zu verändern, wäre einfach, sich über die eigenen Gedanken darüber bewusst zu werden. Warum? Weil unsere Gedanken bestimmen, wie wir die Dinge angehen. So ist das einfach.

Und woher kommen diese Gedanken? Mein Gott, sie kommen überall her! Aus den Medien, von unseren Eltern, dem Rotzlöffel aus der zweiten Klasse, der uns fett nannte, von unseren Chefs und sogar aus unserem manchmal nicht ganz so freundlichen Inneren. Geben wir nicht auf unsere Gedanken Acht, die unsere Ansichten, unsere Handlungen und letztendlich unsere Realität kreieren, verlieren wir die Verantwortung für unser Leben. Stattdessen lassen wir irgendjemanden von den Spätnachrichten – oder schlimmer noch, unsere Mütter oder Väter – unser Leben bestimmen. Als ich während unserer Freedom Tour, bei der ich mit über 800 Teilnehmern meine Workshops machte, durchs Land reiste, hörte ich schon einige bemerkenswerte Geschichten, wenn wir abends zusammensaßen und darüber sprachen, was wir in unserer Kindheit so über Geld mitbekommen hatten. Einer meiner größten Favoriten war: »Es ist genauso leicht, sich in einen reichen Mann zu verlieben wie in einen armen.« Andere Kommentare waren: »Geld wächst nicht auf Bäumen« und natürlich, der Klassiker: »Wir können uns das nicht leisten.«

Mir gefällt an diesem Schritt, dass er so unglaublich einfach ist. Werden Sie sich bewusst. Okay, das ist doch machbar. Sie müssen Ihre Altersversorgung nicht komplett überdenken und einen genialen Ausgabenplan aufstellen (obwohl Sie das vielleicht später als Teil Ihres finanziellen Freiheitsplans machen wollen). Aber für heute, für jetzt, lassen Sie uns anfangen, uns einfach bewusst zu werden, welcher Glaubenssatz unser finanzielles Leben bestimmt, ob wir das wollen oder nicht.

Das ist nun der Punkt während unserer gemeinsamen Zeit, wo ich Ihre Hand halte, während Sie beginnen, Ihren ganzen Kram in Ordnung zu bringen. Geneen Roth, Autorin des Bestsellers *Essen ist nicht das Problem: Wie Frauen Frieden mit sich selbst und ihrem Körper schließen*, schrieb: »Die einzigen Menschen, die keine verrückte Beziehung zu Geld haben, sind diejenigen, die ihre verrückte Beziehung zu Geld untersuchen.« Genial und so wahr. Also lassen Sie uns unsere Sherlock Holmes-Detektivmütze aufsetzen (ich finde es einfacher, wenn man das richtige Outfit anhat, besonders wenn es um Geld geht) und lassen Sie die Achtsamkeit das Zepter übernehmen!

STIMMEN HÖREN

Zücken Sie Ihr Journal, denn wir sind dabei, die nächste Erkenntnisebene zu betreten. Fangen Sie damit an, die Stimmen in Ihrem Kopf in Bezug auf Geld zu hören, zu identifizieren und zu entschlüsseln. Beginnen Sie, Ihren immer wiederkehrenden Gedanken zum Thema Geld zuzuhören. Sie werden erkennen, dass viele davon Ihnen nicht wirklich in Ihrer eigenen Stimme gesagt werden. Schreiben Sie nun auf, was die Leute (hauptsächlich Erwachsene) Ihnen ständig gesagt haben, als Sie aufwuchsen. Fangen Sie an, wie oft am Tag Sie nun genau dieselben Sachen sagen.

Wie gefällt Ihnen das Schälen dieser Zwiebel mit dem besonders beißendem Saft? Sind Sie begeistert oder werden Sie neugierig? Vielleicht. Vielleicht nicht. Falls Sie sich total gestresst fühlen, verängstigt, genervt, müde oder benebelt, dann denken Sie daran, dass das alles Zeichen des Widerstands sind. Und wissen Sie was? Wenn Sie irgendwelche Zeichen von Widerstand verspüren, ist das sogar gut. Meine gute Freundin und Mentorin Barabra Stanny, Autorin des Buchs und Kurses *Overcoming Underearning*, ist der Meinung, dass sich unser Grad an Widerstand proportional zum Grad der Kraft verhält, die uns auf der anderen Seite dieses Widerstands zur Verfügung steht.

Das bedeutet also, je frustrierter oder verwirrter Sie wegen der ganzen Geldsache sind, desto mehr Kraft steht Ihnen zur Verfügung, wenn Sie sich wirklich durch diese Widerstände arbeiten wollen. Denken Sie daran, dass ich mehrere Jahre lang durch New York getingelt bin, um Frauen über finanzielle Freiheit zu unterrichten, während ich dabei meine eigenen steigenden Kreditkartenschulden aufs Schönste ignorierte. Daher kenne ich Widerstand wirklich gut. Und ich berichte Ihnen von der anderen Seite meines Widerstands, dass Stanny Recht hat: Da liegt eine Menge Kraft!

Also, seien Sie sich Ihres Körpers gegenwärtig. Fühlen Sie Ihren Po auf Ihrem Stuhl, stehen Sie auf und machen Sie ein, zwei Hüftschwünge, legen Sie eine Tanzpause ein und kommen dann zurück, denn wir haben etwas Wichtiges zu tun.

Ihre erste Erinnerung an Geld

Im nächsten Schritt werden wir noch weiter erforschen, inwieweit unsere Kindheit immer noch unser aktuelles finanzielles Leben beeinflusst. Während ich durchs Land reiste, hörte ich in meinen Workshops erstaunliche Geschichten von Frauen, die allmählich realisierten, wie sehr ihre momentane Geldsituation ein deutliches Spiegelbild ihrer Kindheit war. Es mögen 10, 20 oder sogar 40 Jahre seit Ihrer Kindheit vergangen sein, aber es wäre möglich, dass Sie Ihre Erfahrungen von damals noch immer wiederholen.

Rosie war eine wunderschöne Frau in ihren Vierzigern, als sie einen meiner *Women&Wealth*-Workshops besuchte und einen riesigen »Aha«-Moment erlebte. Sie hatte bisher immer nur arme und knausrige Männer kennengelernt. In anderen Bereichen waren sie allesamt wunderbar gewesen, aber bei Gelddingen gab es immer gewaltige Probleme. Inzwischen war sie mit einem klasse Typen verheiratet, aber finanziell bekam auch er einfach nichts auf die Reihe. Sie fühlte sich davon immer sehr belastet und frustriert. Sie wollte die Ehe nicht aus finanziellen Gründen aufgeben, aber sie sehnte sich doch danach, finanziell versorgt zu sein. Für sie waren Männer und Geld nie eine besonders gute Kombination gewesen, und das war der Knackpunkt in ihrer Ehe und ihre größte Frustration.

Während wir zusammen arbeiteten, begann Rosie die Knackpunkte ihrer Kindheitserfahrungen mit der Gegenwart zu verknüpfen. Sie erinnerte sich daran, als sie mit sieben Zeuge einer hitzigen Diskussion ihrer Eltern wurde. Ihr Vater war laut gegenüber ihrer Mutter geworden. Er wies sie zurecht, weil sie Kleider gekauft hatte, was er verschwenderisch und frivol fand.

»Ich arbeite mir nicht den ganzen Tag den Arsch ab, damit du hier herumtanzt, mit deinen Freunden essen gehst und mein Geld ausgibst!«, schimpfte er sie aus.

Rosie erinnerte sich, wie ihre Mutter ihn angstvoll ansah, sich leise entschuldigte und schüchtern und auf Zehenspitzen den Raum verließ, um seinem Zorn zu entgehen.

Rosie erinnerte sich auch an ihren Schwur, nie in eine Position zu geraten, in der sie von einem Mann finanziell abhängig war. Sie wollte nicht wie ihre Mutter werden. Aber sie erkannte, dass sie das Pendel zu weit in die andere Richtung geschwungen hatte. Anstatt von einem Mann versorgt zu werden, war sie in all ihren Beziehungen mit Männern liiert gewesen, die nicht in der Lage waren, sie zu unterstützen.

Also im Wesentlichen hatte sie die emotionale Erfahrung, nicht versorgt zu werden, die sie von ihrer Mutter kannte, wiederholt. Und nun, da sie diese Muster durch-schaut hatte, konnte sie nach Wegen suchen, um ihre Beziehung zu ihrem Mann und zu ihren Geld bewusst zu verändern anstatt sie als unbewussten Spielplatz ihrer Kindheitswunden und Prägungen zu gebrauchen.

DEN DINGEN AUF DIE SCHLICHE KOMMEN
TEIL 1: IHR GELDGEDÄCHTNIS

Schließen Sie die Augen. Atmen Sie dreimal tief durch ihre Nase ein und aus. Fragen Sie sich, was die erste oder stärkste Erinnerung aus Ihrer Kindheit ist, die mit Geld zu tun hat. Wer war da? Was für Worte haben Sie gehört? Wie waren die Umstände? Wie hat es sich angefühlt? Nehmen Sie noch einen tiefen Atemzug durch die Nase und öffnen Sie dann langsam die Augen. Schreiben Sie nun in Ihr Journal, an was Sie sich erinnert haben.

TEIL 2: IHRE GRÖSSTE GELDFRUSTRATION

Jetzt bewegen wir uns in die Gegenwart. Um sich Ih-rer Gedanken und Taten in Bezug auf Geld bewusst zu werden, fangen Sie damit an, einfach ehrlich zu sich selbst zu sein. Worüber sind Sie frustriert? Im letzten Kapitel haben wir unsere Geldgeschichten neu aufge-schrieben. Sie sind also schon dabei, sich mit Ihrer mo-mentanen Lage anzufreunden. Aber selbst, wenn Sie im Einvernehmen darüber sind, mag es immer noch frust-rierend sein, 15000 Euro in den Miesen zu sein oder am Ende des Monats nie genug Geld für alle Rechnungen zu haben. Also schreiben Sie jetzt Ihre größte Geldfrus-tration auf.

TEIL 3: DIE VERBINDUNG HERSTELLEN

Schauen Sie auf Ihre größte Geldfrustration, dann überprüfen Sie Ihre Geschichte über Ihre erste Gelderfahrung. Gibt es da eine Verbindung? Wenn ja, wo sehen Sie die Verbindung? Schreiben Sie sie auf.

Wenn Sie keine direkte Verbindung zwischen Ihrer Kindheitserinnerung und Ihrer momentanen Finanzlage feststellen, dann machen Sie sich keine Sorgen. Manchmal gibt es keine direkten Verbindungen. Das heißt nicht, dass unser Gesamtansatz nicht funktioniert. Klarheit ist Macht, und Klarheit kommt zuerst aus Bewusstheit. Also, achten Sie auf Ihre Gedanken und fragen Sie weiter, woher diese Gedanken kommen.

Verändern Sie Ihren Blickwinkel!

Wenn Sie Ihre Realität verändern möchten, müssen Sie bei Ihren Gedanken anfangen. Ihre Sichtweise auf Ihre momentane Finanzlage zu ändern, wäre schon mal ein wunderbarer Anfang.

Meine gute alte Freundin Marie Forleo hat früher stets betont, was ich nun immer wieder bei meinen Workshops höre – eine dieser Sinnestäuschungen, an denen Sie arbeiten können:»Ich kann mir das nicht leisten.«

Als Maries Unternehmen zu jener Zeit gut zu laufen begann, dachte sie, es wäre angemessener, in einem superteuren Apartment in New York City wohnen anstatt in der Wohnung, in der sie damals lebte. Zuerst sagte sie sich:»Aber so ein Apartment kann ich mir nicht leisten.« Doch bald bemerkte sie, dass das eigentlich nicht der Fall war. Nachdem sie sich die Lage genauer angeschaut hatte, realisierte sie, dass die Wahrheit nicht darin lag, dass sie sich das nicht leisten konnte (obwohl sie zu der Zeit nicht mehrere Millionen auf der Bank hatte), sondern dass sie zu jener Zeit einfach nicht das machen wollte, was nötig gewesen wäre, um ein mehrere Millionen Dollar teures Apartment zu bekommen. Als ich mit meinem USANA-Geschäft auf dem College anfing, stellte ich eine Frau namens Leah ein, die aus der Karibik in die Vereinigten Staaten immigriert war. Leah war Friseurin, die oft zehn oder mehr Stunden am Tag, sechs mal die Woche, arbeitete. Sie hatte nicht viel Geld und wohnte in einer Küstenstadt, deren Einwohner hauptsächlich der Arbeiterklasse angehörten.

Leah war jedoch immer überaus schick und von Natur aus sehr hübsch. Wir beide wussten, dass sie ein Kundenmagnet sein würde, speziell bei unserer Hautpflegeserie. Nachdem ich ihr meine Businessidee erklärt hatte, sagte sie mir, dass sie ganz begeistert wäre, mit mir zu arbeiten, aber kein Geld hätte, um damit anzufangen. Allerdings hatte sie ein großes Netzwerk an Freunden, Familie und Kunden, denen sie sofort von den Produkten erzählen wollte. Also veranstalten wir eine nette Zusammenkunft in ihrem Salon, bei der jeder eine Mini-Gesichtsbehandlung bekam und von Leah wunderbar verwöhnt wurde. Jeder einzelne Teilnehmer orderte ein Produkt, und Leah sammelte an diesem Abend Bestellungen im Wert von 2000 Dollar – mehr als genug, um ihr Geschäft zu starten.

Leah war einfach toll mit ihrer finanziellen Ausgangslage umgegangen. Anstatt sich über die Tatsache zu beschweren, nicht den genauen Betrag Geld zu haben, arbeitete sie mit dem, was ihr an Wert zur Verfügung stand, um das zu bekommen, was sie wollte. Sie hatte den Salon. Sie besaß ein breites Netzwerk. Und sie verfügte über das Talent, Menschen das Gefühl zu geben, schön zu sein und gemocht zu werden. Also anstatt zu sagen, dass sie es sich nicht leisten könnte, als ich ihr erklärte, wie viel so ein Start-up kosten würde, ging sie die Sache an, weil sie es wirklich wollte.

Die Wahrheit ist, wenn Sie etwas wirklich, wirklich, wirklich wollen, sodass Sie schwitzen, wenn Sie daran denken, dann werden Sie alles daran setzen, es zu bekommen. Sie werden Ihr Zeug verkaufen. Sie werden einen Teilzeitjob bekommen. Sie werden sich Geld leihen. Sie werden einen Weg finden. Und wenn Sie feststellen, dass das möglich ist, verändern sie den Blick auf ihre momentanen, finanziellen Umstände. Sie bringen den brennenden Wunsch mit und verbinden ihn mit Taten und Vertrauen. Und diese starke Kombination lässt vieles wahr werden.

SIE SOLLTEN ES UNBEDINGT WOLLEN!

Denken Sie an eine Zeit in Ihrem Leben, wo Sie etwas unbedingt haben wollten. Ihr Mund wurde jedes Mal, wenn Sie daran dachten, schon ganz wässrig. Sie hatten Tagträume darüber. Sie träumten in der Nacht davon. Sie haben eine Million Mal am Tag danach gegoogelt. Sie hatten ein intensives Verlangen. Sagen wir mal, es war ein Flugticket, mit dem Sie unbedingt zu diesem Typen fliegen wollten, nach dem Sie so verrückt waren. Technisch gesehen war das Geld nicht auf Ihrem Bankkonto. Aber Ihr Verlangen, Ihren süßen Popo quer durchs Land zu bewegen, um diesen Mann zu sehen, war so stark, dass Sie alles gemacht hätten, um in dieses Flugzeug zu kommen. Also haben Sie an einem Samstag Nachmittag Ihren Schrank nach kaum getragenen Designerteilen durchkämmt, die Sie dann im Second Hand-Shop für ein paar Hunderter verkauften. Und schwups – schon hatten Sie genug für Ihr Flugticket.

> Ich weiß, dass es eine Zeit gab, in der Sie etwas so sehr wollten, dass Sie einen Weg gefunden haben, um es möglich zu machen. Wenn Sie sich also als armes Opfer fühlen und die Worte sagen hören: »Ich kann mir das nicht leisten«, dann erinnern Sie sich daran, dass es gar nicht um Geld geht. Wenn Sie es wirklich wollen, würden Sie einen Weg finden, um es zu bekommen. Wenn es so WERTVOLL für Sie wäre, würden Sie es Realität werden lassen. Es ist also nicht so, dass Sie es sich nicht leisten können, sondern die Sache einfach nicht genug wertschätzen, um die nötigen Schritte zu unternehmen. Von nun an können Sie den Satz: »Ich kann mir das nicht leisten« durch »Wie kann ich mir das leisten?« oder »Ich entscheide mich, es nicht zu kaufen« ersetzen, weil das eher der Wahrheit entspricht.

Wenn Ihre Frustration wegen Ihrer finanziellen Umstände nicht einfach in dem Gedanken liegt, dass Sie es sich nicht leisten können, dann ist es wichtig, herauszufinden, was Sie wirklich stört. Sie haben sich selbst schon bewiesen, dass ein großer Teil Ihrer Umstände das Ergebnis Ihrer finanziellen Sichtweise ist. Also lassen Sie uns anschauen, was für andere Ansichten Sie von Ihren Umständen haben, indem wir ein viel benutztes Werkzeug aus der Selbsthilfe-Kiste benutzen: Affirmationen oder Mantras. Ich möchte da superklar sein.

Affirmationen sind keine magischen Beschwörungsformeln, die etwas bewirken. Ich persönlich empfinde sie eher als Prüfsteine. Zum Beispiel war ich neulich in heller Aufregung, weil zu viel zu tun war. Ich fühlte mich, als ob mir die Zeit davonlief und ich nicht wusste, wo ich anfangen sollte. Da gab es Deadlines, die schwer auf mir laste-

ten. Ich war total überfordert. In diesem Moment fiel mir
etwas ein, was meine Cousine Rachel mir mal erzählt hatte, als wir zusammen unser Workout machten. Während
der schwierigsten Passagen des Workouts benutzte sie immer das Mantra ›ich bin reine, ruhige Anmut‹, um durch-
zuhalten. Als ich mich selbst also wegen zu viel Stress in
einer Abwärtsspirale befand, hielt ich inne und wiederhol-
te diese Worte ›ich bin reine, ruhige Anmut‹ immer wieder
in meinem Kopf. Und was glauben Sie? Es fühlte sich besser an. Und wissen Sie, was passiert, wenn wir einen Gedanken haben, der sich besser anfühlt, indem wir uns eine
Affirmation oder ein Mantra auswählen? Wir treffen bessere Entscheidungen. Und zwar Entscheidungen, die Hand
und Fuß haben. Unsere Welt wird zu unserer Auster anstatt
zu einer fauligen, stinkenden Muschel. Ich glaube nicht
daran, dass man sich aus schlechten Emotionen heraus-
affirmieren kann. Manchmal muss man sich einfach hun-
deelend fühlen. Und dann muss man da durch, um aus
dem Tief herauszukommen.

Aber es gibt einen Unterschied zwischen dem vollen Erleben Ihrer Gefühle und dem Gefangensein in einer un-
produktiven, negativen Gedankenspirale, die Sie nur weiter herunterzieht. Ich bin mir sicher, Sie kennen die
Statistik, dass im Durchschnitt etwa 80 Prozent unserer
Gedanken negativ sind. Und was sogar noch alarmieren-
der ist: 95% dieser Gedanken wiederholen sich tagsüber
ständig. Diese Idee mit den Mantras und gedanklichen An-
kern dient dazu, uns einen Ort zu schenken, an den wir
zurückkehren können, wenn wir bemerken, dass unsere
Gedankenwelt etwas aus dem Ruder gelaufen ist. Wenn wir
unseren Geist immer wieder zu einem Ort zurückkehren
lassen, an dem es uns gut geht – dann fühlen wir uns auch
gut. Und wenn wir uns gut fühlen, dann treffen wir auch

bessere Entscheidungen. Wenn wir bessere Entscheidungen treffen, dann fühlt sich unser Leben dadurch meist viel besser an. Und das betrifft auch unsere Finanzen – und zwar zu 100 Prozent.

NEUE PLÄNE SCHMIEDEN

Schreiben Sie hier wieder Ihre größte Geld-Frustration auf:

Nie genug haben, Don't believe I dd ever make a lot of money.

Wir werden nun etwas umrüsten. Nehmen Sie dazu Ihre größte Geldfrustration und schreiben Sie diese so um, dass sie in ein positives Mantra umgewandelt wird. Hier ein Beispiel für eine Geldfrustration: Ich habe nie genug Geld.

Und nun umgewandelt in eine Affirmation: Ich habe immer mehr als genug Geld, um die Dinge zu tun, die ich tun will. Schreiben Sie Ihre umgewandelte Frustration als neues Geldmantra in Ihr Journal. Wenn Sie merken, dass Sie nicht an das Mantra glauben, können Sie es leicht abändern.

Dass der Satz »Ich bin reine, ruhige Anmut« so gut für mich funktioniert, liegt daran, dass mein Unterbewusstsein ihn glauben kann – egal, was in meiner äußeren Welt gerade passiert. Es fühlt sich bestimmt viel ehrlicher an, wenn Sie Ihre Geldfrustration in etwas wie »Ich vertraue darauf, dass ich für alle Zeiten gut versorgt bin« umwandeln, anstelle von »Ich habe immer mehr als genug Geld, um die Dinge zu tun, die ich tun will«.

Machen Sie aus Ihrem Geldmantra einen beruhigenden Wohlfühlgedanken, der zudem glaubwürdig ist. Und wenn Sie gerade dabei sind, Ihre Gedanken in positivere Versionen umzuwandeln, die Ihnen auf Ihrem finanziellen Weg helfen, warum nicht gleich ein paar mehr davon machen, um in Übung zu bleiben? Formulieren Sie also noch drei, vier weitere finanzielle Frustrationen in Geldmantras um und schreiben Sie diese in Ihr Journal. Na bitte! Sie haben angefangen, Ihre Gedanken über Ihre Situation zu ändern – und darüber, was finanziell möglich ist.

Und nun ist es an der Zeit, Ihre Gedanken über etwas zu verändern, das ein bisschen persönlicher ist – etwas, das Sie auf einer tieferen Ebene beeinflusst. Es ist an der Zeit, die Gedanken zu untersuchen, die Sie über *sich selbst* hegen. Ihre Überzeugungen über Ihren Wert und welche Rolle Geld dabei spielt, haben einen großen Einfluss auf Ihre Liebesgeschichte zum Geld.

Ein Auftrag für Insider

Irgendwo im mittleren Westen – auf etwa 10000 Meter Höhe. Ich war gerade auf dem Rückweg von San Diego nach New York City, mein Journal offen vor mir, ein Stift lag locker in meiner Hand und die Tinte glitt munter über die wunderschönen, lavendelfarbenen Seiten aus handgeschöpften Papier.

Es war schon meine zweite Runde von Barbara Stannys Workshop *Overcoming Underearning*, nur dass ich mich dieses Mal für die Telefonvariante anstelle der persönlichen entschieden hatte.

Doch ganz langsam – ich muss Ihnen jetzt erst mal etwas beichten. Ich bin regelrecht süchtig nach allem, was mit Selbstentfaltung und persönlicher Entwicklung zu tun hat. Als ich aufwuchs, ging ich mit meiner Mutter oft ins Omega-Institut, wenn sie dort Workshops gab. Und seitdem lässt es mich nicht mehr los. Ich habe vier Mal die *Mama Gena's School of Womanly Arts* abgeschlossen, während meiner *Freedom Tour* schaffte ich es, acht Wochen für persönliche Weiterentwicklung mit einzuplanen, ganz zu schweigen von den Workshops, die ich gab. Falls Sie etwas anbieten, das mir dabei hilft, mich selbst besser kennenzulernen, meine Beziehungen zu verbessern und mir möglicherweise zu mehr Wissen verhilft, um glücklicher, verliebter, wohlhabender, präsenter, gesünder und vitaler zu werden, dann bin ich sofort dabei!

Aber bei all meiner Begeisterung bleibt mein Durchhaltevermögen ziemlich oft auf der Strecke. Man kann das sehr gut daran erkennen, dass ich weder Hausaufgaben noch vertiefende Übungen während der Kurse mache. Doch in jenem Winter verpflichtete ich mich mir selbst gegenüber, an allen Telefonseminaren von Stanny teilzunehmen sowie jede einzelne Übung fertigzustellen – und zwar nicht nur, wie üblich, im Kopf, sondern wirklich auch schriftlich auf Papier.

Ich begann nun endlich zu verstehen. Wenn ich mich nicht bald ernsthaft mit meiner Geldsituation auseinandersetzen würde, dann würde ich meine Kreditkartenschulden nie abbezahlen, sondern höchstwahrscheinlich sogar neue anhäufen. Mein Unbehagen wegen meiner finanziellen Nöte wurde schließlich so groß, dass ich mich endlich dafür verantwortlich fühlte, meinem Geld mehr Aufmerksamkeit zu schenken. Als ich an jenem schicksalhaften Tag so durch die Gegend lief, hatte ich eine bahnbrechende Erkenntnis über die Art, wie ich mit meinem Geld umging (bzw. gerade nicht damit umging). Ich schrieb Folgendes auf:

Ich muss das erst mal verdauen ... Ich fühle mich, als würde ich gleich abheben mit all der Energie und Motivation, die mich gerade durchströmt. Ich denke, dass ich mich nun wirklich mit meinem Geld auf eine sehr, sehr kraftvolle Weise verbunden fühle.

Ich spüre eine große Veränderung. Eine richtige Wandlung. Und dass nun Dinge möglich sind, die vorher nicht möglich waren. Dass ich mich dieses Jahr tatsächlich weiterentwickeln und über mich selbst hinauswachsen kann. Es gibt keinen Grund, warum nicht. Dass ich mich selbst nun genug liebe, um mir und meinem Geld immer den Vorrang zu geben und mich liebevoll darum zu kümmern, wird nur der Grundstein für weitere Expansion, Ausdehnung und Wachstum jenseits meiner wildesten Träume sein. Ich verstehe, dass es darum geht, mich an allererste Stelle zu setzen. Und ein großer Teil davon bedeutet, dass ich weniger ausgebe als ich verdiene. So liebt man sich selbst auf die kraftvollste und herrlichste Art, die es gibt. Als ich *Overcoming Underearning* und *Getting to I Do* gleichzeitig las, hinterließ das mächtig Eindruck in Sachen Selbstliebe. Pat Allen spricht darüber, sich selbst mehr zu lieben als den Partner und genug, um sich dafür zu entscheiden, was richtig für einen ist. Und indem ich mich um mein Geld kümmere, verwandele ich mich in meinen eigenen Märchenprinzen. Es geht darum, genug Selbstliebe zu haben, um zu mir zuerst »ja« zu sagen und zu allem, das mir nichts bringt, »nein«. Ich hatte das zwar schon eine Million Mal gehört, aber dieses Mal hörte ich es irgendwie auf ganz neue Weise. Ich verstehe, dass ich nur bekomme, was ich will, wenn ich mich selbst und mein Wohlbefinden an die erste Stelle setze. Sogar wenn ich nur darüber schreibe, fühle ich mich ganz MÄCHTIG. Ganz egal, was geschieht, ich habe mich – und das ist nicht nur genug, es ist einfach alles. Diese unerschütterliche Selbstliebe bringt mich genau dahin – indem ich mich über alles schätze. Bis ich 30 bin, wird sie mich zur finanziellen Freiheit führen. So wie ich das nie erreicht hätte, wenn ich weiterhin zu viel Geld ausgegeben, zu viel geplant und zu viele unwichtige Termine gemacht hätte. Ganz zu schweigen von Kleidung kaufen ohne auf das Geld zu achten. Und dann all die anderen Dinge, mit denen ich mich in der Vergangenheit ausgebremst habe: meine Meinung nicht sagen; mich klein machen; Freunde haben, die einen runterziehen; sich von erfolgreichen Leuten total einschüchtern lassen; mich selbst verurteilen, dass ich ein Unternehmen aufbaute auf dem Erfolg meiner Mutter; verschuldet bleiben; süchtig nach perfektem Aussehen sein; mein Dispot überziehen …

ICH HAB'S KAPIERT!!! Ich hab so vielen Leuten erzählt, dass die Wurzel aller Probleme ein Mangel an Selbstliebe ist, aber es ist mir nie in den Sinn gekommen, dass auch meine Geldprobleme etwas damit zu tun haben könnten. Oder dass es nichts mit Entbehrung oder Verzicht zu tun hat, wenn ich mich diesbezüglich um mich kümmere, sondern NUR MIT SELBSTLIEBE! Ich bin absolut bereit, diesen Weg mit mir selbst neben mir zu beschreiten (und mit meiner großen Community). Ich bin bereit, die Welt der Besserverdienenden und cleveren Geldmanager zu betreten. Es ist fast, als würde ich eine Brille abnehmen, deren Gläser die falsche Stärke hatten – und nun kann ich zum ersten Mal klar sehen. JA! GENAU! Das ist wichtig. Das ist meine Liste der Top-Prioritäten. Wir reden hier über mein Leben, meine Beziehung zu mir und meine Selbstliebe. Das ist nicht nur TEIL meines Erfolgs, das ist die Basis, ohne die anderen Dinge nie passiert wären. Ich bin ein Genie, dass ich diese Klasse mit Barbara (als Geschenk immerhin!) ins Leben gerufen hab, weil ich mich getraut habe, die Sache durchzuziehen! Alles, was ich ausgab, habe ich aufgeschrieben. Ich habe BUCH GEFÜHRT (und das ist eine große Sache für mich, denn in der Vergangenheit war mir das stets ein Gräuel). Ich schaute mir meine Einnahmen und Ausgaben vom letzten Jahr an, feuerte meinen Buchhalter und entschied, dass es wichtig für mich wäre, meine Buchhaltung (zumindest für eine Weile) selbst zu übernehmen. Und dieses Programm mache ich nun sehr aktiv. Ich glaube, das ist das erste Mal, dass ich mich mit einem Buch über Selbstverwirklichung auseinandersetze und es auch tatsächlich DURCHARBEITE. Und zwar so richtig durcharbeite. Früher hatte ich ja immer alle Übungen und Hausaufgaben vermieden. Ich dachte, wenn ich sie im Kopf mache, ist das doch genauso gut. Und überhaupt wusste ich all diese Dinge schon längst. Junge, Junge – lag ich vielleicht falsch! Als ich mein Ego nun mal beiseite ließ, konnte ich mich auf eine viel tiefere und zugleich höhere Ebene der Entdeckungen, der Liebe und des Mitgefühls für mich selbst begeben – und der STÄRKE! Ich fühle mich, als könnte ich ein Auto hochstemmen! Ich kann es gar nicht erwarten, endlich aus diesem Flugzeug zu steigen und nach Hause zu fahren, damit ich meine Schränke ausräumen und mich an die Arbeit machen kann. Dieser Tag ist ein Wendepunkt ... und ich gleite vorwärts in eine atemberaubende Zukunft. Ich fühler mich nicht länger eingeschränkt oder benachteiligt, wenn ich nicht über meine Verhältnisse lebe, sondern ich sehe es als Selbstliebe. Ich liebe mich nun selbst, indem ich in Fülle und Freude lebe. Wie wundervoll!

Als ich schrieb, dass ich meinen Mangel an finanzieller Aufmerksamkeit erkannte, handelte es sich eigentlich um einen Mangel an Selbstliebe. Diese zwei Dinge sind so intensiv miteinander verwoben, dass ich gar nicht glauben konnte, dass ich das nicht schon früher bemerkt hatte. Wenn Sie Ihren Wert nicht sehen können, gibt Ihnen die Welt auch nichts Wertvolles zurück.

Für mich manifestierte sich das in Schulden. Denn ich dachte, dass ich die extra Zeit und Aufmerksamkeit, die es braucht, um mit seinem Geld gut auszukommen, nicht wert bin. Also lebte ich ohne finanzielle Integrität. Und um ehrlich zu sein, fühlte sich ein Teil von mir ziemlich mies deswegen.

Mein Mangel an finanzieller Achtsamkeit ließ mich langsam aber sicher vor die Hunde gehen. Ich machte mich kleiner als nötig, wenn ich meine Kreditkartenabrechnungen nicht öffnete, mehr ausgab als ich verdiente, mein Konto überzog und die Bedürfnisse der anderen über meine eigenen stellte.

Ich war immer noch dabei, meinen Beitrag für die Welt, meine Einsichten und Ideen, meine Kreativität und meinen grundsätzlichen Wert als Frau schätzen zu lernen. Was das betraf, fühlte ich mich noch ziemlich wacklig. Mein fehlendes finanzielles Wohlbefinden spiegelte meinen Mangel an Selbstwert und Selbstliebe. Als ich zum ersten Mal merkte, auf welche Art und Weise sich mein wackliger Selbstwert in meinem Leben manifestierte, war ich zugleich schockiert und angeregt davon. Nun da ich erkannt hatte, wie ich mich sah, wusste ich, dass ich mich ändern konnte. Indem ich meinen Mangel an Selbstliebe aufdeckte, sah ich auch meinen finanziellen Problemen ins Auge. Wir denken oft, dass sich alles schon fügen würde, wenn wir das perfekte Budget, tolle Finanzpläne, den richtigen Job oder den perfekten Unternehmensberater hätten. Alles wäre fantastisch, wenn wir dann noch das *The Wall Street Journal* lesen, geschickt investieren und/oder lernen würden, wie man sein Konto mit Freude und Leichtigkeit führt. Aber das ist einfach nicht wahr. Haben Sie auch diese Geschichten über Leute gehört, die im Lotto gewinnen, aber nach drei Jahren schon wieder völlig pleite sind? Umgekehrt wissen Sie vielleicht, wie Donald Trump etwa neun Mal bankrott war, aber trotzdem wird er immer wieder Milliardär? Warum nur? Weil es gar nicht um Geld geht. Geld existiert nicht, wenn Sie sich erinnern. Geld steht einfach nur für etwas, das wir wertschätzen. Und sehr oft steht es dafür, wie sehr wir uns selbst schätzen. Jemand, der gerade so über die Runden kommt und seine letzten zwei Euro für ein Lotto-Ticket ausgibt, ist nicht auf Wohlstand programmiert. Selbst wenn er gewinnt, wird der plötzliche Geldregen daran nichts ändern können. Für Donald Trump andererseits, ist das ganz große Geld vollkommen vorprogrammiert.

Und denken Sie nun noch, dass es ein Zufall ist, dass ich sofort mehr Geld als je zuvor verdiente, als ich die Geschäftsbeziehung mit meiner Mutter abbrach und meinen eigenen Wert erkannte? Und dass ich einen Buchvertrag bekam? Wohl kaum. Geld fließt zu denen, die sich selbst wertschätzen. Klar und einfach. Es spielt keine Rolle, wie perfekt Sie Ihr Budget einteilen oder mit welcher Farbe Sie Stellen in Finanzmagazinen markieren.

Wenn Sie nicht mit den inneren Dingen beginnen, wird es auch mit dem äußeren Kram nicht klappen. Sie werden dann wie diese Leute enden, die auf einmal viel Geld gewinnen, nur um es ein Jahr später oder noch früher wieder zu verlieren, weil Sie Ihren persönlichen Wert nicht erkannt haben, um diesen gewaltigen Geldregen zu reflektieren.

Wie nervig ist es, dass alles, was es wert ist, es zu besitzen als Job von innen anfängt? Wollen Sie eine Liebesaffäre, die die Welt erschüttert? Fangen Sie an, indem Sie sich selbst lieben!

Möchten Sie, dass Ihr Chef Sie Ernst nimmt als Anwärter für diese unglaubliche Beförderung? Fangen Sie an, sich selbst ernst zu nehmen! Möchten Sie für die unzähligen Arten gewürdigt werden, auf die Sie wertvoll für das Unternehmen sind, dem Sie Ihre kostbare Zeit und Energie widmen? Dann klopfen Sie sich zuerst mal selbst für Ihren Beitrag auf die Schulter!

Was das Geld betrifft, ist es verflixt noch mal das Gleiche. Es spielt dabei keine Rolle, ob Sie gerne schuldenfrei wären oder 50 000 Euro im Jahr verdienen möchten oder lieber Multimillionär wären.

Der Weg ist derselbe. Und er fängt mit Ihnen an. Das Wichtigste, das Sie im Leben besitzen, sind Sie selbst – warum fahren Sie also nicht gleich die schweren Geschütze auf und fangen genau damit an?

SICH SELBST WERTSCHÄTZEN

Wenn Sie mehr Werte in Ihrem Leben schaffen möchten – finanziell und auch anderweitig – so beginnt das immer, indem Sie sich selbst wertschätzen.

Wir werden uns jetzt einen Moment nehmen, um anzuerkennen, wie unglaublich toll Sie sind. Aus einer Studie der *School of Positive Psychology* (über die ich in *The Happiness Advantage* von Shawn Achor las) geht hervor, dass es 21 Tage braucht, bevor etwas zur Gewohnheit wird, über die wir dann nicht mehr nachzudenken brauchen. Lassen Sie heute Tag 1 sein – für Ihre neue Gewohnheit, sich selbst wertzuschätzen.

Schnappen Sie sich nun Ihr Journal und schreiben Sie drei spezifische Dinge, die Sie an sich schätzen, auf. Wenn Sie schreiben »ich bin gesund«, dann ist das großartig, aber es erzeugt nicht dieselbe emotionale Reaktion wie eine richtig detaillierte Beschreibung. Ich könnte zum Beispiel schreiben: »Ich habe feste, durchtrainierte Beine, die mich überall hin tragen« als etwas, dass ich an mir schätze. Ja, das gehört zu meiner Gesundheit und ist Teil davon, aber es ist genauer. Dadurch fühle ich mich unmittelbar noch wertvoller als wenn ich nur einfach »meine Gesundheit« geschrieben hätte. Wenn Sie damit fertig sind, suchen Sie sich Ihren Kalender.

Legen Sie sich einen regelmäßigen Termin an – zum Beispiel wenn Sie morgens aufwachen oder jeden Abend bevor Sie zu Bett gehen (das funktioniert am besten, wenn Sie das Ganze digital machen, wie mit dem Google Kalender, der Sie automatisch auf Ihrem Computer benachrichtigt oder Ihnen eine Erinnerungs-SMS schickt).

Wenn Sie den Termin dann auf Ihrem Kalender sehen bzw. die Benachrichtigung bekommen, nehmen Sie sich Ihr Journal und schreiben Sie drei Dinge auf, die Sie an sich schätzen. Das muss gar nicht lange dauern. Tun Sie es einfach! Keine Ausreden. Und seien Sie sehr genau. Wiederholen Sie nichts vom vorigen Tag. Ich verspreche Ihnen, dass es unendlich viele Gründe gibt, dass Sie wunderbar und wirklich wertvoll sind. Jeden Tag drei neue zu finden, ist daher nicht nur möglich, sondern sehr leicht und macht Spaß. Diese Übung dauert weniger als fünf Minuten am Tag, aber die investierte Zeit wird sich auszahlen – finanziell und auch auf andere Weise. Wenn Sie das 21 Tage lang tun, haben Sie eine solide Grundlage für ihr Selbstwertgefühl geschaffen. Passen Sie auf, was geschieht. Achten Sie darauf, wie Sie sich fühlen. Beobachten Sie, wie die Leute in Ihrem Leben reagieren.

Die Zeit und Energie, die Sie verwenden, um sich selbst wertzuschätzen, wird nicht nur Ihr eigenes finanzielles Leben positiv beeinflussen, sonder auch das anderer in Ihrem Umfeld verbessern.

Machen Sie diese Übung auch nach den 21 Tagen weiter, um wirklich zu sehen, wie sehr sich die kleine Mühe auszahlt. Als ich mich mit meinen Mangel an Selbstliebe auseinandersetzte, begann ich viele sehr wichtige Dinge zu bemerken, zum Beispiel wie abgeschnitten ich davon war, etwas Gutes zu bekommen. Offen zu sein, um Wertvolles zu empfangen ist schon eine Form der Selbstliebe – und eine, mit der viele Leute Probleme haben. Ein Klassiker: Sie treffen sich zum Kaffee mit ihrer Freundin, und diese sagt Ihnen, dass Sie eingeladen sind. Aber Sie lassen sie nicht bezahlen, sondern streiten erst mal mit ihr. Sie stampfen sogar mit dem Fuß auf. Sie lassen sie diesen 4 Euro-Latte nicht bezahlen. Sie erlauben sich selbst nicht, den Wert zu empfangen, den sie Ihnen zu schenken versucht. Oder Sie

wehren im Büro ein Kompliment von einer Kollegin ab:
»Dieses Kleid? Ach, das war im Angebot. Keine große Sache.« Vielleicht hindern Sie jemanden daran, Ihnen die
Tür zu öffnen oder den Stuhl zurechtzurücken. Sie sagen
nicht aufrichtig »danke«, wenn Ihnen jemand sagt, dass
ihm etwas gefällt. Sie weisen es von sich. Sie flüchten sich
in Ausreden. Sie verwässern es durch Ihre eigenen Missbil-
ligung.

Als ich erst mal einsah, dass ich das ständig tat, erkannte ich auch, dass das aufhören musste. Diese Einstellung
war einfach nicht gut für mich. Ich entwertete mich selbst,
indem ich mir sagte, dass ich diese Angebote nicht verdiente.

Und indem ich das tat, unterbrach ich den Fluss der
Fülle und des Wohlstands – denken Sie daran, wenn Sie
Ihren eigenen Wert nicht erkennen können, gibt Ihnen
die Welt auch nichts Wertvolles zurück. Deshalb begann
ich, meine Empfangsbereitschaft zu trainieren. Immer
wenn ich ein Kompliment bekam, würde ich kurz inne-
halten, der betreffenden Person in die Augen schauen, tief
einatmen und sagen: »Dankeschön!« Das ist schon alles,
was Sie tun müssen. Wenn Sie das erst einmal geschafft
haben, können Sie auch damit anfangen, andere Dinge zu
empfangen – eine Einladung zum Abendessen, eine Dank-
sagung, ein Geschenk voll annehmen und genießen, die
Frage nach Ihren Geburtstagswünschen mit einem Danke
und ein paar Ideen beantworten oder das Angebot eines
Freundes annehmen, Ihnen zu helfen, Ihr Leben zu ver-
schönern. Indem Sie das tun, machen Sie es der Welt
leichter, Ihnen die reichen Freuden der Liebe, Anerkennung, Geschenke und sogar Geld zu gewähren, da Sie nun
voll empfangsbereit sind – und Sie zeigen sich selbst auch
Liebe.

LERNEN ZU EMPFANGEN

Nehmen Sie sich einen Moment Zeit und rufen Sie sich ein Kompliment in Erinnerung, das Ihnen kürzlich jemand gegeben hat. Vielleicht haben Sie es mit einem Schulterzucken abgewehrt oder das Gespräch schnell abgelenkt. Erinnern Sie sich nun an ein Kompliment und öffnen Sie Ihre Arme weit, um es auch physisch anzunehmen. Es spielt keine Rolle, ob Sie es voll annehmen konnten, als Sie es bekamen. Jetzt ist Ihre Chance. Nehmen Sie einen tiefen Atemzug und nehmen Sie wirklich tief an, was die andere Person an Ihnen zu schätzen wusste. Spüren Sie, wie gut sich das anfühlt, sogar wenn es ein bisschen unangenehm ist. Das nächste Mal, wenn Sie von jemandem ein Kompliment bekommen, halten Sie inne, nehmen Sie einen tiefen Atemzug und bedanken Sie sich aufrichtig. Empfangen Sie Ihr Kompliment in vollen Zügen, sodass Sie und Ihr Gegenüber in den Fluss des Wohlstands kommen können.

Als ich an meiner Selbstwahrnehmung arbeitete – mit meinen Kalendererinnerungen und meinen Übungen zum besseren Empfangen – begannen sich auch meine Anschauungen über die Beziehung zwischen Geld und Selbstliebe zu verändern. Und ich erkannte, dass mehr Aufmerksamkeit meinem Geld gegenüber in Wahrheit ein Akt der Selbstliebe ist. Aufmerksamkeit ist Liebe. Liebe ist Aufmerksamkeit. Und als mich dieser Blitz der Erkenntnis traf, sah ich ein, dass ich mit dem Irrglauben gelebt hatte, ein Mangelbewusstsein zur Schau zu stellen, wenn ich nicht ständig Geld ausgeben, sondern darauf achten würde.

Eine Mentalität, bei der man glaubt, es gäbe einfach nicht genug, um über die Runden zu kommen. Ich dachte, wenn ich darauf achten würde, was ich so ausgab, würde das bedeuten, ich sei ständig besorgt darüber, zu wenig zu haben. Also ignorierte ich meine Ausgaben, überzog stattdessen mein Konto und häufte Schulden an. Ich dachte, wenn ich aufhören würde, über meine Verhältnisse zu leben, müsste ich anfangen, lappige Sackleinenkleider zu tragen, die mich wie einen riesigen Kühlschrank aussehen ließen. Allein der Gedanke fühlte sich schon so unsexy an. Aber das entsprach ja nicht der Wahrheit. Also begann ich, einige dramatische Veränderungen in meinem Leben vorzunehmen, die es mir erlaubten, meine Stimme wieder lauter klingen zu lassen und öfter meine Meinung zu sagen. Als ich New York City verließ, um auf die Freedom Tour zu gehen und das Geschäft mit meiner Mutter aufgab, war ich plötzlich in einer Position, in der ich zeigen konnte, was in mir steckte. Das Ergebnis war, dass ich die Botschaften meiner Workshops immer mehr verfeinerte und verbesserte und den Menschen nun noch kraftvoller die Wahrheit (natürlich liebevoll) erzählte. Ich schrieb mehr und brachte einfach mehr von meinem wahren Selbst – was ich wirklich dachte und fühlte – in die Welt ein. Ich fand heraus, dass ich mich nicht auf irgendjemand sonst berufen muss, um damit meine Meinungen glaubwürdig und wertvoll zu machen.

Ich entdeckte, dass allein meine Anwesenheit als ich selbst – mit meinen Gedanken und Perspektiven, meiner Meinung und Präsenz – nicht nur genug war, sondern einen sehr hohen Wert besaß. Und die Welt begann, mir das widerzuspiegeln – mit mehr Möglichkeiten (Vortragstermine, Buchverträge und Events) und mehr Geld. Und hier ist die Gleichung:

Selbstwert + Aufmerksamkeit dem eigenen Geld gegenüber + mehr Werte geben = mehr Werte empfangen.

Ziemlich cool, oder?

Werte und Selbstliebe schenken

Ich bin die Erste, die zugibt, dass ich gern »ja« zu Leuten sage und es mag, ein Teil von etwas zu sein – eben dazuzugehören. Wenn mich jemand um einen Gefallen bittet, ist meine Antwort automatisch immer »ja«. Und diese Tendenz hat mir über die Jahre viel Ärger eingehandelt, weil das immer mit einem vollgepackten Terminplan endete – mit lauter Sachen für andere anstatt wenigstens teilweise für mich und meine Bedürfnisse.

Und das ist keine gute Idee, wenn es darum geht, Wertvolles zu geben und zu empfangen. Wenn Sie müde sind und nicht auf sich selbst geachtet haben, haben Sie auch nichts wirklich Wertvolles zu geben. Und das wiederum heißt, dass auch nichts Wertvolles zu Ihnen zurückkommt. Zu geben und dann wieder zu empfangen hat also viel mit Selbstliebe zu tun. Das ist noch eine Einstellung, an der viele Leute arbeiten müssen, um sie zu verändern. Erinnern Sie sich, dass ich Ihnen gesagt habe, diese Arbeit fängt von innen an?

Meine Freundin Gene ist ein tolles Beispiel für jemanden, der gerade lernt, wie man gibt, ohne sich selbst dabei zu verausgaben. Sie sitzt bei verschiedenen gemeinnützigen Organisationen im Vorstand, betreibt zwei Unternehmen, ist Beraterin bei diversen Firmenneugründungen, beteiligt sich an einer nichtstaatlichen Organisation in einem asiatischen Entwicklungsland und hat eines der turbulentesten Soziallebens, die ich je kennengelernt habe.

Außerdem ist sie alleinerziehende Mutter. Jedes Mal, wenn ich sie zu Hause besuche, herrscht dort Chaos. Spielzeug blockiert die Eingangstür. Überall liegen wahllos hingeworfene Kleidungsstücke. Ein paar Mal als ich auf ihre Kinder aufpasste, während sie badete, merkte ich, dass die einzigen sauberen »Handtücher« im Haus ein paar Waschlappen waren.

Glücklicherweise ist Gene unglaublich energiegeladen. Aber ich sehe, wie ihre Art, zu allen »ja« und umgekehrt »nein« zu ihren eigenen Bedürfnissen (und denen ihrer Familie) zu sagen, langsam ihre Gesundheit und ihr spirituelles Wohlbefinden zermürbt. Als sie damit begann, jeden Monat ein langes Wochenende nur für sich oder mit ihren Kindern einzuplanen – ohne Handy und Termine, konnte ich nicht nur beobachten, wie sie als Person wieder weicher und geerdeter wurde, sondern auch klügere Geschäftsentscheidungen traf, die ihr mehr Geld einbrachten. Zufall? Ich glaube nicht.

Es ist kein Geheimnis, dass die meisten Leute, besonders Frauen, sich an letzte Stelle auf ihre Liste setzen. Es ist schon fast eine Epidemie, dass man sich viel zu wenig um sich selbst kümmert. Auf der einen Seite wird Frauen, die sich selbst nicht an die erste Stelle setzen, von der Gesellschaft viel Beifall gespendet, da sie so selbstlos und aufopfernd sind. Die Kehrseite ist, dass diese Frauen dann solange ausgenutzt werden, bis ihre Energie verbraucht ist und ihnen auch im Alltag die Puste ausgeht.

Es ist bestimmt nicht neu für Sie, dass es wichtig ist, sich Zeit für sich selbst zu nehmen. Aber ich schätze, Sie haben diesen Ratschlag eher in den Wind geschlagen, weil Sie gleich angenommen haben, dass das eh viel zu teuer wäre. Sie denken dabei an einen Tag im Spa, teure Mittagessen mit Ihren Freundinnen und an exklusive Yoga-Retreats auf Bali. Ja, diese Dinge machen sich gut auf einer Wunschcollage – aber wer hat schon Zeit oder Geld für so etwas? Also verfallen Sie wieder in Ihre alten Muster und stimmen zu, beim nächsten Ausflug als freiwillige Aufpasserin mitzufahren. Sie sagen »ja« zu diesem Sonderprojekt auf der Arbeit, obwohl dass noch mehr unbezahlte Überstunden bedeutet.

Wenn Ihr Freund Sie fragt, ob sie den Bericht, den er den nächsten Tag abgeben muss, noch mal schnell durchlesen können, sagen Sie »ja«. Obwohl Ihre Augen bereits brennen, da Sie den ganzen Tag vor einem Computerbildschirm gesessen haben und nur zu gerne schlafen wollen.

Sie versprechen Ihrer Freundin, Ihre Hochzeit zu planen und Ihrer Kollegin, den Lagerraum übers Wochenende neu zu organisieren. Sie werden müde, bekommen Burnout und verlieren sich selbst dabei. Die Unterscheidung zwischen übermäßigem Geben und Geben in Maßen ist zwar subtil, aber sehr wichtig. Lassen Sie sie uns daher einen Moment zusammen betrachten. Ich stelle mir das gerne wie zwei unterschiedliche Wasserquellen vor.

Zu geben ist wie eine Wasserfontäne, bei der Wasser herausspritzt und dann wieder in ein Auffanggefäß zurückfällt, worauf der Kreislauf von vorn beginnt und das Wasser bald wieder eine Fontäne bilden kann. Es ist eine fortwährende Wasserquelle und eine großartige Metapher für Ihre eigene Energie und Kreativität. Wenn Sie der Welt Werte schenken, fühlt sich das so an – Sie haben noch viel mehr zu geben. Es ist nachhaltig und nährt auch Sie, während es andere nährt.

Dann gibt es diese Fontänen, die wie Sprenkler sind, bei denen das Wasser ins Gras schießt und nicht wieder verwendbar ist. Die Quelle wird nicht wieder aufgefüllt. So fühlt es sich an, wenn man zuviel gibt. Energiereserven und Kreativität sind schließlich aufgebraucht, man ist total erschöpft. Es braucht etwas Übung, um den Unterschied zwischen diesen beiden Arten des Gebens zu erkennen. Auf eine Art zu geben, die Ihnen guttut, gibt einen Wert weiter und ist für andere von Nutzen. Wenn Sie Werte auf eine Art geben, die Ihre Energie schwächt oder mindert, die weder erwidert noch anerkannt wird, dann dient das nicht dem Besten aller. Im Grunde fühlt sich die eine Art gut an und die andere nicht – so einfach ist das. Vielleicht kennen Sie innerlich schon den Unterschied, aber wenn nicht, dann können Sie von nun an darauf achten und beginnen, das Ganze in verschiedenen Lebenssituationen zu spüren.

In meinem früheren Leben, besonders als ich mit meiner Mutter für *Team Northrup* arbeitete, begann ich es bald zu hassen, in diesem Bereich noch mehr Zeit und Energie zu investieren, weil die Partnerschaft nicht mehr funktionierte. Im Gegenzug begann ich, einen wöchentlichen Blog zu verfassen, öffentlich Vorträge zu halten und dieses Buch zu schreiben. Ich arbeitete härter als zuvor, gab und half viel mehr Menschen. Doch anstatt mich erschöpft und gestresst zu fühlen, fühlte ich mich davon energetisiert.

Was hat also Selbstpflege mit Geld zu tun? Alles. Denken Sie daran, dass Sie gerade versuchen, Ihre Gedanken über sich selbst zu ändern und Ihre Augen für Ihren eigenen Wert zu öffnen.

Sich Zeit zu nehmen, um sich um sich selbst zu kümmern, zeigt, dass Sie diese Sorgsamkeit auch wert sind. Sie sind es wert, dass man dafür arbeitet. Sie sind es wert, geliebt zu werden. Und wenn Sie das einsehen, sind Sie in der Lage mehr zu geben, was wiederum dazu führt, dass Sie mehr im Leben bekommen.

Ich kann Ihnen versichern, dass es weder kostspielig noch zeitaufwendig sein muss, sich um sich selbst zu kümmern und zu pflegen. Ich sage nicht, dass es schlecht wäre, Geld und Zeit dafür zu investieren, es ist nur einfach nicht notwendig. Denn zwei der Hauptgründe, die ich ständig höre, warum die Leute sich nicht um sich selbst kümmern, sind immer: keine Zeit und kein Geld. Aber ich werde es Ihnen schon noch in Ihren wunderbaren Kopf einhämmern, dass Sie es doch können. Ganz liebevoll und sanft, natürlich. Denn immerhin hängt Ihr Leben davon ab. Lassen Sie uns also die Fürsorge und Liebe für das eigene Selbst näher beleuchten. Für einige mag das Bilder heraufbeschwören, wie man sich den ganzen Tag im Bett rekelt und Süßigkeiten nascht – oder vielleicht denkt man sogar an einen Sex-Workshop für Frauen aus den Siebzigern mit Anleitungen zu Do-it-yourself-Höhepunkten (kennt noch jemand Betty Dodson?). Von der Idee der Selbstliebe wird Ihnen vielleicht sogar unbehaglich zumute. Sie denken, dass das Verlangen nach Freizeit, Energie und – Gott bewahre – Geld (obwohl ich Ihnen ja gerade sagte, dass dies nicht nötig ist) selbstsüchtig ist.

Doch lassen Sie es mich einmal ausführlich erklären. Die meisten Frauen auf diesem Planeten könnten es sich gut leisten, etwas selbstsüchtiger zu sein, wenn Sie mich fragen.

Doch da das Wort *selbstsüchtig* in unserer Kultur solch negative Assoziationen hervorruft, lassen Sie mich erläutern, warum Fürsorge für das eigene Wohlergehen und Selbstliebe vielleicht die am wenigsten selbstsüchtigsten Dinge sind, die Sie tun können. Hier sind fünf wirklich gute Gründe, sich um sich selbst zu kümmern – und zwar als Akt der Selbstliebe:
1. Sie können nichts aus einer leeren Tasse gießen. Wenn Sie versuchen, jemandem ein Getränk aus einem leeren Gefäß zu servieren, wie soll dann diese Person ih-

ren Durst stillen können? Das geht nicht. Sie haben absolut nichts mehr. Pech gehabt, es herrscht totale Leere. Denn wenn Sie nichts mehr übrig haben, dann haben Sie auch nichts zu geben. Das ist keine höhere Wissenschaft, sondern ganz einfache Physik. Dieses Konzept könnte schon ein Dreijähriger verstehen. Und trotzdem versuchen Frauen (und auch Männer) überall auf der Welt das letzte bisschen Energie für andere abzuzapfen – und enden selbst mit nichts.

2. Wenn Sie keine Zeit für sich finden, werden Sie griesgrämig. Und wenn Sie erst mal in so einer Grummelstimmung sind, dann sind Sie für niemanden mehr eine Hilfe. Kennen Sie das Sprichwort: »Wenn Mama nicht glücklich ist, dann ist niemand glücklich?« Das haben Sie vielleicht schon mal gehört. Es ist so universell – und es ist wahr. Ihre Laune beeinflusst die Menschen, mit denen Sie zu tun haben. Wenn Sie sich nicht bemüht haben, für sich selbst zu sorgen – und zwar *bevor* Sie sich um die anderen kümmern, dann sind Sie zu nichts zu gebrauchen *und* Sie verbreiten auch noch Ihre schlechte Laune.

3. Märtyrertum ist doch etwas für das Mittelalter. Klar, damals wurden aus Märtyrern oft Heilige, und man feierte sie für all die Opfer, die sie brachten. Aber das geschah meist erst nach ihrem Tod – und für gewöhnlich nach unsäglichem Leid. Und wem nutzen Sie schon, wenn Sie tot sind oder zumindest außer Gefecht gesetzt? Niemandem.

4. Für Leid kann man sich nichts kaufen. Klar kennen wir Sprüche wie:»Ohne Schweiß kein Preis«,»Wer schön sein will, muss leiden« oder » Was uns nicht umbringt, macht uns stärker«. Das haben wir tief in unsere Psyche eingebläut bekommen. Ob ich daran glaube, dass

Herausforderungen im Leben unausweichlich sind? Ja. Aber ist es eine Voraussetzung dafür zu leiden? Irgendwann haben wir die Botschaft erhalten, dass wir umso wertvoller und schließlich auch erfolgreicher werden, je mehr wir kämpfen und leiden. Wir glauben, je mehr wir uns überarbeiten, verplanen und immer mehr zu tun haben als alle anderen, desto eher bekommen wir einen Preis für unser Mühsal. Und wissen Sie was? Alles, was Sie vom Leiden bekommen, ist noch mehr Leid. Keiner wartet im Himmel mit einem Orden auf Sie für die fleißigste, selbstloseste und emotional und spirituell am meisten ausgelaugte Frau der Welt. Das wird einfach nicht passieren, Süße. Wie Kris Carr so brillant in ihrem Buch *Crazy Sexy Diet* schrieb:»Stress ist kein ... Abzeichen für Tapferkeit.«

5. Erschöpfung, Stress und Burn-out bringen keine gute Arbeit hervor. Das ganze Buch gründet sich ja auf die Tatsache, dass wir durch finanzielle Freiheit einen zusätzlichen geistigen, emotionalen und spirituellen Raum schaffen, um das Beste aus uns rausholen zu können. Sie können nicht die beste Version Ihrer selbst sein, wenn Sie ständig andere vor sich stellen. Ihr bestes Selbst mag Nickerchen, Massagen und Zeit zum Spielen. Ihr bestes Selbst macht seine Arbeit am besten, wenn es gut genährt und hydratisiert ist, viel Freude im Leben und mindestens acht Stunden geschlafen hat. Ihr Meisterwerk kann eher nach einem Schäferstündchen (mit sich selbst oder dem Partner) entstehen als nach einer Nachtschicht voller Überstunden für das Projekt von Ihrem Chef.

Hab ich mich also klar ausgedrückt? Selbstpflege hat nicht unbedingt etwas mit hübschen Zierkissen und Spa-Termi-

nen zu tun (obwohl diese Dinge toll sind, wenn Sie sie sich
finanziell leisten können). Bei der Selbstpflege geht es darum, sich selbst zu lieben.

Wenn Sie nicht lernen können, sich um Ihre eigenen
Bedürfnisse wie Pflege und Ernährung zu kümmern, wer
sollte es dann sonst tun? Wenn Sie sich selbst nicht genug
wertschätzen können, um sich von Zeit zu Zeit an erste
Stelle zu setzen, wie können Sie dann verdammt noch mal
erwarten, dass jemand anderer auf dieser Welt Sie schätzen
kann? Bei Geld geht es darum, was wir als wertvoll erachten. Wir zahlen für die Dinge, die wir wertschätzen. Wir
achten auf das, was wir wertschätzen. Ich glaube nicht,
dass es einen Moment gibt, an dem wir ankommen und
gelernt haben, uns selbst genug zu lieben und zu schätzen.
Der Weg des Selbstwertes – Aufmerksamkeit dem eigenen
Geld gegenüber, Wertvolles geben und Wertvolles empfangen – ist aber nicht linear. Es ist ein Geben und Nehmen.
Manchmal sind Sie vielleicht gerade dabei, Ihrem Geld
mehr Aufmerksamkeit zu schenken, und dann entsteht dadurch ein höherer Selbstwert.

Manchmal erhalten Sie etwas Wertvolles, und es verwandelt sich in einen höheren Selbstwert. Manchmal gibt
man etwas, und dadurch kann man sich selbst mehr wertschätzen. Es ist eine Reise. Tauchen Sie einfach ein und
starten Sie durch – sogar wenn Sie nicht wissen, was Sie
eigentlich tun. Ich kann Ihnen weder eine Karte noch einen 7-Schritte-Plan geben, denn das Ganze ist für jede Person individuell. Außerdem wird schon allein das Bewusstsein dafür, dass Selbstliebe, die Wertschätzung Ihres Geldes
sowie Geben und Nehmen so wichtig sind, Veränderungen
in Ihrem Leben hervorrufen. Der wichtigste Teil finanzieller Selbstpflege ist nicht, was Sie tun, sondern wie Sie es
tun. Wenn Sie ihre Finanztermine mit offenem Herzen

und Geist wahrnehmen, werden Sie bessere Ergebnisse bekommen, als wenn Sie dabei frustriert, ängstlich oder wütend sind. Je weniger Störungen Sie von Ärger, Frust oder schmerzvollen finanzielle Erinnerungen in Ihrem Energiefeld haben, wenn Sie sich hinsetzen, um Ihr Geld zu lieben, umso besser. Aber wenn so eine emotionale Ladung hochkommt, bedeutet das nicht, dass Sie eine schlechte Person sind oder etwas falsch machen. Es heißt einfach, dass da gerade ein emotionales Gift hochkommt und es an der Zeit ist, diese Erfahrung ruhen zu lassen.

DEN WEG FÜR SELBSTLIEBE FREIRÄUMEN

Teil 1: Selbstliebe sehen

Bevor Sie nun gleich damit anfangen, sich um sich selbst zu kümmern, ist es wichtig, zuerst Ihre jetzigen Ansichten zu den folgenden Übungen zu verstehen.
Nehmen Sie Ihr Journal zur Hand. Schreiben Sie auf, was Ihnen so zu folgenden Aussagen einfällt:

- Bei »Selbstverwöhnprogramm« denke ich an ...
- Wenn ich daran denke, mich selbst zu lieben, dann ...
- Der Grund, dass ich mich nicht so gut um mich selbst kümmere, wie ich könnte, ist ...
- Ich könnte mich selbst mehr lieben und wertschätzen, indem ich ...

Beobachten Sie einfach, was da so hochkommt. Das kann sich auch ziemlich unbehaglich anfühlen. Es könnte aber auch viel Spaß machen. Achten Sie auf die Emotionen, die Sie empfinden und wo sie sich in Ihrem Körper bemerkbar machen. Wenn negative Gefühle auftauchen, bewegen Sie sich, weinen Sie, schreien Sie in ein Kissen, nehmen Sie ein Handtuch und schlagen Sie damit für eine Weile die Wand. Gehen Sie joggen, legen Sie Musik auf und tanzen Sie wild, schreiben Sie in Ihr Journal oder sprechen Sie mit einer guten Freundin. Was auch immer nötig ist, entgiften Sie Ihre emotionale Ladung und machen Sie dann weiter im Plan.

Teil 2: Liebe erschaffen

Da Sie nun den emotionalen Schutthaufen, der Ihnen den Weg zu größerer Selbstliebe blockierte, beseitigt haben, wird es nun Zeit, die Sache auch praktisch anzugehen. Machen Sie eine Liste von fünf Dingen in Ihrem Journal, mit denen Sie diese Woche besser für sich sorgen, sich wertschätzen oder sich mehr lieben können. Hier sind einige Beispiele, die Sie gerne benutzen können. Oder Sie erfinden einfach eigene.

- Mir selbst Blumen für meinen Schreibtisch kaufen.
- Am Samstag ohne Wecker mal so richtig ausschlafen.
- Zu mindestens einer Person »nein« sagen, die mich diese Woche um einen Gefallen bittet (natürlich ganz freundlich und höflich).

Während wir weiter zusammen zu immer größerer finanzieller Freiheit reisen, denken Sie daran, dass es eben auch nur das ist: eine Reise. Es geht hier nicht darum, zu verstehen, wie alles im Leben funktioniert und man immer perfekt ist. Es geht nicht darum, eine sechsstellige Summe in 30 Tagen zu erwirtschaften oder Ihre Schulden im Handumdrehen zurückzuzahlen. Sondern darum, sich selbst zu kennen, zu lieben und wertzuschätzen. Vertiefen Sie die Beziehung zu der wunderbaren Person, die Sie selbst sind, und erschaffen Sie sich so ein reicheres und freieres Leben.

KAPITEL 3

WOO-WOO MEETS CHA-CHING

Wir haben damit begonnen, unsere Gedanken und unsere Vergangenheit in Bezug auf Geld näher zu untersuchen. Aber ich möchte noch einen Schritt weitergehen. Es gibt einen Glauben, auf den ich während meiner Workshops oft stoße, dass ich dachte, es wäre gut, dem Thema ein eigenes Kapitel zu widmen: Die Einstellung, dass man zu einer weniger ehrenhaften oder weniger spirituellen Person wird, wenn man Geld hat oder auch nur will. Selbst wenn Sie nun denken, dass Sie das ganz und gar nicht so empfinden, ist diese Ansicht in unserer Gesellschaft so allgegenwärtig, dass Sie Folgen davon erleben, ohne es aber zu merken. Lassen Sie uns das Thema deshalb geradeaus ansprechen.

Unser kulturelles Gelderbe

Bei meinen *Women&Wealth*-Workshops traf ich diese Frau namens Sally, während ich mit der Freedom Tour durchs Land reiste. Sie war wunderschön und hatte einen weiten, langen Rock an. Dreadlocks türmten sich auf ihrem Kopf

– umwunden von einem kunterbunten Schal. Und sie hatte diese unglaublich seelenvollen Augen.

Als es an der Zeit war, miteinander über die Dinge zu reden, die wir während unser Kindheit und Jugend über Geld gehört hatten, versteifte sie sich urplötzlich und ich fühlte, wie sie auf einmal geistig abwesend war. Diese lebendige junge Frau, die noch Momente vorher so präsent gewirkt hatte, war zwar immer noch physisch anwesend, aber ich konnte spüren, dass ihre Seele längst das Gebäude verlassen hatte. Ihre Augen waren glasig, und sie war einfach nicht mehr da. Nach dem Workshop kam Sally zu mir und erzählte mir ihre Geschichte. Sie war in einer Kommune aufgewachsen, mit ihren Eltern und anderen Erwachsenen, die glaubten, dass Geld die Wurzel alles Bösen wäre und reiche Leute gierige Menschen wären, die ihren Weg an die Spitze nur durch Manipulation und Betrug geschafft hätten. Man könne niemandem mit Geld vertrauen – denn es verdirbt den Charakter.

Sallys Familie kam immer eher schlecht als recht über die Runden, während sie aufwuchs. Sie sah auch, wie viele Konflikte finanzielle Diskussionen in der Kommune erzeugten.

Es gab so viel Negativität in ihrer Vergangenheit, die mit Geld verknüpft war, dass Sally es bald ganz vermied. Bald fand sie sich daher in genau dem Geldmangel und den damit verbundenen Sorgen und Nöten wieder, in denen sie aufgewachsen war.

Ihre Eltern und die anderen Mitglieder der Kommune waren alle sehr spirituell. Sie machten jeden Tag Yoga, meditierten und studierten spirituelle Texte als Teil der Lebensphilosophie dieser bestimmten Gemeinschaft.

Sally wurde Yoga- und Meditationslehrerin, doch obwohl sie viele Schüler hatte, besaß sie am Ende des Monats nie genug Geld, um ihre Rechnungen zu bezahlen. Außerdem schuldete sie einer Menge Leute Geld. Sie würde es sich niemals erlauben, wohlhabend zu sein, denn tief in ihrem Inneren war sie darauf programmiert, dass Geld sie gierig und böse machen würde. Ich hab Sally gesagt, wovon ich Zeugin wurde, als ich sie während des *Women&Wealth*-Workshops beobachtete. Tränen stiegen ihr in die Augen. »Meine Eltern haben mir immer gesagt, dass Geld schlecht sei. Sie haben mir erzählt, dass jeder, der es besitzt oder darüber spricht, böse sei. Sie verboten mir, gierig zu sein oder mich zuerst um mich selbst zu kümmern. Doch ich bin immerzu gestresst und angespannt, weil ich manchmal nicht mal weiß, ob ich es mir demnächst noch leisten kann, Geld für Lebensmittel auszugeben.

Ich habe Angst davor, mehr für meine Kurse zu verlangen, denn ich möchte nicht jemand sein, der Geld will. Mir wurde beigebracht, dass es schlecht ist, wenn man Geld will, und es ist nicht leicht für mich, mit der Tatsache klarzukommen, dass ich Geld als etwas sehr Schlechtes sehe. Ich bin so frustriert und verängstigt!«

Wow. Sally machte einen klassischen Fall von »Es ist nicht spirituell, reich zu sein!« durch. Irgendwie, irgendwo haben viele von uns vermittelt bekommen, dass es schlecht sei, Geld zu haben – ganz besonders wenn man eine moralische, spirituelle und hilfsbereite Person ist.

Das ist ein kulturelles Ammenmärchen. Dieser ansteckende Irrglaube will uns davon überzeugen, dass wir unsere eigenen Bedürfnisse für die von anderen opfern müssen, wenn wir ein guter Mensch sein wollen. Aber in dieser Art zu denken steckt ein fataler Fehler.

GELD UND VOLKSGLAUBE

Teil 1: Meine Ansichten zum Geld

Schnappen Sie sich Ihren Vertrauten – Ihr Journal rund ums liebe Geld. Es ist Zeit für archäologische Ausgrabearbeiten. Vielleicht sind Sie überzeugt, dass Sie weder negative Gefühle wegen Geld haben noch glauben, dass es schmutzig und unspirituell wäre – aber diese Gedanken könnten sich vielleicht doch irgendwo verstecken. Schreiben Sie frei von der Leber weg, was Ihnen zu den Aussagen einfällt. Wenn Sie etwas schreiben und das Gefühl haben, dass eine tiefere Bedeutung dahintersteckt, fragen Sie sich bitte selbst: »Was meine ich mit (was auch immer es ist, das Sie aufgeschrieben haben)?« (Diese Vorgehensweise nennt sich »proprioveptives Fragen« aus der Methode des proprioveptiven Schreibens, die von Tobin Simon und Linda Metcalf entwickelt wurde.) Tauchen Sie tief in die Welt Ihrer Worte ein, um zu sehen, was sich da unten so abspielt. Wenn Sie merken, dass Sie vom Thema abweichen, gehen Sie der Sache trotzdem auf die Spur. Man kann nie wissen, was man da so hervorholt. Aber es ist alles goldrichtig. Halten Sie sich an die, zu denen Sie sich am meisten hingezogen fühlen und an die, die Sie am meisten vermeiden wollen. Wenn Sie dann noch Puste haben, können Sie auch noch die neutralen aufschreiben.

- Wenn ich über reiche Leute nachdenke, ...
- Leute mit Geld sind ...
- Für mich ist Geld . . .
- Als ich aufwuchs, erzählte man mir, Leute mit Geld sind ...

- Meine Erfahrungen mit wohlhabenden Leuten waren bisher ...
- Wenn es darum geht, sehr viel Geld zu machen, dann ...
- Leute, die angestellt sind, finde ich ...
- Wenn ich überlege, wie es wäre, mehr Geld zu verdienen, dann ...
- In meiner religiösen Erziehung sah man Geld als ...
- Mit Geld assoziiere ich immer ...
- Meine jetzigen spirituellen Überzeugungen, die Geld betreffen, sind ... und ich wende sie an, indem ich ...
- Die spirituelle Einstellungen, mit denen ich aufgewachsen bin und die mit Geld zu tun haben, sind ...

Teil 2: Meine Ansichten anschauen

Manchmal schreiben wir Dinge nur auf, um sie aus dem Kopf zu bekommen. Aber dieses Mal möchte ich, dass Sie zurückblättern und sich nochmals durchlesen, was Sie aufgeschrieben haben. Kreisen Sie Worte oder Wendungen ein, die Emotionen hervorbringen – positive oder negative. Und beantworten Sie nun bitte die folgenden Fragen:

- Was hat Sie – wenn überhaupt – bei Ihren Antworten überrascht?
- Was haben Sie – wenn überhaupt – gefunden, als Sie bei sich tiefer nachbohrten?
- Was haben Sie – wenn überhaupt – über Ihre Programmierung in Bezug auf Geld gelernt?

Zusätzlich zu unserem Glauben, dass Geld und Gier unzertrennlich seien, gibt es das kulturelle Phänomen, dass wir uns schuldig fühlen, wenn es uns gut geht, während andere leiden. Doch Sie nehmen niemand anderem etwas von seinem Wohlstand, seiner Gesundheit oder seinem Glück weg, wenn Sie selbst wohlhabend, gesund und glücklich sind.

Es kann sogar ein viel besserer und nachhaltigerer Beitrag für die Gesundheit, das Glück und den Erfolg anderer sein, wenn Sie selbst so viel von alledem haben, dass Sie Ihren Überschuss abgeben können.

Wenn wir unser eigenes Wohlbefinden in der Hoffnung opfern, dass das jemand anderem hilft, dann haben wir schon zwei Leute, die suboptimale Leben führen. In Wahrheit hilft es keinem Kranken, wenn man selbst auch krank wird. Ebenfalls traurig zu sein, wird keinen aus seiner Depression herausholen können. Und selbst bedürftig zu werden, hilft keinem Bedürftigen. Wenn man selbst hungrig ist, so macht das keinen Verhungernden satt. So funktioniert dieses Universum einfach nicht. Ich meine damit, dass wir den Archetyp des Märtyrers in unserem kollektiven Unterbewusstsein haben, der stets zu Diensten ist und anderen immer hilft. Das wird in so Sachen deutlich wie »In Afrika müssen die Kinder hungern«, die man zu einem kleinen Kind sagt, das sein Essen nicht fertig aufisst. Ja, es gibt diese hungernden Kinder in Afrika und in der USA – und auf der ganzen Welt. Klar ist es gut, Kindern beizubringen, welchen Wert all ihr Essen hat. Doch die Dankbarkeit, die wir ihnen gerne beibringen möchten, ist fehlgeleitet. Viele von uns denken nämlich deswegen, dass man das eigene Wohlbefinden mindern muss, um anderen helfen zu können.

Wenn Sie versuchen, depressiv zu werden, um einer de-

pressiven Person zu helfen, oder versuchen, Ihre Schuldgefühle zu mindern, wenn Sie in der Nähe einer depressiven
Person glücklich sind, dann haben Sie am Ende zwei depressive Personen. Und keinem geht es auch nur ein Stück
weit besser. Denken Sie deshalb immer daran, dass Sie weder Ihre Gesundheit noch Ihren Wohlstand ruinieren müssen, um anderen dazu zu verhelfen. Es gibt genügend
Wohlstand und Gesundheit für alle. Es ist ähnlich wie mit
dem Sauerstoff in unserer Luft. Stellen Sie sich doch bloß
mal vor, wie verrückt es wäre, wenn wir glauben würden,
dass wir die Luft anhalten müssten, um der Person neben
uns noch genügend Luft übrig zu lassen.

Genauso fehlgeleitet ist es auch, wenn wir unsere eigenen finanziellen Bedürfnisse opfern, um damit jemand anderem zu helfen. Ja, man meint es sehr gut, aber es funktioniert einfach nicht so. (Genauso wenig hilft es, Geld oder
irgendwelche anderen Schätze zu horten. Aber es gibt einen Unterschied zwischen dem Horten für sich selbst – das
ja von einer Mangeleinstellung herrührt, wie ich hinzufügen muss – und simpler Bedürfnisbefriedigung. Die Wahrheit ist, dass Sie keinem etwas nutzen, bis Ihr Glas sprich-
wörtlich voll ist. Das bringt uns zurück zum Thema des
letzten Kapitels – dass wir uns mehr Zeit für uns selbst gönnen sollten.

Ich sag's noch mal: Sie können niemanden etwas geben, was Sie selbst nicht haben. Wenn Sie also der Welt
wirklich helfen wollen, sollten Sie sich erst selbst auffüllen
und dann großzügig mit dem Überfluss sein.

Wahre Großzügigkeit kann nur von einem Ort der Fülle
kommen, nicht von einem Ort der Aufopferung. Wenn Sie
jemanden etwas geben, dass Sie eigentlich gar nicht geben
können, wie Geld, das Sie nicht haben oder emotionale
Energie, wenn Sie gerade selbst keine besitzen oder sich zu

etwas gezwungen fühlen. Sie tun damit niemanden einen Gefallen. Die Person, die dann etwas von Ihnen bekommt, wird die Beschränkung des Geschenks spüren und ob sie es dann benennen kann oder nicht – es wird sich einfach nicht richtig für die oder den Beschenkten anfühlen.

Und ganz egal, wie sehr sie versuchen, sich zu freuen und dankbar zu sein – ein Geschenk, das nur aus Verpflichtung, durch große Opfer oder Mangel heraus geschenkt wurde, und nicht großzügig und aus freien Stücken, kann auch nicht richtig empfangen werden.

Stellen Sie sich beispielsweise vor, dass Jane finanziell in der Klemme ist. Sie fragt ihre Freundin Deb, ob sie ihr 1000 Euro leihen würde, um ihre Miete erst mal abzudecken, bis sie dann in zwei Wochen ihren Lohn bekommt. Deb schaut auf ihrem Konto nach und sieht, dass sie noch etwa 1300 Euro hat. Sie hat zwar praktisch genügend Geld da, aber es reicht nicht aus, um sorgen- und stressfrei durch die nächsten zwei Wochen zu kommen, während sie auf Janes Rückzahlung wartet. Wenn sie nun Jane Geld leiht, obwohl sie nicht das Gefühl hat, es sich ohne große Einschränkungen leisten zu können, dann haben wir plötzlich zwei finanziell gestresste Personen, anstatt nur einer.

Deb ist besorgt, ob sie von dem, was übrig bleibt, noch all ihre Rechnungen zahlen kann. Jane fühlt nicht nur den normalen Stress, weil sie um Geld wegen ihrer Miete bitten muss, sondern auch noch den Stress, dass sie nun jemandem Geld schuldet. Und hinzu kommt noch der weniger offensichtliche, doch trotzdem sehr präsente Stress, der dem geliehenen Geld innewohnt, da Deb es ihr eigentlich nicht hätte borgen sollen.

Keine von beiden ist nach dieser Transaktion besser dran. Doch stellen Sie sich nun einmal vor, dass Jane Deb um 1000 Euro bittet, diese ihr jedoch ganz nett antwortet,

102 DAS LIEBE GELD

dass sie ihr momentan kein Geld leihen kann. Stattdessen bietet sie an, sich zu einer köstlichen Tasse Tee in ihrem Lieblingscafé zu treffen (Gesamtkosten: etwa 5 Euro), um mit ihr ihre Ausgaben und Einnahmen durchzugehen und ein Brainstorming mit Ideen zu machen, wie sie in den nächsten zwei Wochen ihr Einkommen um 1000 Euro erhöhen kann. Jane verlässt dieses Treffen mit einem konkreten Plan – gestärkt und motiviert. Und Deb fühlt sich danach äußerst wohl, weil sie ihrer Freundin eine echte Hilfestellung geben konnte. Nun, das ist eine wirklich spirituelle Erfahrung.

GELD UND SELBSTAUFOPFERUNG

Später werden wir noch eine Übung machen, wie Sie finanzielle Lecks in Ihrem Leben aufdecken können, die weniger offensichtlich sind. Doch erst mal werden wir etwas Klarheit schaffen. Also nehmen Sie Ihr Journal zur Hand und listen drei oder mehr Erfahrungen auf, bei denen Sie für jemand anderen auf Ihr eigenes Wohlbefinden verzichtet haben. Wir sprechen hier nicht über Opfer in Eltern-Kind-Beziehungen – ganz klar, die lieben Knirpse sind auf Sie angewiesen. Ich meine eher zwischen Freunden, Erwachsenen oder von Arbeitgeber zu Arbeitnehmer.

Sehen Sie bei diesen Beispielen eine Gemeinsamkeit? Haben mehrere Ihrer Beispiele mit derselben Person zu tun? Haben mehrere Beispiele mit ähnlichen Szenarien zu tun? Machen Sie sich bewusst, welche Leute, Situationen oder Lebensbereiche Sie besonders dazu verleiten, sich selbst hintenan zu stellen. Das nächste Mal, wenn Sie wieder mit diesen Leuten Zeit verbringen oder in einer Situation sind, die in der Vergangenheit solch ein Auslöser war, seien Sie einfach achtsam und schauen Sie, ob Sie sich dieses Mal anders verhalten können. Lassen Sie meine Worte in sich nachklingen, dass Sie sich erst um sich selbst kümmern sollten, um wirklich großzügig sein zu können. Schenken Sie sich selbst dieselbe Aufmerksamkeit wie allen anderen auch. Wenn wir schon dabei sind, unsere Vorstellungen vom Geld zu verändern, lassen Sie mich eine kleine Geschichte erzählen.

Es war im September 2011. Ich ging die Straße entlang, nach einem Treffen mit den Vorsitzenden von Hay House. Man hatte mir gerade einen Vertrag für dieses Buch angeboten. Eigentlich hätte ich begeistert sein sollen, doch aus irgendeinem Grund fühlte ich mich schrecklich. Als ich gerade durch die Eingangstür meines Hotels trat, rannte ich Louise Hay persönlich in die Arme, der Grand Dame von Hay House. Ich erzählte ihr, dass ich bei Ihrem Verlag ein Buch veröffentlichen würde. Sie war ganz außer sich vor Freude, während ich kaum ein Lächeln zustande brachte. Ich merkte, dass meine emotionale Reaktion auf diese freudige Neuigkeit irgendwie verkehrt war. Also gönnte ich mir ein Besuch in einem meiner Lieblingsrestaurants. Während ich ein köstliches Schoko-Baiser-Dessert verspeiste, schrieb ich in mein Tagebuch:»Warum fühl ich mich so scheiße, nachdem mir ein Buchvertrag von einem der besten Verlage des Planeten angeboten wurde?«

Die Antwort, die ich bekam, überraschte mich. Ich wusste, dass es Leute gab, die alles getan hätten, um ihre Arbeit so der Welt zu präsentieren. Ich wusste, dass es Leute gab, die sich schon seit Ewigkeiten den Arsch aufrissen und es trotzdem noch nicht geschafft hatten. Ich kannte Leute, die wunderbare Dinge zu sagen hatten, die Leben verändern konnten. Doch sie hatten einfach noch keine Plattform dazu bekommen.

Ich wusste, dass es genug Leute gab, die auf der Straße spontan Rad schlagen würden, wenn sie in diesem Moment an meiner Stelle wären. Und ich hatte das Gefühl, dass sie diesen Vertrag an meiner Stelle haben sollten, dass sie ihn mehr wollten. Ich war einfach in dieser Mangelzone, wo ich dachte, dass es nur eine bestimmte Anzahl guter Buchverträge gäbe und ich gerade dabei war, jemandem anderen einen wegzunehmen. Doch gottlob, war ich in dieser Naht bei meiner Freundin Sandra zu Besuch. Als ich ihr meinen Kummer erzählte und wie schlecht ich mich mit meinem Vertrag fühlte, fragte sie mich geradeheraus:»Kate, glaubst du an Fülle und Wohlstand?«

»Ja, klar«, antwortete ich.»Ich schreibe ja gerade ein Buch darüber.«

«Dann ist es ziemlich verrückt von dir zu denken, dass du jemand anderen etwas wegnimmst, da du nun die Chance bekommst, deine Gedanken in Buchform unter die Leute zu bringen. Das ist doch eine totale Mangeleinstellung, so eine richtige Armutsmentalität. Sieh mal, es ist doch genug für alle da. Wenn du daran glauben würdest, dass du diesen Buchvertrag verdienst, wäre das ein tolles Symbol für deinen Glauben an die Fülle des Universums. Du solltest ihn sogar regelrecht einfordern«, sagte sie voll Nachdruck.

Oh Mann! Ich fühlte mich so umzingelt. Sie hatte Recht. Das war doch eine tolle Möglichkeit, mein Ding durchzuziehen. Es war nicht nur, dass ich mein Geschenk nicht richtig annehmen konnte (was ja sofort den Fluss der Fülle ins Stocken bringt), ich war außerdem zügellos. Es war so selbstsüchtig von mir zu denken, dass ich genau wüsste, welche Botschaften die Welt gerade braucht oder nicht braucht.

Ich bin doch einfach nur ein Kanal für Erkenntnisse und Einsichten, die veröffentlicht werden sollten. Wenn ich mich nun aber deswegen schuldig fühlte, weil ich dachte, dass es jemand anderes vielleicht mehr verdienen würde, dann würde ich ja damit jemandem die Informationen dieses Buches vorenthalten. (Anmerkung: Jeden Morgen bevor ich mich hinsetzte, um dieses Buch zu schreiben, sprach ich ein Gebet, in dem ich darum bat, dass die Weisheit, die die Menschen gerade brauchen, durch mich hindurchfließt, wenn ich tippe. Ich sehe mich als Empfängerin von Sachen, die gesagt werden müssen, und als Übersetzerin in eine Sprache, die die Leute verstehen. Und es ist mir eine große Ehre.) Sehen Sie, wie stark kulturelle Einflüsse sein können? Sogar für diejenigen unter uns, die mit dem Glauben an die Fülle des Universums erzogen wurden. Vielleicht konnten Sie sich sehr gut mit Sallys Geschichte identifizieren, wenn Sie so erzogen wurden, dass Geld schlecht sei. Oder vielleicht hat Ihnen Ihre eigene spirituelle oder religiöse Gemeinde erzählt, dass Sie geben müssen bis es wehtut, weil Selbstaufopferung der Weg zur Erlösung sei. Vielleicht verurteilten Ihre Eltern Leute, die im Überfluss lebten, weil sie neidisch waren. Also haben sie Ihnen ihre eigenen negative Ansichten über Geld in Ihr kleines, leicht zu beeindruckendes Köpfchen eingeimpft.

Ich bin nicht da, um Ihr gesamtes Glaubenssystem zu ändern. Ich möchte Ihnen einfach nur eine neue Sicht der Dinge vorstellen. Die können Sie dann annehmen oder auch nicht. Hören Sie einfach tief in sich hinein, während

Sie den Rest des Kapitels lesen und wir über die Möglichkeit sprechen, dass es tatsächlich machbar ist, gleichzeitig spirituell und reich zu sein.

Geld ist, was Sie daraus machen

Wir haben bereits über die Tatsache gesprochen, dass Geld einfach eine Erfindung ist. Nur ein System, dass wir uns ausgedacht haben, um unseren Dingen einen Wert zu geben. Geld ist ganz einfach Energie. Je mehr wir uns selbst und unseren Beitrag für die Welt schätzen, desto mehr Wohlstand werden wir haben (solange unser Selbstwert darauf basiert, anderen etwas Nützliches zu geben, das sie auch zu schätzen wissen).

Umso mehr wir uns selbst fertigmachen und uns dann zu einer Kugel zusammenrollen oder den Kopf in den Sand stecken, desto weniger werden wir bekommen. Da Geld einfach nur Energie ist und von Menschen erfunden wurde und wir somit auch jederzeit mehr davon machen können (das meine ich wörtlich – die Regierung druckt ständig neues Geld), gibt es auch genug davon.

Befinden wir uns momentan auf diesem Planeten in einer Situation, wo eine Umverteilung des Geldes gut wäre? Na, klar. Aber indem Sie selbst nicht berechnen, was Sie wert sind, werden Sie auch kein Kind in Afrika vorm Verhungern retten können. Allerdings könnten Sie das tun, wenn Sie verlangen, was Sie wert sind, Ihre Finanzen regeln und so finanzielle Freiheit für sich selbst schaffen. Dann hätten Sie auch Zeit und Energie, um nach Afrika zu gehen, um dort ein Programm (wie beispielsweise das Heifer-Projekt) anzubieten, dass den Frauen dort hilft, ihre Familien selbstständig mit Farmwirtschaft zu versorgen.

Wenn Sie das aber weder anspricht noch Ihnen realistisch erscheint, können Sie ja auch Organisationen wie dem Heifer-Projekt Geld spenden, wenn Sie durch Ihre neue finanzielle Freiheit genug Überschuss haben. Oder Sie können sich auf andere Art engagieren (ich persönlich glaube, dass solche Hilfs- und Spendenaktionen sehr wichtig sind – und zwar für beide Seiten). Wie beim Sauerstoff ist mehr als genug für alle da. Und Sie können am ehesten jemandem helfen, wenn Sie zuerst sich selbst helfen. Geld ist wie Dünger. Alles, was damit in Berührung kommt, fängt an zu wachsen. Wenn also jemand, der nicht besonders nett ist, es genießt, Erfolg auf Kosten anderer zu haben, dann wird er auch weiterhin so bleiben, wie er ist – eben nicht besonders nett.

Nur jetzt, da sie Geld haben, haben diese Leute auch mehr Macht und werden daher noch weniger nett, und das wiederum beeinflusst die ganze Welt.

Das ist dann nicht so spaßig. Wir haben es ja erst kürzlich mitangesehen. All diese Geschichten, als die Wirtschaft zusammenbrach und viele Geschäftsführer mit Millionen in der Tasche abgehauen sind, während ihre Firmen restlos bankrott gingen. Wenn aber jemand, der vorhat, die Welt zum Guten zu verändern, viel Geld macht, dann verstärkt sich auch seine Kraft, um weiterhin Gutes zu tun. Sie sind nun in der Position, die richtigen Leute zu kontaktieren, um eine größere Veränderung zu bewirken. Sie können dann auch selbst die Führung übernehmen und an den Veränderungen aktiv mitwirken. Sie bekommen ihre eigenen Bedürfnisse erfüllt und brauchen sich darum also nicht mehr zu kümmern (wie Nahrung, Unterkunft und vieles andere mehr). So haben sie den Kopf frei, um genau zu überlegen, wie sie ihre Segnungen und Gaben am besten nutzen können, um anderen damit zu helfen.

Oprah ist dafür ein tolles Beispiel. Sie ist eine der reichsten Frauen der Welt und hat das Leben von Millionen Menschen verändert. Sie würde aber nicht einen so großen positiven Einfluss besitzen (nicht zu vergessen: ihre erfolgreiche Hilfe bei der Karriere von Tausenden), wenn sie so arm geblieben wäre, wie sie aufgewachsen ist.

Oprah hat mir indirekt einen großen Teil meiner College-Ausbildung gesponsert, da sie meine Mutter als Gast in ihre Show einlud und ihre Bücher danach rasenden Absatz fanden. Das half Oprahs Einschaltquoten, meiner Mutter finanziell und Millionen Frauen, die das Buch dadurch in die Hände bekamen und lernten, ihren Körper zu lieben und auf die eigene Weisheit zu vertrauen. Und meine Zeit auf dem College war einfach großartig. Jeder gewinnt, wenn tolle Leute Geld haben, da sie dann überlegen, was sie Gutes damit tun und wie sie anderen helfen können.

EINEN HÜBSCHEN GELDKOFFER BASTELN

Diese Übung ist besonders wichtig, wenn Sie von Kindheit an gesagt bekommen haben, wie schlecht Geld sei und wie gierig reiche Leute wären. Aber lassen Sie die Übung auch nicht aus, wenn das nicht zutrifft. Man kann immer neue Wege finden, um liebevoll zu sein, sogar wenn Sie schon eine der hilfreichsten und herzlichsten Personen überhaupt sein sollten. Und das Gleiche trifft auch auf Ihr Geld zu. Wenn wir wieder mal alles schwarz sehen, kann es hilfreich sein, Gegenargumente zu unseren negativen Gedanken zu suchen. Denn meist sind wir uns dieser Glaubenssätze ja bewusst, können aber nur schwer an ihnen rütteln.

Identifizieren Sie daher einen solchen begrenzenden Glaubenssatz, den Sie über Geld hegen und schreiben Sie diesen in Ihr Journal. Das könnte so etwas sein wie: »Es ist nicht spirituell, reich zu sein.« Oder: »Die wirklich netten Kerle sind alle pleite.«

Was immer Ihnen als Erstes in den Sinn kommt, ist genau die richtige Wahl.

Versuchen Sie sich nun einmal vorzustellen, Sie sind Anwältin vor Gericht. Wie könnten Sie gegen diesen Glaubenssatz argumentieren? Welche Beweise können Sie finden, die den gegnerischen Standpunkt belegen? Welche Beispiele finden Sie dafür in Ihrem eigenen Leben bzw. in Ihrer Umwelt?

Schreiben Sie das überzeugendste Argument gegen Ihren alten, stinkigen Glaubenssatz auf. Es ist Zeit, um Klartext zu sprechen. Wenn Sie dann tagsüber bemerken, wie dieser eklige Kackgedanke wieder hochkommt, denken Sie an Ihre innere Anwältin. Vielleicht trägt sie einen eleganten Bleistiftrock und atemberaubende High Heels von Louboutin.

Und im Gerichtssaal macht sie alle fertig. Sie hält ein glühendes Plädoyer mit hieb- und stichfesten Argumenten für die Seite, die für Fülle, Glück und Freiheit steht. Wenn Sie wieder mal das Gefühl haben, den Boden unter Ihren Füßen zu verlieren, verbinden Sie sich einfach mit der Energie dieser Powerfrau. Sie ist immer für Sie da, wenn Sie sie darum bitten. Dann kommt dieses resolute Persönchen auf den Plan und kämpft für Ihr Recht, bessere Gedanken zu denken.

Da fällt mir ein: Es gibt dieses tolle Buch, von dem mir meine Schwester erzählt hat: *Es ist schwierig, etwas zu bewirken, wenn man nicht mal seine Schlüssel findet: Das Sieben-Schritte-Programm zur besseren Organisation.* Dieser Buchtitel ist einfach genial, und das Konzept lässt sich auch auf unsere finanziellen Angelegenheiten übertragen. Wie können wir als begeisterte, hilfsbereite und strahlend glückliche Menschen in Erscheinung treten, wenn wir uns Sorgen machen, ob wir die nächste Miete oder gar Mahlzeit kaufen können?

Das ist ganz einfach zu viel verlangt. Klar, manche der besten Ideen und Impulse entstehen aus der Not heraus, sind jedoch immer mit sehr viel Stress und großen Mühen verbunden (was wiederum Ihrer Gesundheit schadet, von Ihrem Privatleben ganz zu schweigen). Was wir dagegen wollen, ist ein ruhiger, aber wacher Geist mit klaren Gedanken. Dann können Sie selbstbewusst auftreten, um die Dinge zum Positiven zu verändern.

Und das ist nur möglich, wenn zuerst Ihre eigenen finanziellen Bedürfnisse erfüllt werden. Und daher können Sie gleichzeitig spirituell und reich sein. Ich würde sogar behaupten, dass – von einigen Wenigen einmal abgesehen – keiner Geld nur um des Geldes Willen will.

Können Sie sich in der Nacht an eine sechs- oder siebenstellige Summe kuscheln und sich in deren Armen warm und geborgen fühlen? Können Sie Ihr dickes Bankkonto anrufen, wenn Sie eine Schulter zum Ausweinen brauchen? Nein. Wir wollen Geld, weil es ein Mittel ist, wie wir das bekommen, was wir wirklich wollen: Liebe, Akzeptanz, Gemeinschaft, kreative Erfüllung, einen Lebenssinn, das Gefühl, dass wir was bewegen können, Glück, Seelenfrieden, Komfort und Luxus – um nur einige Dinge zu nennen.

Wenn jemand zu Ihnen käme und Ihnen sagen würde, dass er mehr Liebe in seinem Leben wolle, würden Sie ihm dann sagen, dass sein Verlangen nicht sehr spirituell ist? Nein, würden Sie nicht. Sie würden wahrscheinlich eher ausrufen:»Ja, ich auch!« Es hat sich herausgestellt, dass die Menschen sich im Grunde sehr ähneln. Unsere Wünsche variieren vielleicht hier und da ein bisschen, doch eigentlich wollen wir alle die gleichen Dinge. Und wie cool ist das denn?

Jeder definiert »reich« oder »Wohlstand« anders, doch darauf wollen wir später noch zu sprechen kommen. Meine Definition von Wohlstand ist es, morgens aufzuwachen und tun und lassen zu können, was mir beliebt, da ich genügend passive Einnahmen bzw. Eigenkapital für meinen Lebensunterhalt zur Verfügung habe. Für mich ist Wohlstand eine bewusste Entscheidung.

Und meine Definition von »reich« beinhaltet tolle Beziehungen, Gesundheit, dem Leben einen Sinn geben, Veränderungen bewirken, viel Spaß und Vergnügen sowie spirituelle Erfüllung. Ja, ich weiß, das ist eine ganz schön lange Wunschliste – aber sei's drum.

Als ich gerade meine Definition von »reich« nochmals durchlas, fiel mir auf, dass ich interessanterweise »wahnsinnig viel Geld« ausgelassen habe. Faszinierender Stoff, diese ganze Geldgeschichte. Denn für mich ist Geld einfach ein Hilfsmittel, durch das sich mehr Möglichkeiten eröffnen – die ultimative Freiheit in unserem Leben. Wir selbst entscheiden, was wir damit tun – wir können Böses oder Gutes damit anstellen. Geld an sich ist weder gut noch schlecht. Es ist also an der Zeit, es als das anzusehen, was es wirklich ist. Lassen Sie Ihre kulturellen Gepflogenheiten nicht Ihre Beziehung zum Geld beherrschen.

KAPITEL 4

YOU'VE GOT YOU, BABE

Im Jahre 1920 erhielten Frauen das Recht zu wählen. Das ist jetzt nicht wahnsinnig lange her. Als meine Großmutter 1950 zur Witwe wurde, konnte sie nicht mal in ihrem eigenen Namen einen Kredit aufnehmen. Können Sie sich das vorstellen? Dass Frauen einfach keine Darlehen bekamen? Ist das nicht ziemlich krass? Ich höre oft, dass Frauen sich über die unterschiedlichen Gehälter beschweren, über die Ungleichheit in Beruf und am Arbeitsplatz und überhaupt nur darauf fokussiert sind, wie sehr das weibliche Geschlecht benachteiligt wird. Wenn ich so etwas höre, erinnere ich sie gerne daran, dass wir erst seit weniger als 100 Jahren das Recht haben, an den Wahlen teilzunehmen.

Meine Großmutter wuchs zu einer Zeit auf, in der man als Frau keine andere Wahl hatte, als zu heiraten, damit man finanziell versorgt war. Als meine Mutter dann in den Sechzigern volljährig wurde, ging man immer noch davon aus, dass ein Mann für sie sorgen würde, wenn auch vielleicht nicht als Alleinverdiener, so würde er sich zumindest um alle finanziellen Belange kümmern.

Als meine Mutter dann mit meinem Vater zusammen-
kam, war sie überglücklich, einen großen Teil ihrer finanziellen Verantwortung an ihn abgeben zu können.

Ich erinnere mich noch, wie ich eine sehr gute Freundin fragte, auf was sie sich am meisten im ersten College-
Jahr freue.

Ich schaute mir den Plan mit all den verschiedenen
Kursen an und hätte vor Begeisterung Luftsprünge machen
können, wenn ich an all die tollen Lernmöglichkeiten
dachte.

Sie jedoch sah mich mit gelangweiltem Blick an und
teilte mir mit, dass da so gar nichts wäre, was sie interessie-
ren würde. Eigentlich freute sie sich überhaupt nicht auf
das Lernen. Als ich noch etwas nachbohrte, warum sie
überhaupt studierte, wenn der Universitätskatalog von
Brown sie nicht im Mindesten begeisterte, merkte ich, dass
sie nur auf die Brown ging, um eine Heiratsurkunde zu bekommen. Da waren wir nun – Töchter von Frauen, die ihre
BHs verbrannt und leidenschaftlich für mehr Freiheit und
bessere Möglichkeiten gekämpft hatten und uns somit den
Weg geebnet hatten. Doch meine Freundin war einzig und
allein an eine Elite-Uni gegangen, um einen Kerl zu treffen,
der erfolgreich genug war, um für sie sorgen zu können.

Mit anderen Worten: Sie war nur da, um ihren Märchenprinzen zu treffen. Ich hatte immer gedacht, dass ich
über diesem ganzen Märchenprinz-Kram stehen würde.
Aber im Frühling 2007 saß ich in Barbara Stannys Workshop und hörte ihr zu, wie sie darüber referierte, wie man
seinen Klotz am Bein loswird. Sie erklärte, dass es sich dabei um eine Beziehung handeln könne, an der man nur
festhält, weil man finanziell davon abhängig ist. Oder es
ist der feste Job, den Sie eigentlich hassen, aber behalten,
weil Sie nicht auf ein regelmäßiges Einkommen verzichten

wollen und zudem starke Zweifel haben, dass Sie es freiberuflich schaffen könnten.

Ihr Märchenprinz – oder aber ihr Klotz – kann sich in unterschiedlicher Form und Gestalt zeigen. Manchmal erscheint er als der perfekte, erfolgreiche Unternehmer, der – wie Sie zumindest glauben – bald kommen, Ihr Herz im Sturm erobern und fortan für Sie sorgen wird. Manchmal in Gestalt einer Firma, die bei *Fortune Global 500* (Liste der 500 umsatzstärksten Firmen) aufgeführt wird und bei der Sie die Karriereleiter hinaufsteigen können und im Gegenzug sind Sie für den Rest Ihres Lebens versorgt. Manchmal als Erbschaft, auf die Sie schon seit Ewigkeiten warten. Und manchmal ist er namen- und gesichtslos, nur eine vage Idee von etwas oder jemand, der kommen und Sie retten wird. Trotz all dieser Formen, die ein Märchenprinz oder Klotz am Bein annehmen kann, dachte ich damals in diesem Workshop, dass ich gar keinen hätte, weil mir absolut nichts und niemand einfallen wollte. Wenn ich zurückblicke, könnte ich mich köstlich über meine süße Selbstvergessenheit amüsieren. Ich war 24 Jahre alt und lebte in einem Apartment, das meiner Mutter gehörte. Ich zahlte weder Miete, noch Beiträge für meine Krankenversicherung. Außerdem hatte ich ein Unternehmen, das hauptsächlich vom Namen meiner Mutter profitierte. Wie konnte mir damals nicht auffallen, dass meine Mutter mein Klotz am Bein war?

Klar, ich hatte es mir in der damaligen Situation so gemütlich gemacht, dass ich völlig die Übersicht über mein Leben verloren hatte. Und in Wahrheit war ich einfach noch nicht bereit, diesen Klotz loszuwerden. Ich war auch in den nächsten vier Jahren noch nicht bereit dafür, bis wir schließlich unsere berufliche Partnerschaft beendeten. Vor diesem Zeitpunkt fühlte es sich jedoch sehr gut und sicher an, auf der festen Basis zu stehen, die sie mit ihrer Eigenmarke aufgebaut hatte. Es fühlte sich so herrlich bequem an, fast wie im Mutterleib. Ich konnte damals nicht einmal ansatzweise erkennen, dass diese Situation langfristig nicht gut für mich war.

Der Grund, weswegen ich Ihnen das erzähle: Es ist völlig okay, wenn Ihnen im Moment nichts einfällt, von dem Sie hoffen, dass es Sie retten wird. Oder vielleicht verlassen Sie sich sogar schon darauf – auf einen bestimmten Mann oder einen speziellen Job oder – wie in meinem Fall – auf ein Elternteil. Doch keine Sorge, denn schon indem Sie dieses Kapitel lesen, säen Sie die notwendigen Samen, um Ihre Achtsamkeit wachsen zu lassen.

Barbara Stanny half mir, meine ersten Samen der Achtsamkeit einzusetzen. Doch erst ein paar Jahre später war ich bereit, meinen Klotz am Bein endlich loszulassen. Und wie meine liebe Freundin und Mentorin Regena Thomashauer, auch als Mama Gena bekannt, zu sagen pflegt: »Mein Timing ist perfekt und elegant.«

So wie Ihres übrigens auch. Und ich hoffe, Sie haben nun begonnen zu begreifen, wie Sie Ihre persönliche Liebesgeschichte zum Geld mit sich selbst als Heldin erschaffen können.

WER IST IHR MÄRCHENPRINZ?

Beim Lesen dieser Zeilen haben Sie sicher schon darüber nachgedacht, wer oder was wohl Ihr symbolischer Märchenprinz sein könnte. Oder vielleicht glauben Sie auch, dass Sie überhaupt nicht auf einen Märchenprinz warten, der kommen und Sie retten wird. Doch glauben

Sie mir, auch Sie haben einen. Bei mir war es ja meine Mutter, erinnern Sie sich? Also, was ist Ihrer? Holen Sie sich Ihr Journal und schreiben Sie oben auf eine neue Seite die Frage:»Auf wen oder was warte ich, damit ich finanziell versorgt bin?« Schreiben Sie auf, was Ihnen spontan in den Sinn kommt. Eine Seite oder ein paar mehr. Sie werden schon merken, wenn Sie ins Schwarze treffen. Vielleicht werden Sie abschweifen oder etwas ins Schwafeln geraten, aber ab einem bestimmten Punkt wird sich etwas zeigen. Dann wissen Sie, dass es sich um Ihre »Sache« handelt – um Ihren Märchenprinz.

Werden Sie Ihr eigener Märchenprinz

Nun kennen Sie also Ihren Märchenprinz – ob das nun Ihre Mutter ist oder Ihr Job oder potenzielle Investoren in Ihr Unternehmen oder irgendetwas anderes, an das Sie sich klammern. Und Sie sind sich bewusst, dass es nun an der Zeit ist, sich von diesem falschen Helden zu trennen. Kümmern Sie sich von nun an liebevoll um sich selbst und sorgen Sie ganz allein für sich.

Es ist ernüchternd, wie viele Frauen ich gesehen habe, die das Glück Ihre Finanzen von einem vermeintlichen Märchenprinzen abhängig machen. Das ist einfach nicht besonders schlau. Ich muss auf der Sache einfach mal etwas rumtrampeln. Ich habe über die Jahre Hunderte Geschichten gehört, die meine Meinung darüber stark verstärkt haben. Da hätten wir zum Beispiel Bonnie. Nach 25 Jahren Ehe, in der sie ohne Gehalt für ihren Ehemann dessen Büro managte, stand sie ohne Geld und Referenzen da, als es zur Scheidung kam.

Sie hatte sich nie um irgendeine Art finanzielle Kompensation oder einen Unternehmensanteil gekümmert, da sie ja verheiratet gewesen war. Und so wurde es für sie ein sehr böses Erwachen. Und dann gab es noch Stacy, deren Ehemann ein unglaublich erfolgreicher Geschäftsmann war. Abgesehen von ein paar Schauspieljobs in ihren Zwanzigern musste sie für ihr Geld nie arbeiten. Sie hatte ein tolles Leben und musste sich einfach um nichts kümmern. Ihre Shoppingreisen nach Paris, ihre Urlaubsreisen nach Hawaii und ihr Haus in Beverly Hills wurden alle für sie bezahlt – und sie bekam noch eine Menge extra. Doch während sie sich entschied, dem ganzen Finanzkram keine Beachtung zu schenken, da sich ihr Mann ja um alles kümmern würde, investierte dieser in das Unternehmen seines Bruders. Er steckte Millionen in das Projekt, das jedoch nie richtig abging. Er hatte sogar den College-Fond seiner Tochter mitinvestiert, ohne Stacy davon zu erzählen.

Als sie ihn ganz plötzlich verlor, als er an einem Gehirnaneurysma verstarb, musste Stacy gleichzeitig mit dem tragischen Verlust der Liebe ihres Lebens fertig werden sowie der schrecklichen Finanzsituation, in der sie und ihre Kinder sich nun ganz plötzlich befanden.

Sie mussten das Traumhaus, das sie sich gebaut hatten, verkaufen und zum ersten Mal anfangen, an allen Ecken und Enden zu sparen.

Diese Frauen hatten sich dafür entschieden, den Kopf in den Sand zu stecken. Diese Geschichten sollten uns eine Lehre sein, um ähnliche finanzielle Nachlässigkeit und Machtlosigkeit, die Familien zerrütten und unseren Selbstwert zerstören kann, vermeiden zu können. Es ist gut möglich, dass Ihnen das Herz in die Hose rutscht, wenn Sie daran denken, dass Sie selbst für Ihre finanzielle Achtsamkeit und Macht verantwortlich sind. Dass Sie selbst eigentlich die- bzw. derjenige sind, auf die oder den Sie schon so lange gewartet haben. Lassen Sie mich mal eins klarstellen: Ich glaube fest an die wahre Liebe. Ich wünsche jedem, der dieses Buch liest, die schönste, tiefste, romantischste Liebe, die man sich vorstellen kann. Eigentlich wünsch ich das allen auf dieser Welt. Doch obwohl ich eine unverbesserliche Romantikerin bin, kenne ich auch die Wahrheit, und hier ist sie: Etwa 40 bis 50% der Ehen enden mit Scheidung, und das durchschnittliche Witwenalter liegt bei 56 Jahren. Selbst wenn Sie also Ihren Märchenprinzen in Gestalt der Liebe Ihres Lebens treffen sollten, und er oder sie nicht nur unglaublich reich, sondern auch wahnsinnig klug im Umgang mit Finanzen ist, so ist die Chance doch ziemlich hoch, dass Sie zumindest einen Teil Ihres Lebens allein verbringen werden.

Und sogar wenn Sie Ihren Traummann oder Ihre Traumfrau treffen, und er oder sie unglaublich gut mit Geld ist, eine Menge davon hat und nach Ihnen sterben sollte, gibt es keine Lebenslage, in der es besonders schlau wäre, all seine finanzielle Verfügungsmacht abzugeben. Glaube ich an eine wunderschöne, lebenslange Liebe, die zwei Menschen emotional und spirituell total erfüllt? Ganz sicher sogar.

Glaube ich daran, dass es möglich ist, von einem Mann oder einer Frau seine oder ihre ganze Liebe und Bewunderung zu empfangen? Ja, todsicher.

Glaube ich daran, dass das irgendetwas damit zu tun hat, dass man dann keine finanzielle Verfügungsgewalt mehr hat und auch zwangsläufig jeden Überblick über die Finanzen verliert, da sich ja jemand anderes darum kümmert? Nein, zum Teufel!

Im besten Fall hinterlässt dieses Szenario ein nagendes Gefühl, bei dem man den eigenen Selbstwert in Frage zu stellen beginnt und sich in der Beziehung nicht wirklich gleichberechtigt vorkommt.

Im schlimmsten Fall führt es zum Bankrott. Beziehungen und Familien zerbrechen und noch schlimmer: Ihr Selbstwertgefühl wird dabei vollständig ruiniert.

Erinnern Sie sich, dass Frauen erst 1920 das Wahlrecht erhielten. Also werden wir erst seit weniger als hundert Jahren für mehr als nur für Sex und Kinderkriegen gewürdigt – oder zumindest anerkannt. Lassen Sie es mich also noch einmal wiederholen: Im Großen und Ganzen machen wir unsere Sache schon ziemlich toll. Trotzdem müssen wir uns noch einige Mythen und kollektive Dogmen bewusst machen und danach begraben, bevor uns diese runterziehen können.

Die meisten von uns sind mit Märchen aufgewachsen, in denen wahnsinnig gut aussehende, berittene Helden etwas hilflose Prinzessinnen aus irgendwelchen Gefahrensituationen retten. Es gibt immer noch dieses Ammenmärchen in unserer Kultur, das sich tief in unsere Psyche eingegraben hat, ob es uns nun bewusst ist oder nicht, dass jemand oder etwas schließlich kommen wird und uns erlöst. Diese Übung hilft Ihnen dabei, herauszufinden (wenn es Ihnen nicht schon längst klar ist), wer oder was Ihr Märchenprinz ist. Wenn Sie sich schon sicher sind, machen Sie die Übung bitte trotzdem. Sie bekommen wertvolle Einsichten darüber, wie er/sie/es sich in Ihrem Leben zeigt.

SICH SELBST ZUM PRINZEN MACHEN

Die Fragen unten sollen Ihnen helfen, die Qualitäten zu sehen, von denen Sie glauben, dass Ihr Märchenprinz sie besitzt. Dadurch wird Ihnen auch klar werden, welche Qualitäten Sie bereits selbst in sich tragen, selbst wenn diese im Moment gerade eher schlummern. Beantworten Sie jede Frage so vollständig wie möglich, aber machen Sie sich dabei auch nicht verrückt. Die erste Sache, die Ihnen in den Sinn kommt, ist normalerweise immer die beste. Am Ende werden Sie positiv überrascht sein, was Sie so alles herausfinden und wie nah Sie schon an dem dran sind, was Sie wirklich wollen. Und antworten Sie immer absolut ehrlich. Keine Panik, niemand außer Ihnen wird das je lesen.

1. Wenden Sie sich noch einmal dem Märchenprinz zu, den Sie in der letzten Übung identifiziert haben. Welche Qualitäten besitzt diese Person oder dieses Ding, durch die Sie sich sicher und versorgt fühlen? Listen Sie so viele wie möglich auf. Beschreiben Sie sie so detailliert, wie Sie möchten.
2. Schauen Sie sich die Liste mit den Qualitäten an, die Ihr Märchenprinz besitzen sollte. Nehmen Sie sich einen Stift und kreisen Sie diejenigen Qualitäten auf der Liste ein, die Sie beschreiben. Selbst wenn Sie das Gefühl haben, dass eine davon stärker bei Ihnen entwickelt sein sollte, kreisen Sie sie ein.
3. Wählen Sie zwei der eingekreisten Qualitäten aus. Welche konkrete Aktion könnten Sie durchführen, um diese Qualitäten in sich selbst zu betonen und zu verbessern? Diese Schritte müssen genau beschrieben und innerhalb der nächsten zwei Wochen durchführbar sein. Schreiben Sie die Daten in Ihren Kalender.

Wenn Sie die Übungen oben übersprungen haben, gehen Sie nun zurück und machen Sie sie jetzt. Ich kann Ihnen versprechen, dass Sie nicht die von Ihnen erhofften Ergebnisse vom Lesen dieses Buches bekommen werden, ohne aktiv dabei mitzuarbeiten. Sie müssen Ihrem Geld (also Ihrem finanziellen Leben) Liebe und Aufmerksamkeit schenken, als wenn es um Ihr Leben gehen würde. Weil das nämlich wirklich so ist.

Und nun, schnell einen Spiegel. Oder wenn Sie das in der U-Bahn oder im Auto lesen, schauen Sie einfach aufs Fenster, sodass Sie ihr Spiegelbild sehen können. Schenken Sie sich selbst ein hübsches Lächeln. Werfen Sie sich einen Luftkuss zu. Oder ein schelmisches Zwinkern. Ich gratuliere, Sie haben eben Ihren Märchenprinzen gefunden. Und werden geradewegs von ihm angeblickt. Sie sind es nämlich selbst. Oder in meiner Neuversion des berühmten Lovesongs: *»You've got you, babe!«*

Ihre ritterlichen Gefährten

Was ist ein Prinz ohne die Ritter an seiner Seite? Nun, er ist immer noch ein Prinz, aber das Leben läuft definitiv viel besser, wenn man Hilfe hat. Was haben Sie also als Hilfsmittel zur Verfügung? Ihre Intuition. Ihr Bauchgefühl. Aufmerksamkeit gegenüber diesen kleinen Anstupsern vom Universum. Das alles kann Ihnen dabei helfen, den richtigen Weg zu finden. Können Sie sich noch an meinen Traum mit dem Leichensack erinnern? Das war mit Sicherheit eine wichtige Botschaft von meiner Intuition. Dazu braucht es keinen jungianischen Psychoanalytiker, um das richtig zu interpretieren. Ein Teil von mir war gestorben, und ich versuchte das mit allen Mitteln zu verheimlichen. Ich versuchte alles in meiner Macht Stehende, um nach außen alles perfekt wirken zu lassen, obwohl in mir drin nicht nur ein Teil gestorben, sondern bereits alles völlig tot war.

Ich wollte nicht mehr länger die zweite Geige neben meiner Mutter im Unternehmen spielen. Trotzdem brauchte ich noch ein weiteres Jahr, um mich soweit zu verändern, dass ich den Vorsprung meiner Psyche einholen konnte und es Zeit wurde für große Veränderungen. Eine andere Zugangsmöglichkeit zu Ihrer Intuition sind Ihre Gefühle, sowohl emotional als auch körperlich. Wenn Sie zum Beispiel etwas Bestimmtes in Ihrem Leben vorhaben, sich Ihr Körper plötzlich wie eingezwängt anfühlt und Ihnen düstere Gedanken kommen, dann schenken Sie dem bitte Aufmerksamkeit.

Ihr Vorhaben ist dann sehr wahrscheinlich nicht das Richtige für Sie. Das ist eine sehr wichtige Information, die Sie zu dem schönen Punkt bringen kann, an dem sich das, was Sie gerne tun, mit dem verbindet, was auch anderen nutzt.

Ihr Körper ist einer Ihrer kraftvollsten Gefährten. Meine Mutter schrieb ein Buch mit dem Titel *Frauenkörper – Frauenweisheit*, das quasi ein Benutzerhandbuch für den weiblichen Körper ist. So können wir jeden Bereich unseres Körpers mit dem Lebenbereich, der darauf Einfluss hat, in Verbindung bringen. Ich bin mit einem Verständnis dafür aufgewachsen, dass unser physischer Körper eine Reflexion unseres emotionalen Lebens ist.

Ich weiß, dass das für viele ein ganz neues Konzept ist, aber lassen Sie sich einfach mal drauf ein, falls das bei Ihnen so sein sollte.

Wenn wir körperliche Gebrechen haben, können wir diese mit Lebensbereichen in Verbindung bringen, die verstärkt unsere Liebe und Aufmerksamkeit benötigen. Diese

Geist-Körper-Verbindung wird oft in Relation zu unserem Chakrensystem diskutiert, das sich auf innere Energiezentren bezieht, die mit verschiedenen Teilen unseres physischen Körpers (wie dem Verdauungstrakt, den Lungen, usw.) und unseres Lebens (wie die Wahrheit zu sagen, einen Sinn für Sicherheit und Geborgenheit in der Welt zu spüren, usw.) zusammenhängen. Interessanterweise ist das zweite Chakra Ihres Körpers, wo das Fortpflanzungssystem liegt, mit Ihrer Beziehung zu Geld, Sex und Macht verbunden. Wenn eine Frau zum Beispiel unter chronischen lähmenden Menstruationskrämpfen leidet, kann sie sich ihr Leben in diesem Bereich anschauen. Unser physischer Körper gerät aus dem Gleichgewicht, um uns zu zeigen, was gerade nicht mit unserem Leben stimmt. Uns wurde stets beigebracht, die Stimme unseres Körpers mit Eingriffen und pharmazeutischen Mitteln zum Schweigen zu bringen, aber wenn Sie doch auf sie hören, wird sie Ihnen immer die Wahrheit sagen.

Sie wird Sie niemals in die falsche Richtung lenken, das kann ich Ihnen versprechen. Und wenn man bedenkt, um was es in diesem Buch geht, möchte ich, dass Sie Ihrem zweiten Chakra besondere Aufmerksamkeit schenken. Mir passierte nämlich Folgendes.

Es begann im Winter 2008. Plötzlich litt ich unter chronischen, vaginalen Infektionen, und mein gynäkologischer Abstrich war abnormal. Und obwohl ich verschiedene Nahrungsergänzungen zu mir nahm, Eliminationsdiäten durchführte, es mit probiotischen Kulturen, Sitzbädern, Zäpfchen, Akupunktur, unzähligen rezept- und nichtrezeptpflichtigen Mitteln versuchte, schlug einfach überhaupt nichts an.

Jeden Monat hatte ich für eine Woche ziemlich üble Beschwerden. Obwohl ich zum Arzt ging und mit meiner

Mutter darüber sprach, konnte ich einfach nicht heraus-finden, was mit mir los war. Und eine Lösung hatte ich erst recht nicht. Sechs Monate später ließ ich erneut einen Ab-strich machen. Und wieder war er nicht in Ordnung. Die-ses Mal war meine Frauenärztin sehr besorgt, weil inzwi-schen so viele meiner Zellen entartet waren. Sie empfahl mir eine Kolposkopie. Das ist eine Untersuchung, bei der man ein paar Zellen vom Gebärmutterhals abgeschabt be-kommt, um eine Biopsie durchführen zu können. Die gan-ze Prozedur war äußerst unangenehm. Unglücklicherweise (oder glücklicherweise, je nachdem, wie man die Sache sieht) kam mit dem Eingriff nicht alles wieder in Ordnung.

Und so hatte ich jedes Jahr weiterhin besorgniserregen-de Abstriche und jeden Monat eine ziemlich heftige vagi-nale Entzündung.

Je nachdem, wie hoch mein Stress-Level gerade war, wurde es jeden Monat etwas besser oder wieder schlimmer, aber es blieb immer mindestens bei leichten Beschwerden.

Während der Freedom Tour, als ich durch das Land reis-te, aus meinem Auto lebte und mein ganzes Leben neu er-fand, wurde meine Gesundheit immer schlechter. Als ich schließlich erneut meine Frauenärztin in Maine besuchte, war sie dieses Mal so besorgt, dass sie vorschlug, einen Teil meines Gebärmutterhalses entfernen zu lassen.

Ich wollte am liebsten auf der Stelle in Ohnmacht fallen und lehnte sofort ab. Doch meine Ärztin war wirklich sehr beunruhigt, da die abnormalen Zellen präkanzerös sein konnten. Trotzdem entschied ich mich gegen den Eingriff. Denn ich wollte lieber meine eigene Energie so kanalisie-ren, dass sie mein Leben und meinen Körper heilen würde, anstatt das Problem einfach herausschneiden zu lassen. Sechs Monate später besuchte ich sie wieder, und sie schlug eine zweite Kolposkopie vor, um alles noch einmal gründlich zu untersuchen. Als sie die Ergebnisse bekam, war sie verblüfft. Sie rief mich an und sagte mir, dass sie noch nie eine solche Heilung wie bei mir gesehen hätte.

Sie wollte meine Geschichte in ihren Workshops über die ganzheitliche Heilung von Krebs gern anderen Frauen erzählen.

Sie sagte, sie wäre sehr stolz auf mich, dass ich im Stande gewesen war, das auszuheilen – ohne Medizin oder operativen Eingriff. Und dann fragte sie mich, was ich denn gemacht hätte.

Ich sagte ihr, dass ich ziemlich alles in meinem Leben geändert hätte. Sie antwortete:»Genau das sollte man tun.«

Nicht lange nach meiner Heilung machte ich mit meiner Mutter einen Spaziergang in meiner Heimatstadt und erzählte ihr meine ganze Odyssee. Sie nickte und merkte an, dass man Gebärmutterhalskrebs oder abnormale Zellen, die sich dazu entwickeln können, mit dem weiblichen Archetyp der»Vergewaltigungsopfer« in Verbindung bringt – also Frauen, die zulassen, dass sie ausgenutzt werden. Als ich ihr so zuhörte, fühlte es sich an, als würde ein Laserstrahl der Wahrheit meine Augen durchbohren. Mit der nächsten Erkenntnis, die ich bekam, wurde mir etwas mulmig zumute. Die Ergebnisse meines ersten besorgniserregenden Abstrichs waren drei Monate nach Beginn der Geschäftspartnerschaft mit meiner Mutter zurückgekommen. Für die nächsten dreieinhalb Jahre hatte ich dann diese komischen Beschwerden gehabt. Zwei Wochen nach dem offiziellen Ende der geschäftlichen Beziehung mit meiner Mutter waren dann alle abnormalen Zellen verschwunden, und ich bekam einen Anruf von meiner Frauenärztin wegen meiner Wunderheilung.

In diesem Moment erkannte ich, dass die entarteten Zellen versuchten, meine Aufmerksamkeit zu erhaschen, um mir zu sagen, dass ich am Ende krank werden würde, wenn ich weiterhin in einer Situation arbeitete, in der ich mich selbst nicht voll ehre und wertschätze. Es war wirklich verstörend, sich der Tatsache zu stellen, dass mein mangelnder Selbstwert sich damals als eine unbehagliche Geschäftsbeziehung manifestiert hatte, die höchstwahrscheinlich auch für meine körperlichen Beschwerden verantwortlich war. Es gehören ja immer zwei dazu.

Wie ich schon sagte, gebe ich meiner Mutter nicht die Schuld für unser Geschäftsarrangement, das uns am Ende beiden nicht mehr guttat.

Und ich mache sie auch nicht für meine entarteten Zellen verantwortlich, die für fast vier Jahre meine Aufmerksamkeit zu erhaschen versuchten. Ich war eben damals noch nicht bereit, um in meine eigene Kraft zu treten, also blieb ich erst mal in dieser Situation, bis ich schließlich so weit war.

Und ich war ebenfalls noch nicht bereit, die Verbindung zwischen dieser Situation und meiner Gesundheit anzuerkennen. Obwohl ich mit ganzheitlichen Denkweisen aufgewachsen bin und deshalb wusste, dass unsere physischen Körper einfach nur eine Reflexion von Dingen sind, die in unserem Leben schiefgegangen sind, versuchte ich mich davon zu überzeugen, dass der Eingriff alles wieder in Ordnung bringen und mein zweites Chakra bald wieder gesund und glücklich sein würde.

Doch als ich dann endlich die Botschaft bekam, dass ich genug war, konnte ich mich auch von meiner Mutter als meinem Märchenprinz lösen. Es war einfach an der Zeit, in meine eigene Kraft zu kommen, und schon wurden meine entarteten Zellen wieder normal. Oftmals stellt uns unser Körper vor Herausforderungen und Heilprozesse, welche die Herausforderungen und Heilprozesse in unserem Leben widerspiegeln. Trotzdem hat der Körper dabei manchmal sein eigenes Timing. In den frühen Tagen der Freedom Tour erlebte ich einen regelrechten Aufschwung, geschäftlich und finanziell. Deshalb mag es vielleicht nicht so recht einleuchten, dass es gerade damals mit meiner Gesundheit so bergab ging. Wie auch immer, es ergab einfach sehr viel Sinn für mich. Wie wir bereits gesehen haben, war mein gesundheitliches Problem eine physische Manifestation von Aspekten meines Unternehmens und meiner Finanzen. Das war in den Jahren davor so gewesen, als ich die Geschäftspartnerschaft mit meiner Mutter hatte und während meines finanziell desaströsen Lebens in New York (obwohl wir inzwischen wissen, dass diese Erfahrungen für meinen weiteren Weg sehr wichtig waren). Aber meine Gesundheitsprobleme verschlechterten sich dennoch auf der Freedom Tour.

Wie gesagt, glaube ich, dass das am individuellen Timing meines Körpers lag. Ähnlich wie bei einem Student, der nach den Prüfungen nach Hause fährt und sich sofort eine Erkältung zuzieht, obwohl er während der vergangenen Wochen voll Stress, intensiver Arbeit und Schlafmangel relativ gesund war. Es ist, als würde der Körper unter Adrenalin gut arbeiten, doch wenn er dann weiß, dass er sich entspannen darf, lässt er alle Systeme runterfahren. Und dann zeigt sich der zurückliegende Stress oft in Form einer Erkältung. So ungefähr verlief auch meine Heilungsgeschichte. Die Prozesse des Körpers sind organisch und können so Teile unserer Geschichten sein, die sich perfekt einfügen.

Eine kleine Randbemerkung: Wenn Sie ein Gesundheitsproblem haben, wegen dem Sie besorgt sind, dann denken Sie nicht, dass Sie nun absolut alles in Ihrem Leben ändern müssten, wenn Sie meine Geschichte gelesen haben. So extrem wie ich müssen Sie das natürlich nicht machen. Meine Seele klopfte nun mal etwas lauter bei mir an, und ich entschied mich, ihr zu antworten. Sie hatte ein Abenteuer für mich im Sinn, das zu einer umfassenden Heilung meines physischen Körpers und auch in meinem Leben führte. Das Abenteuer Ihres Heilprozesses kann Sie aber auch tief nach innen führen. Es kann viel subtiler sein oder aber weit extremer. Ihre einzige Aufgabe besteht darin, in Ihrem Leben und Ihrem Körper präsent zu sein und auf beide zu hören.

Zu den schnellsten und effektivsten Methoden, um finanziell und gesundheitlich in die eigene Kraft zu kommen, gehört es, energetische Lecks in unserem Leben zu reparieren.

Wenn Ihre Energie von Leuten oder Dingen abgesaugt wird, die Sie schwächen, dann verhindert dieser Umstand, dass Sie voll in Ihrer eigenen Kraft stehen. Und glücklicherweise ist Geld eine sehr praktische und greifbare Form der Energie. Wenn es Ihnen also daran mangelt, merken Sie es sofort. Hören Sie also einfach auf Ihren Körper.

FINANZIELLE ENERGIELECKS IDENTIFIZIEREN

Der erste Schritt zur Wandlung ist die Erkenntnis, dass eine Veränderung stattfinden muss. Rom wurde nicht an einem Tag erbaut, deshalb geht es in dieser Übung um Achtsamkeit und nicht darum, die Dinge gleich jetzt wieder gerade zu biegen.

Lesen Sie sich folgenden Satz am besten laut vor: *Ich werde diese Übung dafür benutzen, um mehr Bewusstsein für mein Ich zu bekommen. Außerdem muss ich mein Bedürfnis loslassen, meine Situation jetzt sofort in Ordnung bringen zu wollen. Ich vertraue auf die richtige Reihenfolge und dass durch meine Achtsamkeit zur rechten Zeit und auf perfekte Weise Veränderungen eintreten werden.*

Wenn Sie sich also emotional stabil genug fühlen, dann stellen wir uns jetzt unseren dreckigen Leichen im Keller. Nehmen Sie Ihren aktuellsten Kontoauszug zur Hand und Ihre Kreditkartenabrechnung. Wenn Sie zudem Ihre Ausgaben in irgendeiner Form aufschreiben, dann nehmen Sie sich diese bitte auch zur Hand.

Machen Sie von jeder Seite eine Kopie, sodass Sie darauf schreiben können.

Beginnen Sie ganz oben auf Ihrem Kontoauszug und schauen Sie sich jede einzelne Ausgabe an. Wenn Sie sie lesen und sich daran erinnern, für was sie war, dann achten Sie darauf, wie sich Ihr Körper dabei anfühlt. Dehnt er sich aus oder zieht er sich zusammen?

Wenn Sie nicht sicher sind, auf was für eine Empfindung Sie warten, dann versuchen Sie Folgendes: Schließen Sie Ihre Augen und verlangsamen Sie Ihre Atmung. Stellen Sie sich einen Welpen, ein Kätzchen oder ein Baby vor – oder irgendein Wesen oder eine Person oder Zeit, als Sie richtig glücklich waren und Ihr Herz offen war. So fühlt sich Ausdehnung an. Als Nächstes schließen Sie Ihre Augen und stellen Sie sich etwas vor, dass Sie normalerweise stresst oder durch das Sie sich angespannt fühlen. Das könnte eine Person sein, ein bestimmter Umstand, vielleicht sogar ein Geräusch (viele hassen Nägel auf einer Schultafel) oder andere Sinnesreize. Spüren Sie, wie Ihr Körper reagiert, wenn Sie an diese Person, Sache, diesen

Umstand oder Sinnesreiz denken. So fühlt sich eine Be-
klemmung an. Manche Leute spüren diese Ausdehnung
bzw. dieses Zusammenziehen in ihrer Brust oder im So-
larplexus und einige in ihrem Bauch. Vielleicht spüren Sie
es auch ganz woanders in Ihrem Körper.

Denken Sie an diese Empfindungen von Ausdehnen
und Zusammenziehen, wenn Sie jede Ausgabe durchge-
hen und falls möglich, erinnern Sie sich an den Moment,
als Sie sich entschlossen, das Geld auszugeben. Nehmen
Sie sich für jede Ausgabe einen vollen Atemzyklus vor,
also Ein- und Ausatmen. Achten Sie jedes Mal darauf, ob
sich Ihr Körper zusammenzieht oder ausdehnt. Wenn es
sich eher so anfühlt, wie beim Gedanken an den Welpen,
dann handelt es sich um eine Ausdehnung. Wenn es sich
so anfühlt, als würde sich etwas schließen und dunkler
und enger werden, dann ziehen Sie sich innerlich zusammen.

Wenn Sie sich innerlich verkrampft haben, dann machen Sie einen Punkt neben diese Ausgabe. Fahren Sie
fort bis Sie jede Zeile Ihres aktuellen Kontoauszugs, Ihrer Kreditkartenabrechnung und/oder Ihrer persönlichen
Buchführung durchgearbeitet haben.

Fangen Sie eine neue Seite in Ihrem Journal an und
schreiben Sie oben hin: »Potenzielle finanzielle Energie-
Lecks«. Dann schauen Sie sich die erste Ausgabe an, die
Sie mit einem Punkt markiert haben und durch die Sie
Beklemmungen bekommen. Schreiben Sie die Ausgabe
auf, das Datum, den Betrag und für was die Ausgabe war.
Was ist die Kategorie für diese Ausgabe? Ist es Kleidung?
Ist es die Miete? Ist es das Essen? Ist es die Ausbildung?
Ist es ein Geschenk? Wenn es eine Ausgabe war, die mit
einer bestimmten Person oder Organisation zu tun hat-
te, dann notieren Sie das bitte auch. Was auch immer

diese größere Kategorie war, schreiben Sie sie ebenfalls in Ihr Journal und gegebenenfalls den Namen der Person oder Organisation daneben. Wiederholen Sie diesen Vorgang mit jeder Ausgabe von Ihren Auszügen, die Sie mit einem Punkt markiert haben. Manche Ausgaben fallen in eine Kategorie, die Sie bereits aufgeschrieben haben. Machen Sie in diesem Fall einfach einen Stichpunkt unter die Kategorie und schreiben Sie diese Ausgabe in dieselbe Kategorie. Schauen Sie sich die Liste noch mal an. Gibt es irgendwelche Kategorien, in die Sie mehr als eine Ausgabe eingetragen haben?

Gibt es irgendwelche Kategorien von Leuten oder Organisationen, die Ihnen einfallen, die nicht auf der Liste stehen und bei denen Sie Beklemmungen bekommen, wenn Sie an diese denken?

Ich gratuliere! Sie haben gerade eben eine Liste der potenziellen finanziellen Energielecks in Ihrem Leben zusammengestellt. Ausgaben, bei denen Sie Beklemmungen bekommen, wenn Sie diese überdenken, zehren an Ihrer Power. Das hat Ihnen Ihr Körper gerade mitgeteilt. Darüber müssen Sie jetzt also gar nicht lange nachdenken. Denn die Antwort ist nicht in Ihrem Kopf, sondern in Ihrem gesamten Körper. Vertrauen Sie dieser Antwort.

Und denken Sie daran, dass Sie jetzt überhaupt nichts deswegen unternehmen müssen. Sie haben ja schon tolle Arbeit geleistet, indem Sie die Liste aufgestellt haben. Lassen Sie das Ganze nun einfach mal eine Weile ruhen, aber legen Sie es auch nicht völlig beiseite, denn im nächsten Abschnitt kommen wir wieder darauf zurück.

Eine glückliche finanzielle Zukunft

Das Universum funktioniert wie Ebbe und Flut. Es ist ein Geben und Nehmen, Ausdehnen und Zusammenziehen. Genauso wie wir uns also von unserem Märchenprinz im Außen lösen und erkennen müssen, dass all die Qualitäten, die wir uns an ihm wünschen, schon längst in uns selbst sind und wir unser ganzes Leben ständig mit uns selbst zusammen sind, genauso müssen wir uns auch auf etwas zubewegen.

Und manchmal, wenn es schwer ist, sich von etwas zu lösen, wenn man sich mit aller Kraft an etwas klammert, von dem man dachte, dass es einen in unbestimmter Zukunft retten würde, kann es helfen, sich etwas vorzunehmen, auf das man sich zubewegen kann.

Das einzige Problem ist, dass die Sache, zu der ich Sie dränge, sich auf sie zuzubewegen, die Sache ist, vor der Sie am meisten Angst haben. Verdammt, Sie dachten, ich würde nun endlich mal Ruhe geben, was? Aber es ist nun mal eine Tatsache, dass wir, obwohl wir nie frei von Angst sein werden, sie uns so lange kontrollieren wird, bis wir direkt auf sie zu schlendern und in einem Blickduell zu Boden starren – oder ihr zumindest einen kokettes Zwinkern schenken.

Doch die gute Nachricht ist, dass die Sache, vor der Sie am meisten Angst haben, sie zu tun, die Sache ist, die am erfolgsversprechendsten ist. Ich meine damit: Je mehr Emotionen Sie wegen einer Sache haben, selbst wenn sie sich gerade als Angstgefühle manifestieren, umso mehr Macht (höheres Einkommen, Erfolg, Werte und/oder pures Glück) werden Sie erhalten, wenn Sie dieses Ding jetzt durchziehen.

Ein ganz besonderes Dankeschön geht an dieser Stelle

an Barbara Stanny, die mir als Erste diese Perspektive der Beständigkeit gezeigt hat.

Ich weiß, dass Frauen meist abschalten, wenn die Sprache auf Geld kommt, sie völlig in sich zusammenfallen oder ganz nervös und angespannt werden. Ich möchte, dass Sie wissen, dass ich genauso war. Jahrelang tat ich so, als ob ich alles hätte, was ich mir nur wünschen konnte, während ich innerlich wusste, dass ich von nichts eine Ahnung hatte. Lassen Sie sich eins gesagt sein: Ich liebe Sie, und zwar so, wie Sie gerade sind und wo Sie gerade in Ihrem im Leben stehen. Ich liebe den Teil von Ihnen, der denkt, dass Geld langweilig wäre. Ich liebe den Teil von Ihnen, der denkt, dass es für Sie zu kompliziert sei, das Thema Geld wirklich zu verstehen (oder es zu verdienen, zu sparen oder zu investieren).

Ich liebe diesen Teil von Ihnen, der liebend gern jemand anderen diese Sache für Sie erledigen lassen würde. Ich liebe diesen Teil von Ihnen, denn der gleiche Teil steckt auch in mir. Und ich habe gelernt, ihn für seine wunderbare Unvollkommenheit zu lieben. Von Zeit zu Zeit besucht mich dieser innere Teil, denn Gott weiß, dass dieses ganze finanzielle Wohlfühlprogramm eine lange Reise für mich ist und ich nie perfekt darin sein werde. (Und Sie auch nicht, also brauchen Sie auch nicht so streng mit sich sein.) Glauben Sie, dass Sie für die gleiche Herausforderung bereit sind? Uns selbst an Stellen zu lieben, die wir als falsch oder nicht liebenswert empfinden, ist natürlich die ganz hohe Schule, aber da Sie klug genug waren, sich für dieses Buch zu entscheiden, bin ich mir 200 Prozent sicher, dass diese Fähigkeit in Ihnen steckt. Also lassen Sie uns verdammt noch mal herausfinden, wovor Sie solche Angst haben.

Ich bin so wild darauf, dass Sie ausformulieren, vor welcher Handlung Sie gerade am meisten Angst haben, weil in dieser Furcht auch der Keim der Hoffnung, der Wünsche und der Schaffenskraft steckt. Interessanterweise gibt es im Tarot eine Leseart, in der eine Kartenposition »Hoffnungen und Ängste« heißt. Das betont die Tatsache, dass unsere Hoffnungen, Wünsche und Ängste eng zusammenhängen. Und manchmal sind sie sogar zwei Seiten derselben Medaille.

In Ihrer größten Angst verbirgt sich auch Ihr tiefstes Wissen, wie Ihre Brillanz als Nächstes am besten genutzt werden kann. Und deshalb flippen Sie so aus. Ihnen wird sich ein ganz neuer Horizont eröffnen. Er ruft Ihren Namen, aber im Moment hören Sie ihn noch mit dem Echo der Angst. Aber das ist in Ordnung. Ich finde, Sie machen Ihre Sache schon ganz prima.

Es gibt dieses wundervolle Zitat von Fritz Pearls, von dem ich durch Gail Larsen in ihren *Real Speaking*-Workshops erfahren habe. Und das geht so: »Angst ist Aufregung, bei der man jedoch vergisst zu atmen.«

Wo sich viel Gefühl entlädt, liegt Gold für uns versteckt, besonders wenn die Emotionen sich in Form von Angst zeigen. Wir gehen also ganz einfach auf eine Erkundungstour, eine kleine Expedition. Wir finden einfach heraus, woraus Ihre Angst besteht, in welcher Gestalt sie erscheint, wo sie herkommt und wer sie hervorbringen kann. Und dann kehren wir mit unseren gesammelten Informationen zurück ins Hauptquartier.

Genauso wie die letzte Übung, müssen wir im Augenblick nichts in Ordnung bringen oder irgendetwas richtig hinkriegen. Wir sammeln einfach nur verschiedene Informationen zusammen. Cool? Cool! Na dann mal los!

IHRE ANGST BENUTZEN

Holen Sie Ihr Journal und nehmen Sie sich eine neue Seite vor. Angst kann ein ziemliches Durcheinander anrichten, das sollten wir durchaus mit einer neuen, leeren Seite respektieren. Um von der Sache wirklich so zu profitieren, wie wir es vorhaben, müssen wir dem Ganzen auch Raum und Achtung schenken.

Teil 1: Herumbohren
Vervollständigen Sie die folgenden Sätze mit der ersten Sache, die Ihnen in den Sinn kommt. Schreiben Sie es einfach auf, ohne es zu beurteilen oder zu analysieren. Diese Sätze müssen nicht mal einen kompletten Sinn ergeben. Nennen wir es einfach Höhlenforschung. Wir bohren einfach etwas in den dunklen Bereichen, um herauszufinden, was sich dort verbirgt. Das ist schon alles. Wenn Sie das nicht in Ihrem Journal tun möchten, können Sie sich den folgenden Fragebogen auch auf www. moneyalovestory.com/fear (in englischer Sprache) herunterladen.

Wenn ich über Geld nachdenke, fühle ich mich _____
_____.

Geld ist _____.

Wenn ich 100 000 Euro Bargeld hätte, würde ich _____
_____.

Ich bin von Geld begeistert, weil _____.

Wenn ich nicht über Geld nachdenken müsste, würde ich_____
_____.

Die Sache, die mich finanziell zurückhält, ist _____

_____.

Geld ist für mich so eine große Herausforderung, weil

_____.

Wenn Geld keine Rolle spielen würde, dann _____

_____.

Ich finde, dass ich der Welt am meisten zurückgebe,
wenn ich _____.

Wenn ich 500000 Euro in bar hätte, würde ich _____

_____.

Die Zeit, in der ich mich am meisten wertgeschätzt
fühlte, war _____.

Wenn ich eine Million Euro in bar hätte, würde ich

_____.

Geld und ich sind wie _____.

Mich interessiert an Geld besonders, dass es _____

_____.

Wenn es um Geld geht, habe ich vor allem Angst davor,

_____.

Ich wünschte wirklich, dass _____
_____ sich um die Geldsachen für
mich kümmern würde.

Das Teuerste, was ich mir wünsche, ist _____

Für mich ist Geld wie _____.

Meine Mutter war _____ wenn es um Geld ging.

Mein Vater war _____ wenn es um Geld ging.

Über was ich mir am allermeisten Sorgen mache, wenn es um Geld geht, ist _____.

Nur Geld war der Grund dafür, dass ich nie _____
_____.

Ooooooh, das war richtig gut! Da haben Sie ein paar hochinteressante Dinge zusammenbekommen. Gute Arbeit.

Teil 2: Ihre Gedanken analysieren

Gehen Sie noch einmal zurück und lesen Sie sich Ihre Antworten durch. Danach beantworten Sie bitte folgende Fragen:
1. Welche Wörter oder Themen kamen in mehr als einer Antwort vor?
2. Welche Antworten haben mich überrascht?
3. Welche Antworten machen mich traurig?
4. Welche Antworten machen mich glücklich?
5. Wie fühle ich mich direkt nach dem Lesen meiner Antworten?

Teil 3: Ihre Angst identifizieren, es zu tun

Es ist an der Zeit, die Informationen, die Sie auf Ihrer Erkundungsmission zusammengetragen haben, zu einem Mosaik zusammenzufügen. Da alles noch frisch in Ihrer Erinnerung ist, können wir uns ja auch gleich direkt reinstürzen, nicht wahr?

Nun, da Sie begonnen haben, einiges an gutem Material aus Ihrem Unterbewusstsein herauszufiltern (und vielleicht sogar aus Ihrer Seele, die versucht, mit Ihnen zu kommunizieren), ist es an der Zeit, sich selbst zu fragen, vor welcher Sache Sie momentan am meisten Angst haben, Sie zu *tun*.

Es muss nicht unbedingt etwas sein, das direkt mit Ihren Finanzen zu tun hat. Aber als Sie diese Frage gelesen haben, ist Ihnen doch sicherlich etwas spontan in den Sinn gekommen.

Die erste Antwort ist immer die beste Antwort. Was immer Sie gerade gedacht haben, das ist es. Schreiben Sie es auf eine neue Seite in Ihr Journal. Vor welcher Sache fürchten Sie sich gerade am meisten, sie zu tun? Schreiben Sie jetzt nicht den Grund auf. Für den Moment lassen Sie das »weil« mal so. Dieses »weil« zählt weit weniger als Sie denken. Sie werden schon sehen. Halten Sie einfach weiter durch.

Hier sind einige Beispiele, die ich oft in meinen Workshops höre:

• Ich habe Angst davor, meine Ehe zu beenden.
• Ich habe am meisten davor Angst, etwas Künstlerisches zu machen.
• Ich habe am meisten davor Angst, Geld aus meinem Sparkonto zu nehmen und es in etwas zu investieren.
• Ich habe am meisten Angst davor, einen Blog anzufangen.

- Ich habe am meisten Angst davor, meine Preise zu erhöhen.
- Ich habe am meisten Angst davor, nach einer Gehaltserhöhung zu fragen.
- Ich habe am meisten Angst davor, mein Haus zu verkaufen.

Denken Sie daran, dass das die Sache ist, vor der Sie sich zur Zeit am meisten fürchten, sie zu *tun*. Ich habe nicht gefragt, wovor Sie allgemein Angst haben oder was das Schlimmste wäre, das passieren könnte. Dies ist ein Buch über persönliche Verantwortung (jedoch ohne Selbstgeißelung), deshalb möchte ich, dass Sie darüber nachdenken, wovor Sie sich fürchten, es zu *tun*.

Teil 4: Anfangen, es zu tun

Bis zum jetzigen Zeitpunkt haben wir einfach nur Wissen angesammelt. Wir haben uns die Theorie angeschaut, Dinge über uns selbst erfahren, doch jetzt sollten wir etwas aktiver zu werden. Lesen Sie Ihre Antwort zu der Frage:»Wovor haben Sie momentan am meisten Angst, es zu tun?« Nehmen wir mal an, Ihre Antwort war: »Ich fürchte mich am meisten davor, meine derzeitige Geschäftspartnerschaft zu beenden.« Nun ist es an der Zeit für eine kleine Vorher-Nachher-Show. Gestalten Sie diesen Satz neu, indem Sie Ihre Aufregung, Ihre Begeisterung und Ihr inneres Verlangen miteinbeziehen. Das könnte dann ungefähr so aussehen:»Ich bin ganz aufgeregt, meine derzeitige berufliche Partnerschaft zu beenden.«

Nun können wir das»weil« enthüllen. Das»weil« gemixt mit Ihrem neu gestylten Satz gibt Ihnen reichlich Munition, um erfolgreich zu sein.

Das »weil« vermischt mit Ihrer Angst gibt nur Ihrer Unfähigkeit, etwas zu tun, weiteren Zündstoff. Und es gibt immer reichlich Unterstützung, wenn es darum geht, das »weil« zu Ihren Ängsten hinzuzufügen. Lassen Sie uns stattdessen Ihrer neuen Begeisterung etwas Unterstützung beimengen. Fügen Sie Ihrer Begeisterung also ein »weil« hinzu und starten Sie durch. Geben Sie sich selbst einen guten Grund, warum diese Sache, die Sie vorhaben, die genialste Idee ist, die Sie je hatten. (Erinnern Sie sich an die feurige, resolute Anwältin? Rufen Sie sie an!) Ich sage nicht, dass Sie das Ganze jetzt schon anpacken müssen, aber schreiben Sie den nächsten Teil auf, so als ob Sie sich zu 100 Prozent sicher wären, dass Sie es tun. Was ist mit all den tollen Dingen, die dadurch ins Rollen kommen könnten? Wie würden Sie sich dabei fühlen? Wer wird durch Ihre Entscheidung begeistert sein und unterstützt werden? Was wird dadurch möglich sein, was davor nicht möglich war? Werden Sie sich befreiter fühlen?

Fantastisch. Sie sind ein echter Champion. Ich hoffe, dass Sie so stolz auf sich sind wie ich auf Sie.

Als ich in New York lebte, mich wie eine Hochstaplerin fühlte und meine enormen Einkaufsschulden ignorierte, war die Sache, vor der ich am meisten Angst hatte, das sichere Nest zu verlassen, das die Geschäftsbeziehung mit meiner Mutter und ihre finanzielle Unterstützung für mich war. Eine innere Stimme flüsterte mir zu, dass dies nicht nur eine gute Idee war, sondern vielleicht die klügste Sache, die ich in Richtung des Lebens, das ich mir immer erträumt hatte, machen konnte. Aber ich war einfach noch nicht so weit. Es fühlte sich zu drastisch an. Wir waren einfach zu sehr miteinander verstrickt. Ich wollte sie nicht verletzen. Ich dachte auch nicht, dass ich das Zeug dazu hätte, es allein zu schaffen. Ich wollte diese berufliche Sicherheit mit ihr nicht verlassen, geschweige denn unsere gemeinsamen Finanzen entwirren.

Ich verstehe, dass es kompliziert sein kann, etwas aktiv zu unternehmen, obwohl man davor Angst hat (aber vielleicht ist man ja eigentlich nur aufgeregt). Ich verstehe, dass es dabei viele Unwägbarkeiten gibt und Leute, die von unseren Entscheidungen betroffen sein werden. Ich verstehe, dass das emotional und psychologisch ist. Das versteh ich wirklich. Und ich weiß auch, dass es einen perfekten Moment für praktisch alles gibt. *Aber* es gibt einen Unterschied zwischen göttlichem Timing und passivem Warten bis man nicht mehr paralysiert ist, sondern stattdessen analysiert.

Es gibt da dieses fabelhafte afrikanische Sprichwort: »Wenn du betest, bewege deine Füße.« Sie müssen *nicht* das ganze Universum auf Ihren Schultern tragen und kontrollieren. Aber Sie können definitiv Schritte in die Richtung unternehmen, in die Sie wollen (sogar wenn sich das Ganze manchmal als etwas verkleidet hat, vor dem Sie Angst haben oder dass Sie gar nicht wollen). Wenn Sie beginnen, diese Schritte zu tun, wird Ihnen das Universum noch eher als auf halbem Wege entgegenkommen. Es muss nur bei Ihnen anfangen.

Veränderungen ins Rollen bringen

Ich habe erst kürzlich David Allens *Wie ich die Dinge geregelt kriege* gelesen. Das Buch ist brillant. Und es hat mein Leben total verändert.

Ich könnte ewig darüber schwärmen, aber es genügt bereits, wenn ich sage, dass es das perfekte Buch ist, wenn man eine intuitive, spirituelle und doch praktische Methode sucht, um Ordnung in sein Leben zu bringen. Ich wurde also zur glühenden Verehrerin des Buches *Wie ich die Dinge geregelt kriege.* In dem Buch sagt Allen, dass wir uns immer dann von einem Projekt überfordert fühlen, wenn wir nicht klar erkennen können, was der nächstliegende, in sich abgeschlossene Handlungsschritt ist. Wenn wir erst einmal diesen Schritt erkannt haben und fest im Auge behalten, kann sich unser Gehirn entspannen und völlig friedlich fühlen, da es weiß, dass wir die Sache im Griff haben. Und so muss es uns nicht den ganzen Tag drei Millionen Mal daran erinnern, aus Angst, dass wir es sonst vergessen würden. Ganz zu schweigen von der Tatsache, dass wir alle wissen, dass ein großes Projekt wie »ein Buch schreiben« oder »meine Geschäftsbeziehung zu meiner Mutter auflösen« sich so wuchtig anfühlt, als würden wir an einen Monolith denken.

Als ich erkannte, dass es an der Zeit war, mich finanziell von meiner Mutter zu lösen, hab ich das nicht gleich an einem Tag geschafft. Ich fühlte mich total überfordert, deshalb teilte ich das Ganze in winzige Babyschritte auf. Übrigens wusste ich nicht wirklich, was das Endergebnis dieses ganzen Prozesses sein würde. Ich erledigte einfach den nächsten naheliegenden Handlungsschritt nach dem anderen – bis ich frei war. Wenn ich zurückblicke, muss ich sagen, dass es die perfekte Reihenfolge war, die zudem auch noch sehr logisch war. Inmitten der ganzen Sache setzte ich einfach immer einen Fuß vor den anderen. Und vor meinen Augen begann sich alles zu entwirren, während ich tapfer weitermarschierte. Es ist ein bisschen, als würde man eine sehr filigranes, mehrreihiges Collier entwirren. Es ist unmöglich, es auf einmal zu schaffen. Also muss man vorsichtig an jedem einzelnen Strang ziehen und schauen, wohin er führt; ihm folgen und ihn von den anderen abtrennen, solange bis man ein entwirrtes Collier hat, das man wieder anlegen kann.

Meine Geschäftsbeziehung mit meiner Mutter zu beenden, begann damit, die Freedom Tour auf die Beine zu stellen. Zu dieser Zeit war das der nächste, in sich abgeschlossene Schritt, der mir einfiel. Sozusagen ein Subprojekt von »mich von meiner Mutter finanziell unabhängig machen«. Es fühlte sich so weniger überwältigend und emotionsgeladen an. Ich begann also meine große Angst, auch bekannt als meine große Aufregung, in kleine Häppchen aufzuteilen.

Als ich die Idee mit der Freedom Tour hatte, musste ich die Sache in kleinere, in sich abgeschlossene Schritte einteilen. *Wie ich die Dinge geregelt kriege* erinnert uns daran, dass ein Handlungsschritt wie »das Auto neu bereifen« nicht in sich abgeschlossen genug ist, sodass die Gedanken weiter Karussell fahren. Stattdessen wäre ein kleinerer, in sich abgeschlossener Handlungsschritt gewesen: »Ruf Mary an, um den Namen des Reifenshops herauszubekommen, den sie empfohlen hat.« Ein in sich abgeschlossener, aktiver Schritt bringt Ihren Geist zur Ruhe und erlaubt Ihnen, sich wirklich vorwärts zu bewegen. Bei meiner Idee mit der Freedom Tour war die nächste, in sich abgeschlossene Aufgabe, meine Mutter anzurufen und ihr mitzuteilen, dass wir unser New Yorker Apartment verkaufen sollten, in dem ich wohnte. Das war ein endlicher, machbarer aktiver Schritt.

War ich nervös, als ich diesen Anruf tätigte? Na klar.

Aber war es so groß wie meine ganze finanzielle Beziehung zu ihr aufzulösen? Nein. Es war machbar. Danach war mein nächster Schritt, meinen Immobilienmakler anzurufen. Dann buchte ich Reinigungspersonal, um das Haus für die Anzeigenfotos tipptop aussehen zu lassen, und so weiter.

Verstehen Sie langsam? Dann sind Sie an der Reihe!

IMMER EINEN SCHRITT NACH DEM ANDEREN

Sie haben in Ihrem Journal die Sache aufgeschrieben, vor der Sie sich am meisten fürchten, sie endlich anzugehen. Es handelt sich bestimmt um eine große Sache, also lassen Sie sie uns zusammen aufschlüsseln.

Beginnen Sie eine neue Seite, die Sie »Projekt: _____
_____« nennen.

(Füllen Sie die leere Stelle mit einem passenden Titel aus, der die Sache beschreibt, vor der Sie sich am meisten fürchten, sie zu tun. Meiner könnte beispielsweise heißen: »Projekt: Mich finanziell von meiner Mutter lösen.«)
Was ist der nächste konkrete Schritt, den Sie tun müssen, um dem Ziel, das Sie in der letzten Übung aufgeschrieben haben, näher zu kommen?
Schreiben Sie Ihren nächsten Schritt als Stichpunkt unter den Titel.
Wenn das, was Sie aufgeschrieben haben, Sie überfordert, haben Sie die Sache nicht in Schritte unterteilt, die klein genug für Sie sind. Es gibt immer etwas, was Sie tun können, ohne dass Sie nachher fix und fertig sind. Und das müssen Sie einfach nur finden.
Nachdem Sie Ihren ersten Schritt festgehalten haben, schreiben Sie einfach als kleine Übung den nächsten

offensichtlichen konkreten und in sich abgeschlossenen Schritt auf, den Sie nach dem ersten Schritt tun würden. Und nun noch einen dritten.

Es ist wichtig, an dieser Stelle zu erwähnen, dass es sehr wahrscheinlich ist, dass Sie wahrscheinlich nur ein bis etwa fünf Schritte auf einmal vorausdenken können. Das ist einfach so, weil die Dinge sich verändern können. Wir bekommen vielleicht neue Informationen, und manchmal können wir einfach nur ein paar Schritte auf einmal vorausdenken. Und das ist auch vollkommen in Ordnung. Schreiben Sie einfach ein bis drei Schritte auf und vertrauen Sie, dass die folgenden Schritte für Ihr großes Ziel, das wir in diesem Kapitel identifiziert haben, sich zur rechten Zeit offenbaren werden. Jetzt bloß nichts überstürzen! Und flippen Sie auch nicht aus! Tun Sie einfach den nächsten Schritt. Das ist alles. Sie können diese Vorarbeit für jede Angst, jeden Wunsch, jedes Ziel oder Projekt, das Sie haben, nutzen. Es ist wirklich befriedigend, das Emotionale mit dem Praktischen zu verbinden, nicht wahr? Und wenn Sie diese konkreten, kleinen Schritte tun, um Ihr großes Ziel zu erreichen, werden Sie frei sein und schneller als Sie es je für möglich hielten. Wen interessiert es, ob es dazu ein oder sogar zehn Jahre braucht? Es werden auf jeden Fall Magie und Abenteuer auf Ihrem Weg auf Sie warten – was Sie sich vielleicht jetzt noch nicht vorstellen können. Doch wenn Sie dann dort sind, wird der neue Horizont sogar noch schöner sein, als Sie es sich vorgestellt haben. Und Sie werden frei sein.

KAPITEL 5

WAS SIE TUN KÖNNEN, UM BESSER AUFZUPASSEN

Es war mein erstes Semester im College. Ich war gerade dabei, mich daran zu gewöhnen, zum ersten Mal allein und weit weg von zu Hause zu wohnen, und für meine Ausgaben selbstverantwortlich zu sein und dergleichen. Es war das Jahr, in dem ich mein USANA-Unternehmen gestartet hatte, und die Saat, die ich während des Sommers ausgesät hatte, ging nun endlich auf. Wie ich bereits sagte, lag mein Einkommen für eine 18-jährige weit über dem Durchschnitt. Und es dauerte nicht lange, bis das auch auf meine Ausgaben zutraf. Am Ende des Monats hatte ich für gewöhnlich nichts mehr übrig.

Meine Mutter ermahnte mich ständig, mich in den Semesterferien mit unserem Anlageberater in Portland zu treffen, aber allein die Idee, dass ich mit ihm in seinem Mahagoni-Büro saß, und mein Gehirn zermartete, worüber er wohl verdammt noch mal gerade sprach, oder was die Kombination aus Buchstaben und Zahlen R-O-T-H-I-R-A-4-0-1-K bedeutete, langweilte mich zu Tode. Also kreuzte ich da nie auf.

Wie Sie ja wissen, wurde meine finanzielle Situation

ziemlich zweifelhaft, als ich nach New York zog. Nach etwas über einem Jahr, in dem ich meinem Kreditkartenkon-
tostand jeden Monat erlaubt hatte, weiter hochzukriechen,
fing ich plötzlich an, mich deswegen zu schämen. Ich
zahlte weiterhin so viel ab, wie ich konnte, aber achtete
währenddessen nicht sehr auf mein Ausgabeverhalten.

Ich benutzte einfach nur noch die Kundenkarte meiner
Bank anstelle meiner Kreditkarte, und sagte mir, dass ich
nicht ausgeben konnte, was ich nicht hatte.

Diese Strategie war auch ziemlich erfolgreich, bis zu
dem Zeitpunkt, als ich etwas entdeckte, was ich wirklich
richtig gerne haben wollte –

wie beispielsweise eine Prada-Jacke, die drastisch redu-
ziert worden war. Dann zog ich meine Kreditkarte hervor
und gab mir selbst ein Versprechen, dass ich alles am Ende
des Monats bis auf den letzten Cent zurückzahlen würde.

Schließlich hielt ich diese ständige, unterschwellige An-
spannung nicht mehr aus, die daher rührte, dass ich es
vermied, meine Kreditkartenabrechnung zu öffnen, meine
Einnahmen zu addieren und meine monatliche Ausgaben
zu kontrollieren.

Zu diesem Zeitpunkt verschuldete ich mich nicht nur
jeden Monat etwas mehr, sondern überzog auch in schöner Regelmäßigkeit mein Girokonto. Viele Male musste
ich meine Schwester oder eine Freundin darum bitten, mir
bis zum Ende der Woche, wenn ich meinen Lohn bekam,
etwas Geld zu leihen, sodass ich mir Lebensmittel kaufen
konnte und einfach auch etwas Bargeld in der Tasche hatte, da mein Girokonto ja immer total überzogen war. Es
war sehr beschämend, und ich dachte mir: *Mensch, Mädchen! Du bist doch Absolventin einer Elite-Uni. Du führst ein
erfolgreiches Unternehmen. Die Welt ist deine Auster. Was
stimmt denn nicht mit dir?*

Aber es fühlte sich einfach viel zuviel und zu belastend an, um alles auf einmal zu lösen. Zu viele Zahlen. Zuviel Scham. Also gab ich mir ein Versprechen, wenigstens jeden Morgen meinen Kontoauszug zu checken. Das war alles. Nur dieses kleine Versprechen. Ich kannte Leute, die alles aufschrieben, was sie ausgaben, es in Tabellen eintrugen, die einzelnen Kategorien zusammenzählten und regelmäßig Einnahmen/Ausgaben-Kalkulationen durchführten, um alles im Überblick zu behalten. Ich kannte Leute, die ihr Geld in Umschläge steckten, und nur soviel ausgaben, wie der jeweiligen Kategorie bewilligt worden war und nicht mehr. Ich kannte Leute, die mir Ihr Eigenkapital und Ihre aktuellen Bilanzen im Schlaf aufsagen konnten. Ich gehörte einfach nicht zu diesen Leuten (obwohl ich ihnen seit dieser Zeit viel mehr ähnele). Ich wollte mich wegen der ganzen Sache am liebsten in einer Ecke verkriechen und sterben, oder besser noch, einen reichen Kerl heiraten, der sich um alles kümmern würde, sodass ich es nicht musste. (Ja, trotz meiner guten Ausbildung und obwohl ich schon immer von Powerfrauen umgeben gewesen war, hielt ich diese Fantasie am Leben.)

Nun, ich wusste, dass ich es zumindest schaffen konnte, jeden Morgen meinen Kontostand zu überprüfen. Ich gab mir selbst die Erlaubnis, nicht alles richtig machen oder die Sache sofort wieder ins Lot bringen zu müssen. Ich müsste nicht einmal den nächsten Handlungsschritt tun, wenn ich mir wenigstens jeden Tag meinen Kontoauszug ansah. Also programmierte ich meinen Computer so, dass er mich jeden Morgen um 8:30 Uhr erinnerte. Dann würde ich auch prompt und gehorsam auf meine Bankseite gehen und meinen Kontostand anschauen, um mich dafür – ganz egal, wie viel es gerade war – in Dankbarkeit zu üben, sogar wenn der Stand nur bei 34,47 Dol-

lar war. Und sogar an Tagen, wo er 154,59 Dollar im Mi-
nus anzeigte. Selbst an solchen Tagen bemühte ich mich,
etwas Dankbarkeit aufzubringen, für die Dinge, durch die
ich in meinem Leben schon Fülle spüren konnte – ob es
nun der Scheck war, der unterwegs war, um mich wieder
in die schwarzen Zahlen zu bringen oder die Tatsache,
dass ich ein Dach über dem Kopf hatte und Essen im Kühlschrank.

Als ich damit anfing, jeden Morgen meinen Kontostand
zu überprüfen und bewusst dankbar für das war, was ich
hatte oder für die Arten, auf die sich mein Leben reich anfühlte, fühlte ich mich dazu inspiriert, aktiv zu handeln,
was mein Geld betraf. Ich machte Tabellen, um bei meinen
Ausgaben auf dem Laufenden zu bleiben.

Ich begann, am Ende des Monats mein USANA-Ein-
kommen zu addieren, sodass ich das ganze Jahr Bescheid
wusste, wie viel ich damit verdiente – und nicht nur einmal im Jahr, wenn ich meine Steuerabrechnung machte.
Außerdem fing ich an, mit einem Finanzberater zusam-
menzuarbeiten, der mir half, mir darüber klar zu werden,
was ich auf meinen Sparkonten hatte, was ich einnahm
und was ich ausgab. Ich begann zu erkennen, welche
Macht darin steckt, die Verantwortung für mein Geld zu
übernehmen und darauf zu achten. Ich begann damit,
meine »Geschichte« zu entwirren und erkannte, dass meine Handlungen bis zu diesem Punkt relativ kindisch gewesen waren, vor allem, da ich wirklich dagesessen und auf
jemanden gewartet hatte, der mich retten würde.

Ich hatte immer schreckliche Angst davor gehabt, meine Ausgaben nachzuverfolgen und zu sehen, wo ich etwas
»abrasieren« könnte, wie Barbara Stanny es nennt, weil ich
dachte, das würde die totale Entbehrung bedeuten. Es war
einfach viel zu verführerisch, weiterhin in meiner Welt zu

leben, in der ich kaufen konnte, was auch immer ich wollte – ganz egal, wie viel Geld ich verdiente.

Klar, es kann eine aufregende Erfahrung sein, eine sofortige Belohnung zu kriegen und nicht aufs Geld zu achten. Es war meine Version, ein Partygirl zu sein, das Entscheidungen traf, die es am Morgen danach bereute.

Mein Kater bestand dann eben jeden Monat aus dem Öffnen meiner Kreditkartenabrechnung. Und dann folgte immer dieser Schockzustand über den Gesamtbetrag. Ich hatte auch nie den leisesten Schimmer, warum er so hoch war. Geld auszugeben war zur Droge meiner Wahl geworden. Doch während meines Aha-Momentes und meiner darauffolgenden Taten begann sich mein Widerstand gegenüber der Buchführung meiner Ausgaben zu verringern.

Indem ich diesen Prozess mit Vergnügen verband (wie ich das tat, darüber reden wir später), fing ich sogar an, ihn zu lieben.

Ungefähr zu dieser Zeit, hatte ich außerdem eine Erkenntnis, die damit zusammenhing, dass ich meine Ausgaben nun schon 30 Tage lang verfolgte. Ich hatte das schon einige Male getan, aber es hatte sich immer unangenehm, einengend und ziemlich schrecklich angefühlt.

Ich war nie fähig, meinen inneren Widerstand zu überwinden oder eine positive Veränderung in meinem Leben durch diese Kontrolle meiner Finanzen herbeizuführen, bis ich erkannte, dass ich mich ja bisher nur auf meine *Ausgaben* konzentrierte!

Wie können Sie achtsamer werden?

Mir war es bis dahin überhaupt nicht in den Sinn gekommen, auch Buch über meine *Einnahmen* zu führen. Ich hatte immer nur die eine Seite der Gleichung gesehen – und

zwar die Seite, die uns den meisten Stress, die größte An-
spannung und Angst verursacht. Als ich also schließlich
nicht nur meine Ausgaben, sondern auch meine Einnahmen protokollierte, konzentrierte ich mich zunehmend
darauf, dass ich mehr verdiente und weniger ausgab.

Ich schenkte meinen Einnahmen liebevolle Aufmerksamkeit und zahlte gleichzeitig meine Ausgaben voll Dankbarkeit für das Geld, das ich so zurück in Umlauf bringen
konnte. Während dieser Zeit kam ich auch wieder in Kontakt mit meinen Kindheitserinnerungen, in denen mir der
Umgang mit Geld Freude bereitet hatte.

Ich erinnerte mich daran, wie viel Spaß es mir gemacht
hatte, mit meiner Schwester nach einem Tag an unserem
Limonadenstand das selbst verdiente Geld zu zählen. Ich
erinnerte mich, wie gern ich es mochte, bei Monopoly zur
Bank zu gehen und Fünfziger in Hunderter zu tauschen
und Hunderter in Tausender. Ich verband mich wieder mit
der Energie, meinem Geld spielerische Aufmerksamkeit zu
widmen. Mit einer Energie, die ich einmal besessen, aber
irgendwann vergessen hatte. Ich hörte auf, das Ganze voll
Angst, Furcht und Langeweile zu machen. Ich gab mir
selbst die Erlaubnis, nicht perfekt zu sein, nur einen Schritt
auf einmal zu machen und den Prozess auch noch zu genießen.

Ich werde nie den Tag vergessen, an dem ich von allein
beschloss, mich mit einem Finanzberater zu treffen.

Ich hatte ihn auf einem Network-Marketing-Event in
New York getroffen. Er war ursprünglich aus Maine, deshalb hatte er sofort meine Aufmerksamkeit. (Jeder aus meiner Heimat bekommt extra Brownie-Punkte.) Ich entschied
mich dafür, einfach einen Termin mit ihm als eine Art
Übung zu machen. Ich hatte all meine Sachen durchorga-
nisiert und war darüber im Bilde, wie viel ich insgesamt

investiert hatte, über meine jährlichen Einnahmen, meine monatlichen Ausgaben und mein Eigenkapital. Ich fühlte mich richtig energiegeladen, als ich diese Zahlen aufgeschrieben und direkt vor mir hatte. Stark, schlau und fähig. Nachdem ich mir ein süßes Kleid (das ich für nur 40 Dollar im Schlussverkauf ergattert hatte, wie ich vielleicht noch hinzufügen sollte) angezogen hatte, sprang ich in die U-Bahn zum Rockefeller Center. Ja, dort befand sich nämlich das Büro des Finanzberaters.

Ich erinnerte mich daran, wie meine Mutter sich ihrem Finanzteam gegenüber klein und ängstlich gefühlt hatte, bis sie erkannte, dass es eigentlich für sie arbeitete. Sie hatte sich dazu entschieden, nur mit Leuten zu arbeiten, denen sie richtig vertraute und die sie respektierte. Sie wollte sich nie wieder dumm oder bevormundet bei einem finanziellen Treffen vorkommen. Mit ihren Worten der Weisheit gewappnet, zog ich meine Schultern zurück, richtete meinen Kopf auf und schlenderte mit graziöser Leichtigkeit in mein Meeting.

Es war ein aufregendes Gefühl, dass ich alle Fragen über mein finanzielles Leben beantworten konnte. Es war, als hätte ich während der ganzen Zeit, in der ich auf mein Geld geachtet hätte, für mein Abschlussexamen gelernt, und bei diesem Treffen konnte ich nun mein Wissen testen.

Und ich wusste, dass ich mit Bravour bestanden hatte, als er sagte: »Wow. Ich bin beeindruckt, dass Sie soviel von persönlichen Finanzen verstehen, besonders in Ihrem jungen Alter. Mehr als 50 % der Leute, die in mein Büro kommen, unabhängig von ihrem Alter, haben überhaupt keine Ahnung, was die meisten Dinge betrifft, die wir hier diskutieren. Und dann wissen sie auch ganz sicher nicht, wie sie diese auf ihr finanzielles Leben übertragen sollen.«

Ich fühlte mich etwas schwindlig. Und kultiviert. Doch am meisten war ich stolz auf mich. Ich hatte keines dieser Gefühle in Bezug auf Geld in meinem Erwachsenleben jemals gefühlt. Es war ein ganz anderes Gefühl als zu den Zeiten, in denen mein Einkommen drastisch angestiegen war oder ich etwas gekauft hatte, was ich unbedingt haben wollte. Das waren kurze, vorübergehende Hochs gewesen, die sich gut anfühlten, aber eben nie lange anhielten. Als ich an diesem Tag aus dem Büro des Beraters ging, erkannte ich, dass meine Finanzen nicht zu kompliziert für mich waren und auch nicht langweilig. Und wenn ich meinem Geld Aufmerksamkeit schenkte, bedeutete das auch nicht, dass ich dadurch schreckliche Entbehrungen erleiden musste.

Das ist die Zeit, um Ihre Cheerleader und Unterstützer um sich herum zu sammeln, weil Ihr finanzielles Bewusstsein noch etwas zartbesaitet ist. Es benötigt Schutz und Pflege.

Wenn Ihnen niemand einfällt, den Sie um Hilfe bitten können, dann würde ich die örtliche Schuldenberatung empfehlen, die Anonymen Unterverdiener oder die Anonymen Schuldner.

Das sind beides wundervolle 12-Schritte-Programme. Sie sind kostenlos und spirituell basiert, und ich habe bereits bei vielen Freunden gesehen, dass sie auch funktionieren. Sie werden Leute kennenlernen, die an genau dem Punkt waren, an dem Sie jetzt sind und die sich dem Dienst am Nächsten verschrieben haben. Sie sind die perfekten Leute, wenn Sie Unterstützung suchen und sich jemandem anvertrauen wollen. (Für weitere Informationen über diese Programme, die sich auf die spirituelle Erholung von Ihren finanziellen Problemen konzentrieren, sehen Sie bitte im Anhang nach.)

Und wenn Sie in keiner finanziellen Krise stecken, aber trotzdem Ihr finanzielles Bewusstsein erweitern wollen (denn seien wir mal ehrlich, es gibt immer Entwicklungspotenzial)? Dann gründen Sie doch eine eigene Gruppe, um gemeinsam finanziell schlauer zu werden. Irgendetwas ist dran an der verstärkten Unterstützung und Verantwortung in einer Gruppe, sodass die Mühen und Ergebnisse sich vervielfachen. Außerdem wird ein sozialer Kreis um finanzielles Bewusstsein mehr Spaß bringen, und so werden Sie das Ganze auch eher durchziehen.

Sie könnten zusammen Bücher lesen (wie dieses zum Beispiel), sich dazu verpflichten, bestimmte Handlungsschritte zu unternehmen, die Ihr Geld betreffen, und/oder anfangen zu lernen, wie man Geld investiert. Die Möglichkeiten sind endlos!

Stellen Sie Ihr Team zusammen

Dieser Schritt lässt sie noch weiter gehen, um Unterstützung zu bekommen. Wenn Sie erst einmal mindestens eine Person gefunden haben, der Sie sich sicher wegen Ihrer Finanzen anvertrauen können, die Sie nicht verurteilt, böse wird oder Sie tadelt, dann ist es an der Zeit, Ihr Finanzteam aufzubauen. Das sind meine Empfehlungen für Ihr Finanzteam:

- ein Finanzplaner
- ein Anlageberater
- ein Buchhalter
- ein Anwalt

Sie werden all diese Leute nicht gleich auf einmal brauchen, aber wenn Sie mehr finanzielle Freiheit entwickeln, werden Sie höchstwahrscheinlich jeden auf der Liste mal brauchen. Wenn Sie sich Leute auswählen, die in Ihrem Team sein sollen, denken Sie daran, dass *Sie* die Spielregeln aufstellen. Sie bestimmen, wer für Sie arbeiten soll. Seien Sie nicht schüchtern, Fragen zu fragen und sich wirklich die Zeit zu nehmen, weise auszuwählen.

Wenn Sie beispielsweise ein Unternehmen gründen und einen Buchhalter suchen, fragen Sie diesen, ob er je ein eigenes Unternehmen hatte und wenn ja, was für eins.

Praktische finanzielle Übungen

Als ich den praktischen Akt der Aufmerksamkeit gegenüber meinem Geld mit dem spirituellen Akt der Dankbarkeit verband, veränderte sich mein Leben vollkommen. Und es kann auch für Sie lebensverändernd sein. Wenn Leute mit einer Sache aufhören, die der Gesundheit schadet, wie zum Beispiel ihren Alkoholpegel zu verringern, dann führt das oft zu einer positiven Kettenreaktion.

Wenn Sie auf einmal viel weniger Alkohol zu sich nehmen, dann haben Sie am Morgen wahrscheinlich mehr Energie, um Sport zu treiben.

Ihre täglichen Übungen inspirieren sie dazu, mehr Gemüse zu essen, weil Ihr nun gesünderer Körper danach verlangt. Sie verlieren fünf Kilo und fühlen sich so gut, dass sie nun noch mehr Muskeltonus aufbauen wollen, um Ihre Knochen zu schützen. Also beginnen Sie mit Krafttraining.

Es ist eine Aufwärtsspirale, die immer besser wird. Und diese Prinzipien treffen auch auf Geld zu – genau wie auf unseren physischen Körper.

Lassen Sie uns nun praktische und direkte Schritte anschauen, um Ihre Finanzen zu managen.

Vergeben Sie und lieben Sie sich selbst

Tun Sie einfach alles, was Ihnen einfällt, um den Prozess des Gebens für Dinge, die Sie bereits erhalten haben, mit mehr Freude zu versehen. Das wird Sie nicht nur eher bei der Stange halten, sondern Sie werden auf diese Weise auch mehr finanzielle Fülle anziehen. Denken Sie daran, man fängt mehr Bienen mit Honig als mit Essig. Sorgen Sie also dafür, dass Ihnen Ihre finanziellen Achtsamkeitsübungen Spaß machen, vergnüglich und einfach wundervoll sind. Das ist dann Ihr Honig.

Indem Sie Ihr Geld besser zusammenhalten und es achtsam und liebevoll verwalten, senden Sie ein klares und lautes Signal zum Universum, dass Sie bereit sind zu empfangen und sich exzellent um Ihre Einnahmen kümmern werden.

Das bedeutet regelmäßige Geld-Aktionen, die Spaß machen, ein finanzielles Freiheitsteams mit Rockstar-Einstellung, ein solventes Leben (z.B. nicht mehr auszugeben, als Sie einnehmen). So können Sie sich ein starkes Finanzpolster durch Ihre beständige, liebevolle Aufmerksamkeit dem Geld gegenüber verschaffen. Sie werden in der Lage sein, Ihre Schulden zurückzuzahlen (dies wird ausführlich im nächsten Kapitel beschrieben), Ihre Ausgaben zu verringern und Ihre Einnahmen zu steigern. Außerdem werden Sie den Betrag, den Sie sparen, ausgeben und investieren, beträchtlich erhöhen können. Finanzielle Achtsamkeit ist einer der sichersten Wege, die ich kenne, um in die eigene Kraft zu kommen. Dafür jeden etwaigen Widerstand zu durchbrechen, ist die Sache wirklich mehr als wert.

Wir verdienen Geld, weil wir jemandem etwas Wertvolles gegeben haben. Warum zeigen wir unserem Geld also nicht, dass uns das etwas angeht, indem wir es wertschätzen? Und zudem wird unser Selbstwert und unsere Selbstliebe sich umso mehr ausdehnen, je mehr wir es schätzen. Behandeln Sie Ihr Geld, als ob es wichtig wäre, weil das auch so ist. Es ist ein Symbol dafür, wie viel Wertvolles Sie der Welt gegeben haben. Darum ist es auf eine Weise auch ein Symbol für Sie selbst. Achten Sie auf Ihr Geld, beschützen Sie es, lieben Sie es und es liebt Sie zurück.

Als ich dabei war, meine unbewussten Verhaltensmuster loszuwerden und aus der Schuldenfalle zu kommen, bemerkte ich, dass meine Komplexe und mein Verhalten mich eigentlich am meisten behinderten.

Ich fühlte mich beschämt, unglaublich dumm und war wirklich richtig sauer auf mich, dass ich überhaupt so viele Schulden angehäuft hatte. Und dass ich einfach nicht fähig war, das Verhalten, das dazu geführt hatte, abzustellen. Als Erstes musste ich mehr Mitgefühl für mich selbst entwickeln. Ich arbeitete hart daran, Gründe zu finden, warum 20000 Dollar Schulden eine großartige Lernerfahrung darstellen können. Ich versuchte, all die guten Dinge zu würdigen, die ich dadurch erreicht hatte. So wie Danielle LaPorte immer sagt: »Schulden sind weder gut noch schlecht – wie wir uns deswegen fühlen, ist wichtig.«

Ich hörte auch auf, mich als schlechten Menschen zu betrachten, nur weil ich Schulden gemacht und nicht auf mein Geld geachtet hatte. Ich vergab mir endlich und fühlte mich sofort viel befreiter. Und ich fing an, den Teil in mir zu lieben, der Angst hatte, auf sein Geld zu achten, den Teil von mir, der einfach wollte, dass jemand anderes das für mich erledigte, sodass ich nie erwachsen werden müsste. Und den Teil von mir, den ich vorher nicht für liebenswert gehalten hatte, da er zuviel ausgab und immer mehr Schulden machte.

Ich tat das, indem ich einfach beobachtete, was ich mir selbst über meine finanzielle Situation sagte: Anstelle von Dingen wie: *Du bist so ein Versager. Was stimmt nur nicht mit dir? Wie konntest du das passieren lassen?* – fing ich an, Sachen zu sagen wie:

Es ist okay, Kate. Wir machen alle Fehler, und es gibt so viele tolle Lektionen und Geschenke, die aus jeder Situation entstehen. Du gibst dein Bestes und machst Fortschritte. Diese Situation ist nur vorübergehend. Du machst das großartig.

Ich beschloss, meine Gedanken zu ändern und mein Herz für mich selbst zu öffnen, und das legte dann die Grundlage für das Erreichen der wahren Freiheit – finanziell und emotional.

Lieben Sie sich selbst, ganz egal, wo Sie gerade stehen, mit all Ihren hässlichen Seiten. Wenn Sie diese Art von radikaler Akzeptanz praktizieren, werden Sie dauerhafte, tief greifende Veränderungen bewirken können.

Achtsamkeitsübungen

Vielleicht denken Sie, dass Ihre Finanzen ein einziges großes Chaos sind und Sie Ewigkeiten brauchen werden, um alles wieder grade zu biegen.

Sie fühlen sich vielleicht überfordert, verängstigt, beschämt, und es widerstrebt Ihnen einfach, sich damit zu befassen. Das ist okay. Aber indem Sie Ihre finanziellen Dinge in Ordnung bringen, sollten Sie auch ein paar grundlegende Achtsamkeitsübungen integrieren. Denn Dinge, denen Sie Aufmerksamkeit schenken, wachsen.

Das ist ein ganz einfaches Naturgesetz.

Es gibt viele Studien darüber, dass Pflanzen besser gedeihen, wenn sie geliebt und umsorgt werden oder wenn man für sie singt – während die, welche man bloß gießt (also denen man einzig und allein die allernötigste Aufmerksamkeit schenkt), nur durchschnittlich wachsen. Genauso ist es bei Kindern. Wenn sie mit liebevoller Aufmerksamkeit überschüttet werden, sind sie selbstbewusster und besser in der Schule. Sie wachsen zu leistungsstarken Menschen heran, während Kinder, die vernachlässigt werden, unter vielen Problemen zu leiden haben.

Das größte Geschenk, das Sie jemandem geben können, ist Ihre ungeteilte, liebevolle Aufmerksamkeit. Warum geben Sie dieses Geschenk also nicht Ihrem Geld? Es gibt viele Leute, die ihren Ausgaben wahnsinnig viel Aufmerksamkeit schenken, ihrem fehlenden Geld und ihren Schulden. Und raten Sie mal, was in deren Leben wächst? Ja, genau. Sie haben richtig geraten. Die Finanzen von diesen Leuten bleiben genauso, wie sie sind oder werden sogar noch schlimmer, weil diese Leute sich so sehr darauf konzentrieren, was sie nicht haben oder wie viel sie noch jemandem schulden.

Wie schenken wir unserem Geld also effektiv und ganzheitlich Aufmerksamkeit? Es gibt sehr viele Möglichkeiten, z.B. das tägliche Prüfen des Kontostands. Es geht darum, Handlungsschritte zu finden, die schnell und regelmäßig getan werden können, um Ihre finanzielle Bewusstseinstoleranz Schritt für Schritt aufzubauen. Hier sind einige Übungen, die Sie ausprobieren können:

- In eine Geldbörse oder eine Handtasche investieren, durch die man sich wohlhabend fühlt. Sie muss nicht teuer sein, sondern Sie sollen sich dadurch einfach nur glamourös und erfolgreich fühlen.
- tägliches Prüfen des Kontostands mit einem Gefühl der Dankbarkeit

- tägliches Verfolgen der Ausgaben und Einnahmen
- tägliche Dankbarkeitsübung für Geld und Fülle
- tägliche Geld-Mantras (siehe Kapitel 2)
- tägliche Lektüre über Geldthemen (*Wall Street Journal, Money*, ein Buch, usw.)
- tägliches Sortieren der Bons in Ihrer Geldbörse, z.b. alle in dieselbe Richtung oder im Wert aufsteigend
- wöchentliches Ausmisten der Geldbörse: Glattstreichen der Rechnungen und Aussortieren der Bons
- wöchentliches Gespräch über Geld mit einem Freund oder Ihrem Ehepartner
- wöchentliche/monatliche Abrechnung der Einnahmen und Ausgaben
- monatliches Treffen mit einer Gruppe für finanzielles Bewusstsein oder kluges Investieren
- monatliche Planung der Ausgaben
- monatliches Zahlen der Rechnungen für Gutes, das man bereits erhalten hat (auch bekannt als Rechnungen – wir kommen später noch darauf zurück)
- vierteljährliche Gewinn- und Verlustabrechnung
- halbjährliche Treffen mit dem Finanzteam
- jährliches Formulieren der finanziellen Ziele
- jährlicher finanzieller Rückblick auf das Vorjahr

Diese Liste ist keinesfalls vollständig und Sie können gerne Ihre eigenen Übungen hinzufügen, die Ihnen jetzt oder später bei der Entwicklung Ihres finanziellen Bewusstseins einfallen.

Der einfache Akt der Klarheit und der liebevollen Aufmerksamkeit könnte Ihr finanzielles Leben für immer positiv verändern.

Im restlichen Kapitel werden wir also genau das tun – uns durch harte Arbeit Klarheit verschaffen.

PRAKTISCHE ÜBUNGEN IN DIE TAT UMSETZEN

Lassen Sie uns diese Ideen nun von der Theorie in die Praxis führen.

Vergeben und lieben Sie sich selbst: Nehmen Sie Ihr Journal zur Hand und schreiben Sie frei über einige der Gedanken und Urteile, die Sie über sich selbst haben, wenn es um Finanzen geht. Schauen Sie sich noch einmal die Heldinnen-Version Ihrer Geldgeschichte an. Nehmen Sie sich wirklich die Zeit, um Dankbarkeit dafür zu empfinden, wo Sie gerade stehen und sich selbst genau da zu lieben – mit all den hässlichen Seiten.

Wählen Sie eine Achtsamkeitsübung aus. Überfliegen Sie noch einmal alle Achtsamkeitsübungen, die ich beschrieben habe und schauen Sie, ob eine davon wie ein guter Anfangspunkt auf Sie wirkt.

Entscheiden Sie sich für eine einfache Übung, zu der Sie sich verpflichten können. Allein schon dadurch, dass Sie einen Fuß vor den anderen setzen und sich dazu verpflichten, etwas zu unternehmen, können Sie Berge versetzen und Türen für Optionen öffnen, die so niemals möglich gewesen wären, wenn Sie nicht genug Grips gehabt hätten, sich dazu zu verpflichten. Wenn Sie sich entschieden haben, was Sie machen wollen, tragen Sie die Übung in Ihren Kalender ein, am besten mit einer Erinnerungsfunktion.

Nachdem Ihre erste Übung zur Gewohnheit geworden ist – Studien zufolge dauert das etwa 21 Tage – wählen Sie eine andere Übung aus, die Sie in Ihren Tagesablauf einbauen können. Das Ziel ist, Ihren Übungsplan Stück

für Stück zu erweitern. Bleiben Sie dabei wirklich konservativ und fügen Sie nur eine Sache auf einmal hinzu.
Wenn Sie nur ein bisschen wie ich sind, dann wollen Sie wahrscheinlich alles auf einmal integrieren und über Nacht perfekte Finanzen bekommen.
Nun, lassen Sie sich gesagt sein, dass Sie scheitern werden, wenn Sie das tun – so wie bei einer Crash-Diät.
Gehen Sie es langsam an, aber stetig. Vertrauen Sie dem Prozess. Was auch immer Sie bei Ihrer finanziellen Reise tun, nun ist es an der Zeit, damit anzufangen, so zu denken und zu handeln, als ob Sie alles erreichen können, was Sie wollen und so, als ob Sie einen großen Einfluss auf die Welt haben können.

Auch Rom wurde nicht an einem Tag gebaut, und finanzielle Freiheit entsteht auch nicht so schnell – ich brauchte gut zehn Jahre. Und ich gehe immer noch auf einem sehr steinigen Weg. Einige Leute werden das schneller schaffen als ich. Einige werden länger brauchen. Manche werden ihre Fingerspitzen nach der finanziellen Freiheit ausstrecken und vor Freude ausflippen, wenn Sie all die Möglichkeiten entdecken. Nur, um sich dann wieder zurückzuziehen.

Vielleicht werden einige eines Tages zurückkehren, um diesen süßen Nektar noch mal zu kosten. Es spielt keine Rolle, wie schnell oder wie langsam Sie dorthin gehen, es ist einfach wichtig, dass Sie sich weiterbewegen und sich entscheiden, jeden Tag finanziell bewusster zu werden. Jeder Schritt ist ein Schritt vorwärts. Wenn Sie einmal beginnen, gibt es keinen Schritt zurück. Und Sie werden Fortschritte machen, das kann ich Ihnen versichern.

WISSEN, WO SIE STEHEN

Ich habe ein Formular entwickelt, dass Ihnen helfen wird, Klarheit darüber zu gewinnen, was Sie besitzen und was Sie jemandem schulden. Füllen Sie die Sachen unten aus, und zwar in Ihr Journal oder Sie laden sich das Formular (in englischer Sprache) von ww.moneyalovestory.com/ numbers herunter. Wenn Sie die genauen Zahlen nicht kennen, aber diese ziemlich gut schätzen können, dann sind ungefähre Angaben völlig in Ordnung. Wenn Sie überhaupt keine Ahnung über die Zahlen haben, dann ist das auch okay.

Das ist eine großartige Möglichkeit, um Ihre Kontoauszüge, Kreditkartenabrechnungen und Sparkontoübersichten herauszukramen und sich darüber klar zu werden. Sie werden sich fühlen, als könnten Sie alles tun, wenn Sie das machen. Und denken Sie daran: Es geht darum, sich mit Hilfe Ihres Geld zu lieben und wertzuschätzen.

EIGENKAPITAL

Wert Ihres Heims:

Autowert:

Girokontostand (Bargeld):

Aktien/Fonds/ sonstige Anlagen:

Andere Wertsachen:

Gesamtvermögen:

Kreditkartenschulden:

Sonstige Schulden:

Gesamtschulden:

Gesamtvermögen – Gesamtschulden = Eigenkapital

Eigenkapital:
JÄHRLICHES EINKOMMEN
Jährliches Einkommen:
MONATLICHES EINKOMMEN:
Gehalt:
Provisionseinkünfte:
Unternehmenseinkünfte:
Schenkungen:
Bonusbeträge:
Einkünfte aus Investitionen:
   Gewinnausschüttungen:
   Zinsen:
Sonstiges Einkommen:

Monatliches Gesamteinkommen:
MONATLICHE AUSGABEN:
Miete:
Nebenkosten:
Heizung:
Wasser:
Strom:
Telefon:
TV:
Internet:
Handy:
Öffentliche Verkehrsmittel:
Friseur:

Ärzte/Krankenhaus:

Heilpraktiker/Naturheilverfahren:

Medikamente:

Vitamine & Co.:

Fitnessclub:

Autokosten:

Benzin:

Hypothek:

Alimente:

Versicherungen:

Lebensmittel:

Reisen:

Gastronomie:

Kleidung:

Kosmetik:

Geschenke:

Weiterbildung:

Kinder:

Schule/Studium:

Hobbys:

Heim & Wohnen:

Reinigungsbedarf:

Gartenpflege:

Abonnements:

Studiendarlehen:

Kreditkartenzinsen:

Sonstige Schulden:

Bankgebühren:

Sonstige Ausgaben:

MONATLICHE GESAMTAUSGABEN:

**MONATLICHES GESAMTEINKOMMEN –
MONATLICHE GESAMTAUSGABEN** = Ihr monatlicher
Puffer oder Ihr frei verfügbares Einkommen – einfach das
Geld, bei dem Sie sich aussuchen können, was Sie damit
tun (sparen, investieren, ausgeben oder verschenken)

Und denken Sie dran, während Sie dies hier ausfüllen: Ihr
Eigenkapital entspricht nicht Ihrem Selbstwert.
Diese Zahl ist vielleicht kleiner als sie sein sollte, oder
sie ist größer als Sie gedacht hatten. Wie auch immer,
es ist nur eine Zahl. Wie Ihr Körpergewicht ein Maßstab
für die Beziehung Ihres Körpers zur Schwerkraft zu einer
bestimmten Zeit ist, so ist auch Ihr Eigenkapital in einem
bestimmten Augenblick Ihre Geldgeschichte.
Betrachten Sie diese Zahl daher einfach als Tatsache
und nicht als kritische Beurteilung. Sie ist weder gut
noch schlecht, sondern einfach nur eine Zahl.

Dieselbe Idee sollte auch auf Ihr frei verfügbares Einkommen angewandt werden. Wenn diese Nummer negativ ist, so ist das in Ordnung. Die gute Nachricht ist, dass Sie nun wissen, dass Sie mehr ausgeben als Sie einnehmen. Klarheit ist Macht. Im nächsten Kapitel lehre ich Ihnen ein paar einfache Methoden, um diese Zahlen positiv zu sehen. Sie werden sehen, dass sich das nicht nach Entbehrung anfühlen wird.

Wenn Sie das aus Liebe tun, anstatt aus der Angst heraus, dann legen Sie die Grundlage für mehr Fülle in Ihrem Leben. Und zudem haben Sie einfach mehr Spaß dabei, und das allein ist die ganze Sache schon wert. Wenn Sie erst einmal wissen, wo Sie mit Ihren Finanzen stehen, können Sie anfangen, ein System zu entwickeln, wie Sie diese besser nachverfolgen können. Es geht dabei hauptsächlich um Organisation, eines der besten Dinge, die Sie tun können, wenn es um finanzielle Übungen dieser Art geht.

Mit organisierten Informationen und einem funktionierenden System werden Sie auch viel seltener überrascht werden. Sie werden nicht auf Ihren Kontostand sehen und erschreckt sein, weil Sie weniger haben als Sie dachten. Und es werden auch keine unerwarteten Rechnungen mehr auftauchen, die Sie nicht zahlen können, da Sie nicht damit gerechnet haben. Etwas Organisation kann dramatische Veränderungen in der Art und Weise bewirken, wie Sie mit Geld umgehen.

IHR FINANZIELLER KALENDER

Diejenigen von Ihnen, die Details lieben und Dinge gern ordentlich auf Papier schreiben, werden die folgende Übung lieben. Und diejenigen von Ihnen, die Ihre Finanzen in der Vergangenheit, so gut es ging, vermieden haben, sollten diese Übung wie ein Kunstprojekt behandeln.

Versuchen Sie, wann immer möglich, Spaß und Freude in Ihre Finanzen zu bringen.

Schritt 1: Besorgen Sie sich einen Kalender. Wenn Sie Ihre Rechnungen zu Hause bezahlen und dort einen Bereich mit einem Schreibtisch haben, dann empfehle ich Ihnen einen Wandkalender aus Papier, den Sie dann idealerweise das ganze Jahr über betrachten können. Wenn Sie viel reisen oder manchmal Ihre Rechnungen zu Hause und manchmal im Büro bezahlen, dann wird sich ein digitaler Kalender wie iCal oder der von Google als nützlich erweisen. Wenn Sie gerne mit Ihren Händen arbeiten, dann empfehle ich Ihnen aber auf jeden Fall einen Kalender zum Anfassen.

Schritt 2: Stellen Sie eine Liste mit all Ihren Rechnungen auf und, geben Sie jedes fällige Zahlungsdatum mit in Ihren Kalender ein. Selbst wenn Sie diese monatlichen Rechnungen regelmäßig bezahlen, tragen Sie sie trotzdem in den Kalender mit dem entsprechenden Betrag ein, sodass Sie sich darüber bewusst werden, welches Geld raus geht – und wofür. Und nehmen Sie sich jeden Monat die Zeit, um für die schönen Dinge, die Sie bezahlen, dankbar zu sein.

Wenn ich zum Beispiel automatisch meine monatliche Handyrechnung bezahle, nehme ich mir einen Moment der Dankbarkeit an dem Tag, an dem diese Zahlung in meinem Kalender steht. Ich bedanke mich dann innerlich für die Fähigkeit mit meinen Freunden, meiner Familie und meinen Geschäftspartnern zu sprechen, wann immer ich will, für all die lustigen SMS-Nachrichten, die ich versenden kann und bekomme sowie für die Möglichkeit, meine Mails zu checken und im Web zu surfen, wo auch immer ich gerade bin. Ich bedanke mich für die Bequemlichkeiten und die Leichtigkeit, mit der ich mit der Welt durch meinen Mobilfunknetzbetreiber verbunden bin. Sehen Sie, wie das funktioniert?

Schritt 3: Wenn Sie mit einem digitalen Kalender arbeiten, dann versehen Sie all Ihre finanziellen Aktivitäten mit einem Color Code. Ich empfehle Ihnen Orange (die Farbe des zweiten Chakra) oder Rot (die Farbe des Wohlstands im Feng Shui). Wenn Sie mit einem Kalender aus Papier arbeiten, dann empfehle ich Ihnen bunte Marker, Sticker, kleine Verzierungen oder Ähnliches, um mehr Schönheit, Spaß und Vergnügen in die ganze Sache zu bringen.

Holen Sie sich Hilfe und Unterstützung

Kein Mann und keine Frau ist völlig isoliert, und wir sollten das auch nicht anstreben. Niemand vergibt Preise dafür, dass man sich durch alles alleine durchquält. Also bitten Sie um Hilfe!

Dazu braucht es etwas Demut, aber das ist okay. Es ist gut für uns, wenn wir zugeben, dass wir nicht perfekt sind und Hilfe brauchen. Außerdem gibt es uns anderen auch die Erlaubnis, nicht perfekt sein zu müssen. Ich empfehle Ihnen, jemanden um Hilfe zu bitten, der äußerst liebevoll ist und zumindest etwas klüger in finanziellen Dingen als Sie es sind.

Es muss kein Finanzexperte von der Wall Street sein, aber etwas finanzielles Know-how wäre schon prima. Das Schwierigste dabei ist wahrscheinlich, dass Sie sich dazu selbst Ihre finanzielle Situation eingestehen müssen, um Sie dann so beschreiben zu können, dass Ihnen jemand helfen kann.

Es ist okay. Denken Sie daran, dass die Wahrheit Sie befreien wird. Für diese Person ist Ihre Verletzlichkeit und dass Sie sie um Hilfe bitten, ein großes Geschenk. Sie können Ihre Mutter fragen, eine gute Freundin, Ihren Ehepartner oder einen Kollegen. Die Schlüsselkriterien, die diese Person haben muss: ein offenes Herz, Mitgefühl, eine vorurteilsfreie Einstellung zum Leben und bedingungslose Liebe für Sie. Und wie ich schon sagte, ein bisschen finanzielle Intelligenz ist unglaublich hilfreich, obwohl zweitrangig gegenüber den Dingen, die ich gerade aufgelistet habe.

Seien Sie vorsichtig, wenn Sie Leute um Hilfe bitten, die sehr verurteilend sind, voller Ängste und Zweifel, die ständig herummeckern und eine negative Ausstrahlung haben. Finden Sie heraus, wie gut sie dabei sind, Steuerabschreibungen zu maximieren, besonders wenn Sie ein Online-Unternehmen haben und/oder von zu Hause aus arbeiten. Entscheiden Sie sich für jemanden, der wie ein Geschäftsführer denkt und nicht wie ein Angestellter. Denken Sie daran, dass Sie niemanden einstellen wollen, der 50 Prozent von Ihrem Geld will und es am 15. April der Regierung schickt. Das ist sogar dann wichtig, wenn Sie selbst ein Angestellter sind. Es gibt vielleicht Steuerabschreibungen, die Sie nicht kennen. Und ein Buchhalter, der sich mehr auf Geschäftsführer spezialisiert hat, weiß eher davon, als einer, der es nicht ist.

Wenn Sie sich für einen Finanzplaner entscheiden, dann für einen, der auf Honorarbasis arbeitet, im Gegensatz zu jemandem, der für eine bestimmte Firma arbeitet und für Produkte, die er Ihnen verkauft, eine Provision erhält. Finden Sie heraus, ob es diesen Leuten Vorteile bringt, Ihnen bestimmte Anlagefonds, Versicherungen, Vermögensanlagen und Ähnliches zu verkaufen.

Noch einmal: Bringen Sie in Erfahrung, ob diese Person ein eigenes Geschäft hat und ob sie eine Freiheits-Mentalität hat oder eher nicht. Im Angestelltenverhältnis zu arbeiten, mag für Ihren persönlichen Weg und/oder Ihre derzeitige finanzielle Stabilität wichtig sein, aber mir ist es wichtiger, Sie bei der Erlangung Ihrer finanziellen Freiheit zu unterstützen. Und dazu braucht es eine andere Geisteshaltung, die wir in Kapitel 8 diskutieren werden. Im Moment reicht es erst mal zu wissen, dass es am besten ist, mit finanziellen Profis zu arbeiten, die unsere Ansichten teilen, um so die wertvollste Unterstützung bei der Erlangung der finanziellen Freiheit zu erhalten.

Wenn Sie all diese Leute auswählen, dann stellen Sie sicher, dass Sie immer für ihre Fragen offen sind. Ich treffe mich alle sechs Monate mit meinem Anlageberater, ob mir danach ist oder nicht. Einfach weil ich weiß, dass es sich lohnt, meinem Geld Aufmerksamkeit zu schenken. Und eine gute Beziehung zu dem Kerl aufzubauen, der mir dabei hilft, mein Geld wachsen zu lassen, ist ein Teil davon. Ich achte auch immer darauf, mich für diese Meetings hübsch zurechtzumachen. Ich frage ihn nach seiner Familie und seinem Leben, und wir haben einfach eine gute Zeit. Diese Art von liebevoller, heiterer Energie fördert Ihre Fähigkeit, mehr Geld zu verdienen, zu sparen, sich vermehren zu lassen und es auch klüger auszugeben.

Vielleicht finden Sie, dass Sie derzeit keinen Buchhalter oder Anwalt benötigen, aber behalten Sie den Gedanken daran im Hinterkopf, während Ihre finanziellen Verhältnisse sich stetig verbessern. Dallas Travers, ein kreativer Karrierelehrer, rät seinen Klienten oft, Dinge in ihre Karriere und ihr Unternehmen einzubauen, von denen sie nicht denken, dass sie diese schon brauchen, da sie eher denken sollten, ihr Reich genau jetzt zu bauen, anstatt zu warten, bis alles fertig gebaut ist. Das hat mit dem Gesetz der Anziehung zu tun. Meine Mutter trifft sich standardmäßig alle sechs Monate mit ihrem gesamten Finanzteam, als Teil ihrer Übungen für finanzielles Bewusstsein. Alle kennen sich und sitzen zusammen, um ein Gefühl für den aktuellen Stand ihrer Firma zu bekommen. Und jeder berichtet

dann das Neueste über seinen jeweiligen Verantwortungs-
bereich.

Ein dreifaches Hurra für finanzielles Bewusstsein als Akt
der Selbstliebe!

Machen Sie das reinste Vergnügen aus Ihren finanziellen Angelegenheiten!

Sie werden nur an einer Sache dranbleiben, besonders an
einer finanziellen, wenn sie sich gut für Sie anfühlt. Ja,
psychologische Studien zeigen, dass der menschlicher Ins-
tinkt, Schmerzen zu vermeiden, stärker ist als unsere Lust
auf Vergnügen. Aber wenn Sie sich positive finanzielle Bewusstseinsübungen zur Gewohnheit machen, dann ist das
eine gute Investition auf lange Sicht und besser als eine
vorübergehende, instinktive Entscheidung, ob man sich
von einem heißen Objekt fernhalten und lieber zum Bon-
bon greifen sollte.

Was so großartig daran ist, Ihrem Geld liebevolle Aufmerksamkeit zu schenken: Es bringt Sie von den Schmerzen weg (finanzielle Krise) – hin zur Freude (finanzielle,
emotionale und spirituelle Freiheit). Also eine Win-win-
Situation.

Ob Ihnen Ihre derzeitige finanzielle Situation Unbehagen bereitet oder Sie einfach nur weiter Ihr Vermögen aus-
bauen wollen – sorgen Sie dafür, dass Ihnen Ihre Geld-
übungen Spaß und Freude bringen. Das hilft Ihnen in
jedem Fall. Fangen Sie an, finanzielles Bewusstsein mit anderen Dingen, die Ihnen Freude machen, zu assoziieren.

Als ich mich beispielsweise auf meine finanzielle Frei-
heitsreise begab, fing ich an, jeden Freitag Morgen mit
meinem Geld eine Verabredung zu haben. Ich trug sie in
meinen Kalender ein und nannte das »Finanzielle Freiheit-

Freitage«. Dann begann mein Ritual: Ich machte meinen Schreibtisch sauber, saugte Staub, zog ein Outfit an, in dem ich mich schön fühlte, legte meine Lieblingsmusik auf und goss mir sprudelndes Mineralwasser mit Zitrone in ein wunderschönes, handbemaltes Weinglas ein.

Ich kennzeichnete meine Tabellen farbig, um die ganze Erfahrung auch ästhetisch ansprechend zu gestalten. Ich benannte meinen Rechnungsordner um in »Rechnungen für bereits erhaltene gute Dinge«. Indem ich meine wöchentlichen Finanzpraktiken in eine Verabredung verwandelte, freute ich mich mehr darauf und blieb am Ball.

Mein Mann und ich haben immer noch ein Finanztreffen am Freitag. Manchmal tun wir das bei einem netten Mittagessen und ein anderes Mal in unseren Schlafanzügen, aber in jedem Fall machen wir daraus ein Ritual der Liebe.

Meine Schwester ist sogar noch einen Schritt weitergegangen. Sie hat jede Kategorie in ihrem Plan für Ausgaben umbenannt und zwar immer nach der Göttin, die sie mit der jeweiligen Kategorie assoziiert. Ihre Ausgaben für ihr Heim sind beispielsweise unter »Vesta« gelistet, der Göttin für Heim und Herd. Das verbindet wiederum ihr finanzielles Leben mit ihrem spirituellen Leben und macht die ganze Sache zu einem größeren Vergnügen mit mehr Bedeutung für sie.

Wie meine liebe Freundin Danielle LaPorte sagt: »Alles ist Fortschritt.« Und wissen Sie was? Sie werden bis zum Ende Ihrer Tage eine Beziehung mit Ihrem Geld haben, also brauchen Sie sich nicht so abzuhetzen.

Suchen Sie sich Hilfe und Unterstützung: Machen Sie eine Liste von Leuten in Ihrem Leben, von denen Sie denken, dass diese gut in diese Helferrolle passen würden. Denken Sie daran, nach jemandem zu suchen, der Sie nicht verurteilen wird. Das ist der wichtigste Teil bei der Suche nach Unterstützung – viel wichtiger als jemanden zu finden, der jede Menge über Finanzen weiß. Wenn Sie mit der Liste fertig sind, dann überlegen Sie in Ruhe, an wen Sie nun herantreten möchten. Denken Sie daran, Ihre Emotionen und Ihren Körper als Führung zu nutzen. Wenn Sie einen der Namen lesen und spüren, wie sich Ihr Körper zusammenkrampft, sogar wenn Ihr Kopf denkt, dass das eine kluge Wahl wäre, dann hören Sie lieber auf Ihre Intuition. Nachdem Sie alle Optionen sorgfältig abgewägt haben, wählen Sie eine Person aus und finden Sie heraus, wie Sie diese am besten um Hilfe bitten können.

Stellen Sie Ihr Team zusammen: Schauen Sie sich noch einmal die Liste der potenziellen Mitglieder an und fangen Sie an, Ihr Finanzteam zusammenzustellen. Wenn Sie bereits einen Buchhalter haben, den Sie lieben, dann setzen Sie diesen auf die Liste. Und wenn Sie nach einem neuen Ausschau halten, dann schreiben Sie ein paar E-Mails an Freunde, die Geschäftsleute sind, um Empfehlungen zu erhalten.

Barbara Stanny hat ein tolles Buch geschrieben mit dem Titel *Finding a Financial Advisor You Trust (dt.: Wie Sie einen Finanzberater finden, dem Sie vertrauen können)*. Es enthält alle Fragen, die Sie sich selbst stellen müssen und potenziellen Beratern, um zu sehen, ob sie zu Ihnen passen. Sie können das Buch über barbarastanny.com/books/ finding-a-financial-advisor-you-trust bekommen. Beginnen Sie bei Freunden und Kollegen nachzufragen, ob sie Leute an Bord Ihres Finanzteams haben, mit denen sie es *lieben* zu arbeiten.

Lassen Sie sich Empfehlungen geben und vereinbaren Sie Termine, um diese Leute kennenzulernen. Denken Sie daran, Sie machen das, um herauszufinden, ob Sie sie im

Team haben wollen, also stellen Sie auf jeden Fall viele Fragen. Und heuern Sie nur diejenigen an, bei denen Sie ein supergutes Gefühl haben.

Machen Sie Ihre Finanzen zur reinen Freude: Was mögen Sie besonders gern? Ist es Schokolade? Richtig schöne R&B- oder Soulmusik? Ist es das Gefühl von Satin auf Ihrer Haut? Stellen Sie eine Liste der Dinge zusammen, die Ihnen Vergnügen bereitet und schauen Sie dann, wie viele davon Sie mit Ihren finanziellen Bewusstseinsübungen verbinden können. Wenn Sie (wie ich) verrückt nach tollen Schreibwaren sind, dann besorgen Sie sich schönes Papier und Umschläge, um Ihre Bons und Rechnungen zu organisieren und sich Notizen dazu zu machen. Wenn Sie Design und künstlerische Betätigung mögen, dann schreiben Sie doch Ihre jährlichen finanziellen Ziele auf und basteln Sie sich ein schönes Poster daraus, mit dem Sie Ihre Bürowand schmücken. Nehmen Sie ein bisschen Glitzerstaub, farbige Marker und Sticker und bringen Sie das Baby zum Funkeln! Sie können sogar eine Verabredung mit Ihrem Partner treffen, dass Sie nach Ihrem wöchentlichen finanziellen Date ein schönes Schäferstündchen abhalten, um Ihr zweites Chakra zu aktivieren. Ich verspreche Ihnen, obwohl sich diese Aktionen vielleicht zu simpel anhören und manche sogar leicht frivol, werden Sie einen großen Einfluss auf Ihr Unterbewusstsein ausüben. Indem Sie diese Übungen so gestalten, dass Sie Spaß und Vergnügen machen, programmieren Sie sich selbst dazu, sie auch auszuführen. Machen Sie die Sache also zum reinsten Vergnügen! Geben Sie sich selbst die Erlaubnis, den Prozess zu genießen, um Himmels Willen, denn der Weg ist doch eigentlich das, was wirklich wichtig ist.

176 DAS LIEBE GELD

Lieben Sie Ihre Zahlen

Zusätzlich zu den Übungen, die ich in diesem Kapitel beschrieben habe und die Ihnen auf Ihrer persönlichen Reise helfen werden, ist es wichtig, einen guten Ausgangspunkt zu haben. Um sich weiterentwickeln zu können, müssen Sie sich darüber klar sein, wo Sie momentan gerade stehen. Wenn Sie nun das Buch am liebsten zuklappen und aufgeben würden, dann bitte ich Sie inständig, tief durchzuatmen und sich selbst zu sagen, dass Sie sich lieben und wie toll Sie das alles machen. Bitte tauchen Sie doch einfach in diesen Prozess ein – trotz Ihres Widerstands!

KAPITEL 6

SIE SCHULDEN SICH WAS

Als ich anfing, mich mit Barbara Stanny zu befassen und sie davon sprach, dass wir uns darüber klar werden müssten, wohin unser Geld jeden Monat geht, und unsere Ausgaben Stück für Stück zurückschrauben sollten, sodass wir mehr Geld übrig hätten, verachtete ich diese Idee völlig. Ich wollte mir nichts vorenthalten. Ich wollte mich nicht einschränken. Ich wollte nicht haushalten. Ich war das typische heranwachsende Mädchen, das stampfend in sein Zimmer geht und die Tür zuknallt. Ich war entschieden dagegen. Ich verstand den Sinn dahinter, und es war logisch für mich, aber etwas in mir hinderte mich, entsprechend zu handeln.

Neben einer Erleuchtung, die ich während einer Flugzeugreise hatte, trug auch ein Telefongespräch mit einer wundervollen Finanzplanerin namens Janice Goldman dazu bei, dass ich mich im Bereich der Haushaltsplanung weiterentwickeln wollte.

Sie telefonierte mit mir und wir gingen all meine Finanzberichte zusammen durch, um herauszufinden, wie viel ich hatte und wie hoch meine Schulden waren – so ähnlich, wie wir das im letzten Kapitel getan haben. Es war so erschreckend, aber mit ihr am Telefon hatte ich den Mut, mich den Fakten zu stellen. Dann ließ sie mich meine Ausgaben angucken und die Kategorien, für die ich mein Geld ausgab.

Vielleicht erscheint Ihnen das jetzt unglaublich simpel, aber ich musste wirklich ganz von vorn anfangen, um das alles zu lernen. Deshalb denke ich auch, dass ich diesen Stoff unterrichten kann, weil ich im Umgang mit Geld eben kein Naturtalent bin. Ich musste mir das hart erarbeiten, so wie man einen Muskel trainiert.

Als ich erst einmal wusste, wohin mein ganzes Geld ging (was eine demütigende Erfahrung war), hatte ich die Möglichkeit, mich darauf zu konzentrieren, wie ich mehr Wohlstand in meine derzeitige finanzielle Situation bringen konnte. Janice ließ mich nach Möglichkeiten suchen, wie ich Geld aus einer Ausgabenkategorie in eine neue Kategorie überführen konnte. Diese Kategorie nannten wir das »Geld für mich«-Konto. Jedes Mal, wenn ich Geld sparte, eine Ausgabe strich oder kürzte, ein Geschäft abschloss oder mich gegen den Kauf einer Sache entschied, ging dieses Geld auf das »Geld für mich«-Konto. Das fühlte sich wesentlich besser an, als seine Ausgaben zurückzuschrauben (auch wenn es dasselbe Ergebnis war), weil ich etwas dazugab, anstatt etwas wegzunehmen. Es war, als ob ich mehr von meinem Geld behalten würde, und es fühlte sich mehr wie Selbstversorgung als wie Entbehrung an. Ich fühlte mich motiviert, den Betrag auf meinem »Geld für mich«-Konto zu erhöhen, sodass ich es einsetzen konnte, wie ich wollte: um Rechnungen für bereits erhaltene Wohltaten zu bezahlen, um meinen finanziellen Fleiß mit einem Vergnügen zu belohnen, um zu sparen, zu investieren oder etwas davon zu verschenken. Als ich meine Sichtweise veränderte

und das Senken meiner Ausgaben nicht mehr als Verlust
ansah, sondern als das Einbehalten von Geld für mich, um
mich besser zu versorgen, veränderte sich alles.

Mit Ihrem »Geld für mich«-Konto zu arbeiten, wird
eine fortlaufende Übung für Sie sein und Sie werden in
Ihrem Alltag immer mehr Wege entdecken, wie Ihr »Geld
für mich«-Konto wachsen kann. Zum Beispiel:

1. Wenn Sie etwas kaufen wollen, fragen Sie sich, ob Sie
   es wirklich jetzt gleich kaufen wollen, oder ob Sie den
   Betrag lieber Ihrem »Geld für mich«-Konto hinzufügen wollen, um dann damit zu machen, was Ihnen im
   entsprechenden Moment am meisten bringt.
2. Wenn Sie irgendwo Geld sparen, z.b. wenn Sie einen
   niedrigeren effektiven Jahreszins auf eine Kreditkarte
   bekommen oder einen niedrigeren Versicherungsbei-
   trag zahlen, können Sie den Anteil, den Sie jeden Monat sparen, auf Ihr »Geld für mich«-Konto bringen.
3. Wenn Sie eine Gebühr von einer Bank- oder Kreditkartenrechnung abgezogen bekommen, können Sie den
   Betrag Ihrem »Geld für mich«-Konto gutschreiben.
4. Wenn Sie anfangen, Gemüse auf dem Wochenmarkt
   zu kaufen, anstatt im Supermarkt, kann der Betrag,
   den Sie durchschnittlich im Monat sparen, zu Ihrem
   »Geld für mich«-Konto dazugerechnet werden.
5. Wenn Sie irgendein unerwartetes Einkommen erhalten, wie z.b. eine Rückzahlung oder ein Geschenk,
   können Sie diesen Betrag auf Ihr »Geld für mich«-Kon-
   to einzahlen.
6. Wenn Sie eine Gehaltserhöhung bekommen, können
   Sie den Differenzbetrag Ihrem »Geld für mich«-Konto
   hinzufügen.
7. Wenn Sie Ihren Geschäftsgewinn erhöhen oder Ihre
   Geschäftsausgaben senken, kann die Differenz zwi-

schen Ihrem bisherigen monatlichen Nettogewinn
und Ihrem neuen Nettogewinn auf Ihr »Geld für
mich«-Konto gehen.

8. Wenn eine permanente monatliche Ausgabe wegfällt,
z.b. wenn Ihr Kind von der Tagesbetreuung (die Sie
bezahlen) zum Kindergarten (der kostenlos ist) wech-
selt, geben Sie den Betrag, den Sie monatlich bezahlt
haben auf Ihr »Geld für mich«-Konto.

Der Punkt des »Geld für mich«-Prinzips ist nicht, was Sie
mit dem Geld machen. Es geht mehr darum, Sie neu zu
programmieren, sodass Sie sich nicht eingeschränkt fühlen bei dem Gedanken, Geld zu sparen. Am Ende einer
Woche oder eines Monats können Sie das Geld für Notwendiges ausgeben, wie z.b. Ihre Miete, oder für Annehm-
lichkeiten, wie z.b. eine Pediküre, wenn Notwendiges wie
die Miete schon bezahlt ist. Sie könnten Kreditkartenschulden abzahlen oder ein neues Sparkonto anlegen. Das »Geld
für mich«-Prinzip ist dazu da, Ihnen eine Möglichkeit zu
geben, dass Sie sich gut fühlen, wenn Sie weniger ausgeben, weil es Ihnen das Gefühl gibt »dieses Geld ist für
mich«. Dann können Sie immer noch entscheiden, was Sie
damit tun wollen.

Eine Sache, die ich oft empfehle, was man mit seinem
»Geld für mich«-Konto machen kann, ist, einen sogenannten Überraschungsfond anzulegen. Wenn Sie 3 bis 12 Monate Ihr Geld beiseitelegen, können Sie z.b. Ihre Schwester
überraschen, indem Sie ins Flugzeug steigen und zu ihrem
40. Geburtstag erscheinen. Es kann Ihnen aber auch bei
weniger spaßigen Überraschungen behilflich sein, z.B.
wenn der Zahnarzt Ihres Kindes Ihnen sagt, dass Ihr Sohn
eine Zahnspange im Wert von 3000 € benötigt.

Amanda Steinberg, die Gründerin von DailyWorth.

com, empfiehlt, 2% Ihres Nettoeinkommens für solche
Fälle beiseite zu legen, sodass Sie nicht aus Ihrem finanziellen Gleichgewicht geraten.

Das ist definitiv klug, aber jetzt lassen Sie uns erst mal
damit anfangen, einiges Ihrer »Geld für mich«-Ersparnisse
zu nutzen. Wenn sich Ihre Finanzen noch mehr verändert
haben, können Sie sehen, ob Sie 2% Ihres Nettogehalts
weglegen können. Da dieser Überraschungsfond in erster
Linie ein Sparkonto ist, wird es Ihnen helfen, sich klar zu
machen, dass das Geld wirklich für Sie ist, wenn Sie ihn
mit Geld von Ihrem »Geld für mich«-Konto starten. Er
kann Ihnen helfen zu tun, was Sie wollen. Und er wird
Ihnen helfen, bei Verstand zu bleiben, wenn Ihnen eine
böse Überraschung begegnet.

Der andere Vorteil, mit der »Geld für mich«-Methode
zu sparen: dass Sie wissen, wofür das zusätzliche Geld ausgegeben wurde, wenn sich Ihre Ausgaben verändern. So
kann es nicht einfach in den Abgründen eines Kaufrau-
sches verschollen gehen. Sie werden sehen, es macht richtig Spaß, Stellen in Ihrem Leben zu finden, an denen Sie
Geld auf Ihr »Geld für mich«-Konto legen können. Hören
Sie nicht auf, neue Methoden zu der Liste von oben hinzuzufügen, wie Sie hier und da Geld für Ihr neues Konto »finden« oder »einfangen« können.

»GELD FÜR MICH«

Nun sind Sie an der Reihe, ein »Geld für mich«-Konto
anzulegen. Wie ich bereits erwähnte, ist das eine andau-
ernde Übung, aber wir werden jetzt damit anfangen.
Schauen Sie sich Ihre monatlichen Ausgaben an. Untersuchen Sie, wie viel Sie in welcher Kategorie ausgegeben

haben und notieren Sie sich die Kategorien, für die Sie das meiste Geld ausgeben. Wenn es eine Kategorie gibt, die auf der hohen Seite ist, und Sie wünschen, sie wäre es nicht (bei mir ist das immer Reisen, Essen gehen und Geschenke), achten Sie auf Ihr inneres Urteil, dass Sie bei dieser Kategorie empfinden. Atmen Sie tief ein bis hinunter ins Becken, sodass Ihr Bauch sich aufbläht. Wenn es hilft, sprechen Sie das folgende Mantra laut oder schreiben Sie es auf:

Ich vergebe mir selbst für meine finanzielle Vergangenheit. Ich liebe mich so, wie ich war, als ich finanzielle Entscheidungen getroffen habe, und ich ehre und respektiere, dass ich in diesem Moment das Beste, was ich konnte, getan habe. Ich bin zutiefst dankbar für alle Entscheidungen in meinem Leben, die mich an diesen Punkt gebracht haben und meine finanziellen Entscheidungen sind ein Teil davon. Ich segne alle vergangenen, gegenwärtigen und zukünftigen finanziellen Entscheidungen und Situationen als Teil meiner anhaltenden Entfaltung meines weitreichenden und überflussreichen Lebens.

Als nächstes nehmen Sie Ihr Journal und listen Sie alle Ausgabenkategorien auf, von denen Sie ein bisschen Geld abknapsen könnten, um es auf das »Geld für mich«-Konto zu verschieben.

Zum Beispiel, wenn Sie im letzten Monat 500 € ausgegeben haben, um essen zu gehen, planen Sie vielleicht für den nächsten Monat ein paar zusätzliche Mahlzeiten zu Hause ein und legen 75 € auf Ihr »Geld für mich«-Konto.

Wie auch immer Sie es machen, Ich empfehle Ihnen, sich einen Zielbetrag für dieses Konto zu setzen, z.B. 500 € oder 1000 €, und sich selbst zu belohnen, wenn Sie diesen erreichen, mit einem Spaziergang am Strand, einer Pediküre, einem neuen Buch, oder irgendeinem anderen Symbol für Ihre Wertschätzung dieses höheren Levels der finanziellen Selbstversorgung. Denken Sie daran, dass diese Belohnung Sie kein Geld kosten muss. Eine intensive Zeit mit guten Freunden, ein besonderes Schaumbad oder an einem Samstag einige Stunden im Bett zu lesen, sind alles kostenlose Vergnügen, die sehr wertvoll sein können.

Ein Bisschen mehr einbringen

Wenn Sie mehr Geld verdienen wollen, müssen Sie für andere, die Ihnen Geld geben, einfach einen größeren Wert ausmachen (oder in manchen Fällen nur für eine Person). Das ist sehr einfach.

Es gibt so viele Möglichkeiten, dies zu tun – von ganz praktischen Dingen wie bei einem Freund den Rasen zu mähen bis hin zu Dingen wie z.b. dafür bezahlt zu werden, Ihre Träume mit Leuten zu teilen. Die meisten Leute können ganz einfache Dinge tun, ohne große Vorbereitung, Werbung oder andere Prozeduren und verdienen damit schnell Geld. Einen Ausgabenbericht vorzulegen oder ausstehende Rechnungen auszustellen, sind gute Beispiele für solche sogenannten »tief hängenden Früchte«. Ich kann Ihnen nicht sagen, wie viele Selbstständige ich kenne, die finanzielle Probleme haben, weil sie nicht regelmäßig ihre Rechnungen ausstellen. Hallo! Es gibt auch Dinge, die Sie tun können, die nicht viel Zeit in Anspruch nehmen, wie z.b. Markenklamotten, die Sie nicht mehr tragen, wieder zu verkaufen.

Denken Sie bloß immer daran, dass Sie, wenn Sie versuchen, einen Mehrwert zu schaffen, um zusätzliches Einkommen zu erhalten, sicherstellen, dass sich Ihr Handeln gut anfühlt und mit Ihnen selbst übereinstimmt. Was der Unterschied zwischen Werte erzeugen und sich überanstrengen ist, haben wir ja bereits besprochen. Vergewissern Sie sich, dass der Wert, den Sie erzeugen wollen, sich wie ein sich selbst wieder auffüllender Brunnen anfühlt und nicht wie ein Rasensprenger.

MEHRWERT SCHAFFEN

Machen Sie in Ihrem Journal eine Liste mit Möglichkeiten, wie Sie in den nächsten 24 Stunden oder im nächsten Monat Geld verdienen können. Öffnen Sie sich und schreiben Sie alles auf, was Ihnen einfällt – auch wenn es etwas ist, was Sie zurzeit tun, aber wofür Sie im Moment noch nicht bezahlt werden. Schreiben Sie es auf, auch wenn es verrückt klingt – vielleicht wird daraus früher oder später eine neue Idee. Schreiben Sie wirklich total einfache Sachen auf, sodass es ein leichter Schritt für Sie ist, in die richtige Richtung loszugehen.

Sie sollten mindestens zehn Dinge auflisten, aber wenn Ihnen mehr einfallen, schreiben Sie diese auch auf. Wenn Sie sich sehr inspiriert fühlen, stellen Sie sich der Herausforderung, eine Liste von hundert Dingen aufzustellen.

Nun gehen Sie Ihre Liste noch einmal durch und finden Sie die »tief hängenden Früchte«. Wenn Sie keine haben, dann suchen Sie nach anderen Dingen auf Ihrer Liste, die nicht besonders zeitaufwendig sind. Wählen Sie einen Posten von Ihrer Liste, der relativ in erreichba-

rer Nähe scheint und dann schreiben Sie einen praktischen, erreichbaren nächsten Aktionsschritt neben jede
»tief hängende Frucht« und neben jeden wertschaffen-
den Posten auf Ihrer Liste. Danach führen Sie diesen
Handlungsschritt aus.
Was Sie bei dieser Übung merken werden, ist, dass
sich Ihr Sinn für das, was möglich ist, erweitern wird.
Und wenn Sie anfangen, mehr darüber nachzudenken,
wie Sie unmittelbar einen Mehrwert schaffen können,
nicht nur, um Geld zu verdienen, sondern auch, um die
Welt zu verbessern, wird sich auch Ihr Endergebnis und
Ihr Selbstwertgefühl verbessern.

Das Problem mit verschwenderischem Kaufverhalten – damals wie heute

Es gibt einen großartigen Film mit Isla Fisher namens *Sho-
paholic – Die Schnäppchenjägerin*, den ich sehr empfehlen
kann, wenn Sie jemals Probleme damit hatten, dass Sie
mehr ausgeben als Sie haben (oder auch wenn Sie einfach
einen lockeren Film zum Entspannen sehen wollen). Ich
habe diesen Film gesehen, als ich Mitte 20 war, als er
herauskam und war geschockt von dem Ausmaß, in dem
er mein Leben imitierte. Ich unternehme zwar keine
verrückten Einkaufsorgien und lasse Tausende auf der
Madison Avenue für Manolo Blahniks, die ich mir nicht
leisten kann, aber ich hatte meine eigene Version davon
in Form von Seminaren über persönliches Wachstum,
Reisen und Restaurantbesuchen, für die ich kein Geld hatte. Die Kreditkarte kam mir in diesen Momenten sehr ge-
legen.

Laut der Zeitschrift *Money*, hat der amerikanische Durchschnittshaushalt mit mindestens einer Kreditkarte mehr als 10 000 Dollar Kreditkarten-Schulden. Und ein Student, der nach vier Jahren sein Studium abschließt, ist im Durchschnitt mit knapp unter 25 000 Dollar Studentendarlehen verschuldet. Angesichts dieser Statistiken ist die Wahrscheinlichkeit ziemlich hoch, dass Sie irgendeine Art von Schulden haben, ob nun als Konsument, Student oder anderweitig.

Bevor Sie anfangen, sich deswegen schlecht zu fühlen, sollte ich Sie daran erinnern, dass Geld gar nicht existiert – es ist nur ein System von Tauschwerten.

Das ist es. Schlicht und einfach. Wenn Sie also Schulden haben, haben Sie einen Wert erhalten und den äquivalenten Wert dem anderen noch nicht zurückgegeben. Das ist alles, was es bedeutet. Es heißt nicht, dass Sie ein schlechter Mensch sind. Es heißt auch nicht, dass Sie es vermasselt haben. Sie sind kein hoffnungsloser Fall. Sie haben nur etwas mehr Wert zurückzugeben.

Wenn Sie keine Schulden haben, herzlichen Glückwunsch! Sie leben zahlungsfähig und das ist eine wunderbare Sache. Viele der Prinzipien und Übungen, über die wir in diesem Abschnitt reden werden, scheinen sich auf Schulden zu konzentrieren, aber Sie können sie auch in Ihrem derzeitig schuldenfreien Leben anwenden. Geringfügig abgewandelt, können Sie sehen, wie diese Ihnen helfen, ein noch tieferes finanzielles Bewusstsein und Wohlbefinden zu erlangen.

Sie werden dadurch für einige emotionale Themen ein größeres Bewusstsein entwickeln, im Zusammenhang mit Kaufverhalten im Allgemeinen, nicht nur bei Käufen, mit denen Sie neue Schulden machen. Also bleiben Sie dabei!

Ausgabenscham

Eine der Sachen, die mich am meisten blockierten, als ich begann, meine Kreditkarte zu tilgen und sie danach doch wieder benutzte und in besinnungslose Ausgaben zurück verfiel, war meine Scham für die ganze Sache. Ich hatte mich darüber selbst so fertig gemacht, dass ich das alles schließlich verdrängte und aufhörte, darauf zu achten. Es fühlte sich einfacher an, weiterhin Geld auszugeben, das ich nicht hatte, als mich dem Zorn meines inneren bösen Mädchens auszusetzen, das mir jedes Mal, wenn ich mich der Realität zu stellen versuchte, erzählte, was für eine schreckliche Person ich sei. Ich war so hart zu mir selbst, dass ich Situationen vermied, in denen ich mit meinen Schuldgefühlen allein sein würde. Dieser Schamkreislauf kann selbst vorkommen, wenn man noch in der Lage ist, seine Rechnungen zu bezahlen und innerhalb seiner Verhältnisse lebt. Dass man keine Schulden hat, bedeutet nicht, dass man nicht mehr Geld ausgibt als man will oder für Dinge, die man nicht wirklich will oder braucht. Wenn ich auf meine Schulden zurückblicke und wie ich damit umgegangen bin, ist es fast lächerlich, dass ich Angst hatte, der Wahrheit ins Auge zu sehen, weil ich mich jedes Mal selbst dazu brachte, mich schrecklich zu fühlen.

Ich beendete das Ganze, indem ich mich mit meiner Freundin Patty darüber unterhielt, wie sehr ich mich für mein Kaufverhalten und meine Schulden schämte, und sie half mir, das Ganze aus einer anderen Perspektive zu betrachten. Patty war auch etwas in Schulden geraten, als sie ihr Handtaschendesign-Geschäft startete. Aber sie hatte eine total andere Sicht darauf. Sie sah es so, dass sie, um ihr Geschäft starten zu können, sich einfach für eine Weile etwas Geld borgen musste. Sie dachte nicht, dass es falsch sei, das zu tun. Sie hat sich deshalb nicht fertig gemacht. Sie dachte nicht, dass sie ein schlechter Mensch sei. Und sie hatte keine riesige Angst, es nicht abzahlen zu können. Stattdessen zahlte sie konsequent monatlich kleine Beträge, um es mit der Zeit abzubezahlen. Darüber hinaus dachte sie nicht weiter darüber nach, als dass sie dankbar war für die Geschäftsstarthilfe, die sie von American Express erhalten hatte.

Ich möchte an dieser Stelle betonen, dass man nicht immer Schulden machen muss, um die Startkosten einer Existenzgründung zu decken. Pattys Geschichte lehrt uns, dass wir selbst entscheiden, wie wir uns wegen unserer Kaufentscheidungen fühlen. Nutzen Sie Ihre eigene Intuition, wenn es darum geht, eine große Summe auszugeben oder sogar Schulden zu machen aus geschäftlichen oder persönlichen Gründen. Es ist dennoch entscheidend, diese finanziellen Entscheidungen sehr bewusst zu treffen. So wie verschiedene Leute einen unterschiedlichen Körperbau und verschiedene Stoffwechselprozesse haben, und deshalb auf unterschiedliche Lebensmittel verschieden reagieren, haben wir auch alle unsere eigene bestimmte finanzielle Struktur. Es ist wichtig, dass Sie Ihre eigene gut genug kennen, um zu wissen, ob es sicher für Sie ist, einen großen Teil Ihrer Ersparnisse aufzubrauchen oder wohlbedachte Schulden aufzunehmen. Für manche Leute ist es eine heikle Sache, jegliche Art von Schulden zu machen. Wenn Sie nicht sicher sind, ob das eine gute Idee ist, schauen Sie sich einfach Ihre Geschichte mit Schulden an, und wenn Sie sich dann immer noch nicht sicher sind, schauen Sie sich ein paar Anonyme Schuldner-Treffen an und achten Sie darauf, wie sehr Sie sich damit identifizieren, was Sie anspricht und wie viel Widerstand sich in Ihnen regt– alles wichtige Informationen und Anhaltspunkte.

Nichtsdestotrotz war es sehr aufschlussreich für mich, mit Patty über ihre Perspektive von Schulden zu sprechen. Das erste Mal wurde mir klar, dass es noch eine andere Möglichkeit gab, als mich deshalb schlecht zu fühlen. Wenn wir die Situation nicht mögen, in der wir uns befinden, oder wenn wir uns oder andere Leute für falsch halten, ist es fast unmöglich, vorwärtszukommen und sich zu verändern. Uns selbst fertig zu machen oder uns über etwas oder jemanden zu beschweren, ist so, als würden wir ein immer tieferes Loch direkt unter unseren Füßen zu graben, um uns noch mehr in die Situation, die Beziehung oder unseren inneren Kampf einzugraben.

Mir wurde klar, dass ich dadurch, dass ich mich aufgrund meiner Ausgaben schuldig, beschämt und verlegen fühlte, mich nicht nur daran hinderte, einen standhaften, wahren Blick auf die Dinge zu bekommen, sondern ich hielt mich auch in der Schuldenfalle fest. Das ist immer so, wenn wir uns in Scham vergraben lassen, ganz egal warum. Das kann ein sehr lähmendes Gefühl sein.

FREIE ASSOZIATION MIT FINANZIELLER SCHAM

Schlagen Sie eine neue Seite in Ihrem Journal auf, stellen Sie sich einen Timer auf 20 Minuten, zünden Sie eine Kerze an, machen Sie etwas klassische Musik an und schreiben Sie sich frei über Ihre Schulden. Wenn Sie keine Schulden, aber das Gefühl haben, dass Sie Ihre Ausgaben nicht wirklich unter Kontrolle haben, schreiben Sie darüber. Wenn Sie keine Ursache finanzieller Scham haben, fühlen Sie sich frei, diese Übung auszulassen, aber seien Sie ehrlich zu sich selbst. Vertuschen Sie nicht irgendwas, weil Sie keine Lust haben, diese Übung zu machen. Das kann eine sehr heilende Übung sein. Erlauben Sie sich selbst, alles aufzuschreiben, was Ihnen einfällt und versuchen Sie, den Stift nicht vom Papier zu nehmen. Schreiben Sie einfach hintereinander weg auf, was Ihnen durch den Kopf geht. Es muss keinen Sinn ergeben, richtig buchstabiert oder grammatisch korrekt sein. Zensieren Sie sich nicht selbst. Wenn Sie Inspiration brauchen, stellen Sie sich folgende Fragen:

1. Was heißt es für mich, Schulden zu haben oder unkontrolliert Geld auszugeben?
2. Wie fühlt es sich an, Schulden zu haben oder ständig keine Kontrolle über meine Ausgaben zu haben?
3. Warum bin ich hierher gelangt?
4. Wie fühle ich mich, wenn ich über meine Schulden oder mein Kaufverhalten nachdenke?
5. Was repräsentieren meine Schulden oder meine Ausgaben?

Wenn Sie fertig sind, lesen Sie es noch mal durch und markieren Sie alles, was Sie überrascht, ergreift oder stört. Beachten Sie auch alle neuen Erkenntnisse, die Sie nie zuvor hatten. Aufmerksamkeit ist der erste Schritt, unsere Beziehung zum Geld zu lösen und zu verändern. Wenn Sie sich Ihren Gefühlen, Gedanken und Äußerungen öffnen, wenn es um Schulden und Ausgaben geht, ist das unglaublich hilfreich, um Ihr Bewusstsein zu schärfen.

Rechnungen für bereits erhaltene Wohltaten

Wie ich schon sagte, nenne ich Rechnungen gern Rechnungen für bereits erhaltene Wohltaten, oder RfbeW. Und ich habe mir diesen Begriff nicht ausgedacht. Einige andere Lehrer für Erfolgsbewusstsein (Randy Gage eingeschlossen) benutzen ihn auch. Ich bin mir nicht sicher, wer genau ihn eingeführt hat, aber ich liebe ihn. Diese Bezeichnung nimmt sofort jegliche negative emotionale Belastung und lässt mich dankbar sein für das, was ich im Leben habe als Resultat meiner Kaufentscheidungen.

Ich kann Ihnen nur empfehlen, Ihre Schuldensaldi und Rechnungen in RfbeWs umzubenennen, oder Ihren eigenen kreativen Namen zu erfinden, der sich gut anfühlt. Worte haben Macht, weil sie bestimmte emotionale Reaktionen in uns auslösen, die uns dazu bringen, bestimmte Handlungen auszuführen, die zu bestimmten Ergebnissen in unserem Leben führen. Unterschätzen Sie bitte nicht die Wichtigkeit der Worte, die wir benutzen. Von hier an werden Schulden jetzt als Rechnungen für bereits erhaltene Wohltaten bezeichnet.

Ich fühle mich schon leichter. Sie auch?

Das Ziel dieses Abschnittes ist es, seinen Ausgaben zustimmen zu können. Wir haben bereits daran gearbeitet, sich nicht für Schulden oder Budgetüberschreitungen zu schämen. Nun ist es an der Zeit, noch weiter zu gehen – dankbar zu sein für das, was wir dadurch haben.

BESTANDSAUFNAHME DER RECHNUNGEN FÜR BEREITS ERHALTENE WOHLTATEN

Schritt 1: Bestandsaufnahme Ihrer Rechnungen
Bevor wir unserer aktuellen Situation zustimmen können, müssen wir erst genau wissen, was unsere aktuelle Situation ist. Deshalb ist es jetzt an der Zeit, das sagenhafte RfbeW-Inventar zu erstellen.
Wenn Sie etwas roten Lippenstift auftragen, Ihr Lieblingslied anschalten oder sich ein Getränk eingießen wollen, um sich mental darauf vorzubereiten, tun Sie das jetzt. Alle diese Aktivitäten bereichern meiner Meinung nach diese Übung.
Holen Sie all Ihre Kreditkarten, Studiendarlehen, Autokredite, Hypotheken oder irgendeine andere Form von Schulden- oder Darlehensbescheinigungen hervor. Wenn Sie einem Familienmitglied oder Freunden etwas schulden, schreiben Sie das auch auf einen Zettel. Lassen Sie nichts weg. Es ist Zeit, alles schwarz auf weiß aufzuschreiben. Überschreiben Sie in Ihrem Journal eine leere Seite mit »Bestandsaufnahme meiner Rechnungen für bereits erhaltene Wohltaten«. Sie können aber auch mit der kostenlosen RfbeW-Inventar-Vorlage auf www.moneyalovestory.com/IBAR arbeiten.
Atmen Sie tief in Ihren Bauch ein, während Sie das tun. Ich empfehle, heitere Musik anzumachen und eine Tanzpause während der Übung oder direkt danach einzulegen, um Ihre Klarheit und Bereitschaft, sich selbst die Wahrheit zu sagen, zu feiern. (Wenn Sie Liedvorschläge brauchen, schauen Sie sich auf www.moneyalovestory.com/playlist meine Geld/Liebe-Playlist an.) Das ist nicht gerade leichtes Zeug, aber diese kleinen Schritte zu tun, kann zu einer riesigen Transformation führen. Aber erst mal müssen Sie da anfangen, wo Sie jetzt sind. Nehmen

Sie zur Kenntnis, dass viele der Informationen, die Sie für
Ihr RfbeW-Inventar benötigen, bereits in der »Liebe deine Zahlen«-Übung aufgelistet ist, die wir in Kapitel 5 gemacht haben. Diese Informationen separat von der »Liebe deine Zahlen«-Übung aufzulisten, ist oft sehr wichtig
für uns, weil Schulden und Budgetüberschreitungen sehr
emotionale Themen sein können. Also, los geht's!

Fangen Sie an, Ihre Ausgaben durchzusehen. Wenn
Sie Schulden haben, sind hier ein paar spezifische Schritte für Sie:

- Machen Sie eine Liste mit allen Leuten oder Organisa-
  tionen, denen Sie Geld schulden. Das sind Ihre Geber.
- Neben jeden Geber schreiben Sie, wie viel Sie ihm
  schulden.
- Neben jeden Schuldenbetrag schreiben Sie den Zins-
  satz (Jahreszinssatz), falls es einen gibt.
- Neben jeden Zinssatz schreiben Sie die monatliche
  Mindestzahlung, wenn es eine gibt.
- Neben jede Mindestzahlung schreiben Sie das Zah-
  lungsziel, wenn es eins gibt.

Wenn Sie keine Schulden haben, sondern nur Probleme
mit unkontrollierten Ausgaben, machen Sie eine Liste
mit Käufen, für die Sie sich schämen. Das ist so ähnlich,
wie das, was Sie gemacht haben, als Sie in Kapitel 4 nach
potenziellen finanziellen Energielecks gesucht haben,
aber diesmal werden wir das mit allen Ihren Ausgaben
machen.

Gut gemacht! Sprechen Sie mir nach: Klarheit ist Kraft.
Klarheit ist Kraft. Klarheit ist Kraft. Es könnte schmerzhaft
sein, Ihre RfbeW zu betrachten, aber vertrauen Sie mir,
Klarheit zu erlangen und bereit zu sein, ihnen in die Augen zu sehen, wird Sie schneller vorwärts bringen, als

das Meiden dieser. Ich gratuliere Ihnen, dass Sie das tun. Ich bin stolz auf Sie, und das sollten Sie auch sein. Es ist ein großer Schritt.

Schritt 2: Bestandsaufnahme Ihrer Wohltaten

Der nächste Schritt ist sehr lustig. Jetzt, wo Sie alle Ihre RfbeW klargestellt und organisiert haben, und Sie wissen, was Sie wem bis wann schulden, ist es an der Zeit, alle Wohltaten aufzulisten, die Sie bereits erhalten haben als Ergebnis Ihrer Ausgaben.

Nehmen Sie zum Beispiel Ihren Autokredit. Sie sind vielleicht schon Tausende von Kilometern mit Ihrem Auto gefahren und hatten die Möglichkeit, unglaublich viele Dinge zu tun, die Sie ohne Ihr Auto nicht hätten tun können. In diesem Schritt geht es darum, ein Inventar zu erstellen von allen Dingen, die Ihr Leben verbessern und die Sie durch Schuldenaufnahme oder Budgetüberschreitungen erworben haben. Neben jeden Geber oder jede Scham erzeugende Ausgabe auf Ihrer RfbeW-Inventarliste, schreiben Sie Dinge, für die Sie dankbar sind und die in Ihr Leben kamen als Ergebnis einer bestimmten Ausgabe.

Schreiben Sie die physischen Gegenstände auf, die Sie gekauft haben und wie Sie sich daran erfreut haben. Erinnern Sie sich an die Leute, die Sie auf Ihren Reisen kennengelernt haben. Notieren Sie all die unglaublichen Erinnerungen, die Sie zu Hause erlebt haben. Nehmen Sie sich einen Moment, um wertzuschätzen, was Sie in den Vorlesungen gelernt haben, für die Sie sich eingeschrieben haben.

Notieren Sie alle Arten, auf die sich Ihr Leben verbessert hat durch den Wert, den Sie durch Ihre vielseitigen Kaufentscheidungen erhalten haben. Nehmen Sie sich für diesen Schritt so viel Zeit, wie Sie brauchen, denn es ist vielleicht der wichtigste, den Sie auf Ihrer schuldenklärenden Reise gehen. Atmen Sie tief durch und erlauben Sie sich, sich den positiven Erinnerungen aus Ihrer Vergangenheit ganz hinzugeben.

Wie fühlt sich das an? Ist es nicht wunderbar, was eine Umformulierung ausmachen kann? Als ich anfing, meinen Rechnungsordner in »Rechnungen für bereits erhaltene Wohltaten« umzubenennen und meine Schulden mit Dankbarkeit zurückzuzahlen, um einen gerechten Wertetausch zu vollziehen, haben sich die Dinge in meinem Leben dramatisch verändert. Mein Einkommen hat sich erhöht, und gleichzeitig die Rate, mit der ich meine Schulden abbezahlte. Ich war das erste Mal in meinem Leben in der Lage, aufzuhören, weiterhin Schulden zu machen (obwohl ich das schon oft versucht hatte), und ich fühlte mich viel besser. Die winzig scheinenden inneren Schritte, die wir tun, um uns näher zu Liebe, Dankbarkeit und Wertschätzung bringen, erzeugen eine sprungartige Veränderung in unserer Außenwelt.

Es gibt kein Maß an Schuld- und Schamgefühlen wegen Ihrer Schulden oder Budgetüberschreitungen, das diese verschwinden lässt. Wenn Sie bestimmte Handlungsschritte tun, und zwar voller Angst, Schuld, Wut, Mangel oder Scham, dann werden Ihre Ergebnisse nicht in dem Maße Zugkraft besitzen, als wenn Sie das mit Liebe und Dankbarkeit getan hätten.

Ich behaupte nicht, dass sich diese Veränderung über Nacht vollzieht, aber wenn Sie sich bewusst darauf konzentrieren, Ihre Einstellung bezüglich der Bedeutung von

Schulden und Budgetüberschreitungen zu verändern, ist das ein sehr lohnenswertes Bestreben. Wenn Sie die Aktionsschritte mit einer positiven Einstellung hinsichtlich dem Abzahlen Ihrer Schulden oder der Kontrolle über Ihre Ausgaben durchführen, wird es einfacher sein und einen tief greifenderen und nachhaltigeren Einfluss auf Ihre finanzielle Situation haben.

Emotionen und Schulden

Lassen Sie uns nun zu etwas übergehen, das nur für die Leute bestimmt ist, die Schulden haben. Falls Sie keine Schulden haben, wird es für Sie sicherlich trotzdem sehr aufschlussreich sein, aber Sie können diesen Abschnitt auch einfach überspringen.

Also, gehen wir davon aus, dass Sie Schulden haben. Sie haben mit dem Prozess begonnen, sich über Ihre Schulden klar zu werden und Sie graben sich nicht tiefer ein, indem Sie sich schlecht fühlen. Nun ist es an der Zeit, einen Plan zu entwerfen, um die Schulden ganz loszuwerden. Ich stimme meiner Freundin Patty zu, dass Schulden nicht bedeuten, dass man ein schlechter Mensch ist und dass es nicht das Wichtigste oder der alles bestimmende Fokus Ihres Lebens ist, sie abzuzahlen. Trotzdem gibt es etwas, das Ihre kreativen Körpersäfte aus dem Gleichgewicht werfen kann, wenn Sie wissen, dass Sie jemandem etwas schulden. Wie ich bereits sagte, bedeuten Schulden lediglich, dass Sie einen Wert für etwas erhalten haben und diesen Wert noch nicht erwidert haben. Keine große Sache. Sie wollen nur das Gleichgewicht wiederherstellen.

Ich liebe Adam und Courtney Bakers Ansatz, zu entscheiden, welche Schulden man zuerst abzahlt. Auf www.manvsdebt.com können Sie mehr über Ihre Arbeit lesen, der fabelhafte, persönliche Finanz-Blog, den Adam schreibt über ein Leben finanziellen Bewusstseins und finanzieller Freiheit. (Adams Frau Courtney gestaltet die Seite jetzt.) Was den meisten Herangehensweisen an die Schuldenabzahlung fehlt, ist die emotionale Seite. Da wir das ganze Geldsystem selbst erfunden haben, ist es total subjektiv, Dingen Werte zuzuschreiben. Es ist auch emotional. Wir treffen alle Kaufentscheidungen in unserem limbischen Kortex, der die Emotionen kontrolliert, und dann begründen wir sie mit unserem Vorderhirn, dem logischen Teil unseres Gehirns. Aber so sehr uns auch die Männer in grauen Anzügen weismachen wollen, dass Werte in den Dingen enthalten sind und Finanzen deshalb ein logisches Unternehmen sind, liegen sie dennoch falsch. Werte, Geld und Wirtschaft sind total abhängig von menschlichem Verhalten, und von daher auch von menschlichen Emotionen.

Wenn also eine Schuldentilgungsstrategie nicht in Betracht zieht, wie wir uns bezüglich unserer Schulden fühlen, schießt sie total am Ziel vorbei. Was ich an der Strategie der Bakers mag, ist, dass sie unsere emotionalen Erfahrungen sehr zentral miteinbezieht.

Andere Strategien, auf die ich gestoßen bin, raten, zuerst die Schulden mit dem höchsten Jahreszins abzuzahlen oder zuerst die Karte mit dem niedrigsten Ausgleich abzuzahlen, um sich selbst ein Erfolgserlebnis und ein Gefühl des Fortschritts zu geben. Die Bakers wiederum empfehlen, zuerst die Schulden mit der negativsten emotionalen Belastung abzubezahlen. Wenn Sie zum Beispiel Ihren Eltern 5000 Euro schulden und keine Zinsen dafür bezahlen müssen, aber sich immer sehr schuldig fühlen, wenn Sie mit ihnen reden oder sie sehen, dann belastet das Ihr Leben *wesentlich* mehr, als die Kreditkarte mit 15% Zinsen, die Sie pflichtbewusst jeden Monat ein bisschen abzahlen, aber die mit keinerlei Emotionen verbunden ist. Verstehen Sie? Das ist ein sehr kluger Ansatz und sehr intuitiv, wenn Sie mich fragen. Ich empfehle Ihnen, dieses Prinzip im Kopf zu behalten, wenn Sie wichtige finanzielle Entscheidungen treffen, selbst wenn Sie keine Schulden haben. Unsere Emotionen von unserem Geld zu trennen, ist keine gute Idee, weil es im Prinzip nur eine Verleugnung ist. Wir wollen unseren Emotionen nicht komplett die Führung überlassen, aber sie verdienen ein Maß an Respekt als ein wichtiger Teil der Gleichung.

EMOTIONALE SCHULDEN ORDNEN

Schauen Sie sich Ihre Liste mit Rechnungen für bereits erhaltene Wohltaten an. Notieren Sie neben jedem Posten den »Emotionalen Einfluss« auf einer Skala von 1-10, wobei 1 eine Rechnung repräsentiert, die wenig bis gar keinen emotionalen Einfluss auf Sie hat und 10 eine Rechnung, über die Sie ständig nachdenken und die eine große emotionale Belastung für Sie darstellt. Typische Emotionen, die diese Belastung erzeugen, sind Scham, Schuldgefühle, Bitterkeit, Angst oder Ärger.

Machen Sie nun eine neue Liste Ihrer Rechnungen für bereits erhaltene Wohltaten, wobei die Rechnungen, die mit der höchsten emotionalen Belastung verbunden sind, ganz oben stehen und die mit der niedrigsten ganz unten.

Das ist die neue Reihenfolge, in der Sie all Ihre Schulden abzahlen werden. Mit jeder Teilzahlung werden Sie mehr und mehr emotionale Freiheit gewinnen und sich immer leichter fühlen!

Da haben Sie nun eine allgemeine Struktur, wie Sie Ihre Schulden abzahlen können und dann ist es an der Zeit, einen konkreten Plan zu entwerfen. Sie wissen, wie viel Sie wem bis wann schulden, mit welchem Zinssatz und wie stark Sie jeder Posten emotional belastet. Schuldenabzahlen ist in jeder Situation persönlich, glauben Sie mir. Aber denken Sie daran, aus energetischer Perspektive wollen wir uns nicht zu sehr auf unsere Schulden konzentrieren. Stattdessen schenken wir unseren Schulden nur so viel Beachtung, dass wir wissen, dass sie da sind, dass wir ihre Auswirkungen auf uns erkennen und dass wir dankbar für die Dinge sind, die wir im Austausch dafür erhalten haben. Und dann entwerfen wir einfach einen Plan, um sie abzuzahlen. Dieser Plan könnte beinhalten, Ihr Einkommen durch Wertschöpfung zu erhöhen und/oder Ihre Ausgaben zu senken, indem Sie Ihr »Geld für mich«-Konto wachsen lassen und von diesem Anstieg Ihre Schulden abzahlen. Ich überlasse Ihnen die Entscheidung, welche dieser beiden Möglichkeiten besser für Sie ist.

Ein Hinweis für Schuldenabzahlende: Als ich meine Schulden abzahlte, wurde ich manchmal übermäßig enthusiastisch, weil es sich so gut anfühlte, zu sehen, wie meine Kreditkartenschulden weniger wurden. Aber manchmal brachte mich mein Enthusiasmus dazu, mein Bankkonto zu überziehen, was nur neue Schulden erzeugte.

Ich lege Ihnen nahe, methodisch vorzugehen und entspannt an das Abzahlen Ihrer Schulden heranzugehen. Wählen Sie einen Betrag, den Sie jeden Monat abzahlen, der Freiraum verleiht und nicht dazu führt, dass Sie sparsamer leben müssen. Ein Vorschlag für Leute, die aus einem Schuldenkreislauf herauskommen wollen (besonders wenn Sie zu wenig verdienen) ist, ein Maximum von 3-5% Ihres monatlichen Einkommens zur Schuldentilgung zu verwenden. Das bedeutet, dass alle Rückzahlungen an alle Ihre Kreditgeber zusammen nicht mehr als 3-5% Ihres Einkommens ergeben. Ihre Schulden zu tilgen, ist eine Möglichkeit, Ihr Leben mit einem Gefühl des Wohlstands zu füllen. Und der schnellste Weg zu Wohlstand ist Besinnung, nicht Eile.

Wenn Sie sich einen Plan machen, Ihre Schulden abzuzahlen, schauen Sie sich zuerst Ihren monatlichen Puffer an – das ist der Anteil an Geld, den Sie übrig haben (oder auch nicht), nachdem Sie alle notwendigen monatlichen Ausgaben getätigt haben.

Ihr monatlicher Puffer kann ein positiver oder ein negativer Betrag sein. Mit finanziellem Bewusstsein wollen wir diesen Puffer aufstocken, als eine tief greifende Handlung der Selbstversorgung, sodass er ein weicher und luxuriöser Platz zum Landen ist, den Sie selbst erschaffen haben. Das kann dadurch geschehen, dass Sie etwas von Ihrem »Geld für mich«-Konto abzweigen oder dass Sie einen Weg finden, Ihr Einkommen zu erhöhen oder Ihre Ausgaben zu senken. Eingerahmt in Ihre Selbstversorgung wird es viel leichter und angenehmer, konsequent zu bleiben mit den Veränderungen, die Sie vornehmen. Machen Sie sich keine Sorgen, wenn Ihr Puffer im Moment ein negativer Betrag ist. Wenn Sie den Richtlinien in diesem Buch folgen, wird er bald positiv sein.

Ihr monatlicher Puffer ist das Geld, das Ihnen zur Verfügung steht, um Ihre Schulden abzuzahlen.

NUTZEN SIE IHREN MONATLICHEN PUFFER

An dieser Stelle ist es an der Zeit, den Betrag Ihres monatlichen Puffers herauszufinden und wie Sie ihn nutzen können, um Ihre Schulden zu reduzieren. Also öffnen Sie zuerst einmal Ihr Journal und betrachten Sie noch einmal die Zahlen, die Sie in der »Liebe deine Zahlen«-Übung herausgefunden haben. Dann stellen Sie eine einfache Subtraktionsaufgabe auf:

monatliches Gesamteinkommen – monatliche Gesamtausgaben = monatlicher Puffer

Wenn Ihr monatlicher Puffer eine positive Zahl ergibt, dann überlegen Sie sich, wie viel davon Sie jeden Monat verwenden wollen, um ihre Schulden abzuzahlen. Entscheiden Sie sich für einen Betrag, der das Minimum Ihrer Teilzahlungen erfüllt (im Idealfall überschreitet) und sich weitläufig, bequem und machbar anfühlt. Denken Sie daran, ihn klein genug zu halten, dass Sie keinen Mangel leiden müssen. Stellen Sie sicher, Ihr Leben auch mit den Dingen zu bereichern, die Sie wertschätzen, wie gelegentliche Restaurantbesuche oder ab und an eine Pediküre. Es geht nicht darum, wie ein Mönch zu leben. Es geht darum, langsam, stetig und elegant den Wert zurückzugeben für das, was Sie erhalten haben. Wenn Sie Ihr »Geld für mich«-Konto aufstocken, sind Sie vielleicht auch in der Lage, diesen Betrag jeden Monat ein bisschen zu erhöhen, oder einen zusätzlichen Betrag von einer unerwarteten neuen Einnahme zu bezahlen oder durch erhebliches Senken einer anderen Ausgabe. Wenn Sie diesen Betrag errechnet haben, schreiben Sie ihn auf.

Davon werden Sie die Teilzahlung in verschiedene Kategorien Ihrer verschiedenen RfbeW aufteilen wollen, um den größten Anteil für die RfbeW auszugeben, die Sie als größte emotionale Belastung in der Rangfolge Ihrer emotionalen Schulden festgelegt haben. Wenn Ihr monatlicher Puffer eine negative Zahl ergibt, ist es an der Zeit, zurückzugehen und nach Wegen zu suchen, diesen Puffer zu erhöhen, indem Sie Ihr Einkommen erhöhen oder Ihre Ausgaben senken. Fragen Sie sich, an welcher Stelle Sie einen Mehrwert schaffen können. Fragen Sie sich auch, in welchen Bereichen Sie Ihre Ausgaben reduzieren können, um sich einen größeren Puffer zu schaffen. Es geht darum, sich selbst zu lieben, nicht, sich einzuschränken.

Zusätzlich zu dem Finanzkalender, den Sie im letzten Kapitel angelegt haben, und Ihrem Rückzahlungsplan für bereits erhaltene Wohltaten, den Sie in diesem Kapitel entworfen haben, empfehle ich Ihnen, eine Art zusätzliches Kontrollsystem einzurichten, sodass Sie mit Freude den Prozess beobachten können, wie Ihre Kreditkartenschulden und andere Darlehen weniger werden. Studien zeigen, dass das einfache Verfolgen unseres Fortschritts einen erheblichen Einfluss darauf hat, wie schnell sich die Zahl verbessert, die wir beobachten. Leute nehmen oft ab, indem sie jeden Tag ihr Gewicht kontrollieren, ohne dass sie irgendwelche Ernährungs- oder Trainingsumstellungen vornehmen. Stellen Sie sich den Einfluss vor, den Sie ausüben können, wenn Sie beobachten *und* handeln! Vielleicht wollen Sie sich eine große Karte an die Wand hängen und Ihren Fortschritt in einem Diagramm anzeichnen.

Vielleicht hilft Ihnen auch eine Kalkulationstabelle auf Ihrem Computer. Was auch immer es ist, es wird Ihnen helfen, dranzubleiben, wenn Sie Ihren Fortschritt auf eine Art beobachten und Ihren Erfolg visualisieren können. Jede Teilzahlung zählt und ist es wert, gefeiert zu werden. Das könnte auch hilfreich und befähigend sein als Teil einer Spar- oder Investitionsstrategie. Wenn Sie sich ein Sparziel setzen oder einen Zielbetrag, den Sie investieren wollen, wird es Sie sehr motivieren, Ihren Fortschritt zu beobachten.

Ein glückliches Leben führen – sogar mit Schulden und verschwenderischem Kaufverhalten

Wie sich herausstellt, findet unser Leben genau jetzt statt. Früher fühlte ich mich irgendwie, als ob ich nicht anfangen konnte, Spaß zu haben oder auf meine anderen Erfolge im Leben stolz zu sein, bis meine Schulden abbezahlt waren. Ich ließ mich von der Schuld und Schwere meiner finanziellen Belastungen niederdrücken und mich davon abhalten, im Jetzt vollständig anwesend zu sein. Alles, was ich tat, war Selbstbestrafung. Als ich mir selbst vergab und aufhörte, mich wegen meiner Schulden für einen schlechten Menschen zu halten, gab ich mir selbst die Erlaubnis, mich meiner Erfolge zu erfreuen, mit dem Wissen, dass meine Schulden mit jedem Tag kleiner wurden. Bitte hören Sie nicht auf, Ihr Leben in Freude und Fülle zu leben, weil Sie im Tausch gegen bereits erhaltene Wohltaten, einige Beträge schuldig sind, oder ein bestimmtes finanzielles Ziel noch nicht erreicht haben. Ihre Freude am Leben ist eine Möglichkeit, die Welt zu verbessern. Diese Freude zu unterdrücken, würde Ihrem Leben nur mehr Schulden und

Entbehrungen auf einer energetischen Ebene hinzufügen. Stattdessen sollten Sie Wege finden, täglich Reichtum zu schaffen. Genießen Sie die Natur. Lachen Sie mit Ihren Kindern. Essen Sie langsam und kosten Sie jeden Bissen aus. Lieben Sie. Schauen Sie witzige Filme. Machen Sie Dinge, durch die Sie sich lebendig fühlen. Es ist möglich, im Überfluss zu leben, ohne viel Geld auszugeben und je mehr Sie jeden einzelnen verrückten Moment Ihres Lebens genießen, desto mehr verbessern Sie die Welt und umso schneller werden Sie in der Lage sein, Ihre Rechnungen für bereits erhaltene Wohltaten abzuzahlen und in jedem Bereich Ihres Lebens mehr Wohlstand hervorzubringen, sowohl finanziell, als auch anderweitig.

KAPITEL 7

»WOHLFÜHL«-FINANZ-PLANUNG

Die Wirtschaftskrise 2008 wurde verursacht von Leuten, Unternehmen und Regierungen, die über ihre Verhältnisse lebten. Klar und einfach. Meine Hypothese, mit der wir uns in diesem Kapitel beschäftigen und die wir auf einer eher philosophischen als wissenschaftlichen Ebene untersuchen werden, ist, dass wir meistens, wenn wir über unsere Verhältnisse leben, Dinge kaufen, die nicht in wahrer Übereinstimmung mit unseren Werten sind.

Zum Beispiel, wenn ich Schulden machte, waren die meisten Dinge, die ich gekauft habe und für die ich eigentlich kein Geld hatte, Dinge, die mir ein besonderes Gefühl gaben, von dem ich dachte, dass ich es ohne diese Dinge nicht haben könnte. Einige dieser Dinge waren solide Investitionen in mein Geschäft und eine Vergrößerung, die es wirklich wert war. Aber die unbewussten waren viel häufiger und nicht in Übereinstimmung mit meinen Werten. Ich bin nicht stolz darauf, aber ich schäle gerade diese Schale der Wahrheitszwiebel ab, damit Sie sich sicherer fühlen und sich auch darauf einlassen können. Ich habe mir Kleider und Schuhe gekauft, um professionell, reich, schön und sexy auszusehen. Ich gab Geld für Seminare aus, weil ich dachte, die Lehrer hätten Zugang zu einer speziellen Weisheit, zu der ich keinen Zugang hätte, wenn ich nicht zu ihrer Veranstaltung ginge. Ich habe Ausflüge unternommen, zu denen ich nicht Nein sagen wollte, weil ich mit wirklich erfolgreichen Leuten zusammen sein und so aussehen wollte, als wäre ich eine von ihnen, auch wenn ich es mit meiner eigenen Kreditkarte bezahlte. Ich werde nicht lügen. Das Schreiben des letzten Absatzes dreht mir den Magen um. Vor mir (und Ihnen) zuzugeben, dass die meisten meiner zu hohen Ausgaben davon verursacht waren, dass ich erfolgreicher aussehen wollte, als ich eigentlich war, ist wie nackt vor einem Publikum von tausend Leuten zu stehen. Es ist vielleicht sogar schlimmer als das. Aber ich hatte einmal eine großartige Mentorin namens Rebecca Bent, die zu mir sagte: »Deine Wahrheit verändert das Leben von Menschen.« Also stehe ich hier nackt vor Ihnen in der Hoffnung, dass Sie auch bereit sind, Ihre äußere Schale abzulegen und den Kern Ihrer finanziellen Not aufzudecken, ob vergangen oder gegenwärtig, wenigstens für sich selbst und hoffentlich noch mindestens einem weiteren Menschen gegenüber.

Zuerst habe ich meinen Selbstwert gestärkt, indem ich Geld als Mittel zur Selbstliebe nutzte und wurde dabei ein wachsamerer Verwalter meines Geldes, und ich merkte, wie üppig mein Leben ohnehin schon war, wenn ich nichts kaufte, um reicher zu sein. Dann fühlte ich mich nicht mehr so, als ob ich Geld, das ich nicht hatte, für Dinge ausgeben müsste, die mich vor anderen besser dastehen ließen.

Aber noch mal: Ich wage zu behaupten, dass die meisten finanziellen Entscheidungen, die verursachen, dass Menschen, Unternehmen und Regierungen über ihre Verhältnisse leben (was auch eine Art ist, sich unter den Bus zu werfen), nicht mit den wahren Kernwerten dieser Leute oder Organisationen übereinstimmen. Stattdessen kommen sie von dem Wunsch, sich besser zu fühlen oder besser auszusehen, der von einem fundamentalen Mangel an Selbstwertgefühl stammt. Wir kommen jetzt in die tiefen, dunklen Bereiche. Wenn Sie einen Funken Wahrheit für sich in diesen Worten entdecken, dann herzlichen Glückwunsch. Tief im Dreck zu graben, erlaubt uns auf der anderen Seite aufzublühen. Samen keimen im Dunkeln mithilfe von Dünger oder organischen Stoffen in der Erde. Und Sie wissen, woraus organische Stoffe in der Erde bestehen? Verweste Tiere und Pflanzen und deren Exkremente. Ekliger, dunkler, dreckiger Mist, im Prinzip. Es ist das Substrat aller natürlichen Schönheit: Rosengärten, Mammutbäume, die Seerosenblätter in Monets Garten und das süß riechende Gras an der Küste. Je tiefer Sie gehen wollen in Ihrer Ehrlichkeit und Transparenz über Ihre Werte und Ihre finanziellen Entscheidungen, desto höher werden Sie fliegen können und desto süßer wird Ihr Leben werden.

Haben, was man will, anstatt alles zu haben

Marketing-Kampagnen, die für die Wunder moderner Gesellschaft werben, sagen uns, dass wir alles haben können. Aber die Wahrheit ist, keiner will alles haben. Wir sind alle unglaublich einzigartige Wesen und was ein Mensch mag, mag ein anderer gar nicht. Wir wollen wirklich nur das, was wir wollen.

Die Weisheiten der Philosophie und der positiven Psychologie sagen uns, dass Glücklichsein davon kommt, zu wollen, was man hat, anstatt zu haben, was man will. Ich habe damit gar kein Problem. Ich habe jahrelang ein Dankbarkeitstagebuch geführt. Jeden Abend, bevor wir ins Bett gehen, erzählen mein Mann und ich uns immer drei Sachen, für die wir dankbar sind. Zu üben, das wertzuschätzen, was wir schon haben, ist einer der schnellsten Wege zum Zufriedensein.

Aber ich denke, es ist möglich, *sowohl* zu haben, was wir wollen *als auch* zu wollen, was wir noch nicht haben. Schließen Sie sich lieber der *sowohl/als auch*-Seite an, anstatt der *entweder/oder*-Seite. Einschließendes Denken und Denken in Möglichkeiten ist das Fundament für eine Geisteshaltung des Reichtums. Und wissen Sie was? Eine Geisteshaltung des Reichtums erzeugt Reichtum in unserem Leben. Lassen Sie uns wegkommen von »Es ist nicht möglich« hin zu »Wie ist es möglich?«

Wenn wir also haben wollen, was wir wollen *und* wollen, was wir haben, müssen wir erst mal herausfinden, was wir wollen. Das ist keine so einfache Frage. Ich weiß nicht, mit wie vielen Leuten ich schon persönlich zusammengearbeitet habe, die sich nie die Zeit genommen haben, sich klar zu werden, was sie eigentlich wollen, was sie schätzen und was ihnen Freude macht. Denn wenn Sie Ihren Studentenkredit nicht zurückzahlen und befürchten, nicht genug Rente zu bekommen, wer hat dann Zeit so dumme Fragen zu stellen, wie »Was bringt mir am meisten Freude und Erfüllung in meinem Leben?« oder »Was will ich wirklich?« Ist es denn Luxus, diese Fragen zu stellen? Durchaus. Aber wissen Sie was, es ist kostenlos! Und sich selbst nach dem auszurichten, was einem wirklich Spaß macht, erhellt die ganze Welt.

Ein Leben in Reichtum sieht für verschiedene Leute total unterschiedlich aus. Ein Freund von mir verbrachte seinen Urlaub damit, alles einzupacken, was er für eine Woche im Wald brauchen würde, 14 Stunden lang zu den

Grenzwassern im Norden Wisconsins und dann 6 Tage lang Kanu zu fahren und zu wandern, wobei es an den meisten Tagen regnete. Er war euphorisch, das tun zu können. Für mich klang es nur gruselig, und ich war heilfroh, dass ich mir die Bilder frisch geduscht und trocken ansehen konnte. Mein Vater liebt es, Literatur zu studieren. Er ist verrückt nach klassischen Werken. Im Alter von 65 Jahren schreibt er sich immer noch in Literaturvorlesungen ein, weil er einfach nicht genug bekommen kann. Die meisten Klassiker (außer einigen wirklich großartigen Austen-Romanen und ein paar anderen) bringen mich zum Einschlafen, aber ihn begeistern sie wirklich.

Ich kenne einen Geschäftsleiter, der es genießt, zum Spaß aus Flugzeugen zu springen und eine Highschool-Lehrerin, die in einer winzigen Wohnung mit einer riesigen Katze lebt und Stricken liebt. Jedem das Seine. Das Potpourri menschlicher Wünsche, Werte und Freuden ist so vielfältig, reich und multidimensional.

Das Schöne am Menschsein ist, dass wir alle so verschieden sind. Also jetzt ist es an der Zeit, herauszufinden, wer Sie sind, damit Sie Ihr finanzielles Leben besser an Ihr wahres Selbst anpassen können.

DEN EIGENEN REICHTUM DEFINIEREN

Da jeder eine andere Definition von Reichtum oder Wohlstand hat, ist es an der Zeit, Ihre anzufertigen. Lassen Sie uns mit einem Brainstorming beginnen. Öffnen Sie Ihr Journal und schreiben Sie zehn Wörter oder Stichpunkte auf, die Ihnen einfallen, wenn Sie die Wörter *Reichtum* und *Wohlstand* hören.

Wenn Sie damit fertig sind, kreisen Sie die Wörter ein, die wirklich tief nachhallen. Wenn es alle sind, kreisen Sie auch alle ein. In dieser Übung geht es um Reichtum, Sie müssen sich also nicht einschränken.

Nun formulieren Sie aus Ihren Wörtern und Stichpunkten eine Definition.

Wählen Sie zwischen *Wohlstand, Reichtum, Überfluss, Prunk, Luxus* oder irgendwelchen anderen Wörtern, die Sie mit finanziellem Wohlbefinden, mit »genug« oder »mehr als genug« assoziieren und die wirklich in Ihnen nachhallen, wenn es darum geht, die Qualität, die Sie in Ihrem Leben haben wollen, genau zu bestimmen.

Schreiben Sie einfach in Ihr Journal: »Meine Definition von _____ (hierhin kommt Ihr Wort. *Reichtum* oder *Wohlstand* wären ein guter Anfang) ist«, und dann beginnen Sie, zu definieren.

Lesen Sie noch mal, was Sie geschrieben haben. Das ist es, was Sie in Ihrem Leben brauchen, um sich reich und wohlhabend zu fühlen. Herzlichen Glückwunsch!

Sie haben gerade Ihren ersten Schritt in Richtung wertebasierter Finanzplanung getan.

Aus Interesse habe ich meine Facebook-Kontakte nach ihrer Definition von *Reichtum* oder *Wohlstand* gefragt. Hier sind einige der Antworten:

- Eine Gemeinschaft haben, die mich jeden Tag glücklich macht.
- Wohlstand ist Unterstützung durch Familie und Freunde, die Reichtum im Leben ausmacht.
- Inneren Frieden haben.
- Die Freiheit und Kreativität zu haben, zu tun, was immer mein Herz sich wünscht.

- Wohlstand: Der Zustand innerer Zufriedenheit, der dich frei macht, anderen bedingungslos zu geben.
- Gesundheit + Glück + innerer Frieden + Freiheit + Umarmungen + schöne E-Gitarren . . . hee! :)
- Finanzieller Wohlstand ist für mich: immer in der Lage zu sein, die beste Alternative zu wählen, ohne auf den Preis achten zu müssen.
- Wohlstand = wollen/genießen/wertschätzen, was man hat, unabhängig von der Kategorie (Liebe, Arbeit, Abenteuer, Schokolade, etc.)
- Wohlstand ist, in der Lage zu sein, zu sagen: »Ich habe alles, was ich brauche«, und es auch so zu meinen. In der Lage zu sein, zu tun, was man will, wann man es will, in Gesellschaft von denen, die man liebt. Es ist die Freiheit, zu entdecken, wer man WIRKLICH ist, und dienend zu handeln.
- Leichtigkeit. Die Sorgen loslassen und durch Träume ersetzen.

Eine Frau schrieb, dass wenn wir Wohlstand definieren, wir oft den finanziellen Teil außen vor lassen. Wir scheuen uns davor, Geld einzubeziehen, weil wir denken, wir sollten es nicht haben wollen oder dass es nicht okay ist, überhaupt darüber zu reden. Eine andere schrieb daraufhin, ob wir nicht lieber arm oder mittelständisch sein sollten und uns an Gesundheit erfreuen könnten, anstatt Geld zu haben? Die erste Frau antwortete, warum müssen wir uns dazwischen entscheiden? Ich stimmte dem zu.

Wohlstand mit unseren eigenen Worten zu definieren, heißt nicht, vom Geld abzusehen. Das ist nur ein Umweg und Vermeidung in einem anderen Kleid. Aber das heiß auch nicht, dass es nur um Geld gehen soll und wir vergessen, wofür wir das Geld eigentlich wollen.

Was ich daran mag, Reichtum und Wohlstand für uns selbst zu definieren, ist, dass wir diese Dinge mit unseren eigenen Begriffen definieren können. Wir müssen es nicht wie unsere Eltern oder Großeltern oder Vorfahren machen. Wir müssen es nicht wie unsere besten Freunde oder unsere Kollegen machen. Wenn Ihnen Ihre eigene Definition klar ist, sind Sie die einzige Person, die Sie zufriedenstellen müssen. Und lassen Sie mich Ihnen sagen, es ist eine Erleichterung, nicht mehr zu versuchen, andere Leute glücklich zu machen. Sie sind der einzige Mensch, der Ihr Leben zu bestimmen hat. Jetzt müssen Sie also nur herausfinden, welche Arten von Besitz, Umgebungen und Erfahrungen Ihnen die meiste Zufriedenheit geben.

Mit Geld kann man kein Glück kaufen, aber es macht das Leben mit Sicherheit angenehmer.

HÖHEPUNKTE

Erinnern Sie sich an drei Momente in Ihrem Leben, an denen Sie sich am besten gefühlt haben. Diese Momente waren voller Freude, überschwänglicher Gefühle und jeglicher anderer positiver Gefühle, an die Sie sich erinnern können. Beispiele könnten sein, der Tag an dem Sie Ihr erstes Kind zur Welt brachten, eine fantastische Reise in ein wunderschönes Land oder ein einfacher Nachmittag, den Sie mit einem Buch vor dem Kamin verbracht haben. Es gibt keine falschen Antworten. Verbringen Sie bitte nicht zu viel Zeit damit, sich an das »Richtige« oder »Beste« zu erinnern; mit den ersten drei Dingen, die Ihnen in den Kopf kommen, können Sie wahrscheinlich am besten arbeiten.

Schreiben Sie diese drei Höhepunkte in Ihr Journal. Beschreiben Sie sie so detailliert, wie Sie sich daran erinnern können. Was haben Sie getan? Bei wem waren Sie? Was haben Sie gesehen, gehört, gerochen oder berührt? Wie haben Sie sich gefühlt? Wie waren die Umstände dieser Erlebnisse? Was hat sie so einprägsam gemacht? Wenn Sie alles aufgeschrieben haben, an das Sie sich irgendwie erinnern können, lesen Sie alle drei Erlebnisse noch mal durch. Wenn Sie jemanden haben, mit dem Sie diese Übung gemeinsam machen können, umso besser. Lesen Sie Ihre Beschreibungen dem anderen vor und lassen Sie ihn auf wiederkehrende Motive in allen drei Erlebnissen achten. Egal ob Sie diese Übung alleine oder mit einem Partner machen, nachdem Sie Ihre Höhepunkte laut vorgelesen haben, machen Sie sich eine Liste wiederkehrender Motive, die in allen drei Erlebnissen vorkommen.

Zum Beispiel könnten Sie feststellen, dass Sie bei allen drei Erlebnissen von Leuten, die Sie am meisten lieben, umgeben waren. Vielleicht waren Sie auch in allen dreien draußen in der Natur. Oder vielleicht beinhalten Sie alle Reisen, Abenteuer oder Errungenschaften.

Was auch immer diese wiederkehrenden Motive sind, schreiben Sie sie auf.

Als ich das erste Mal solch eine Übung machte – was mich überhaupt erst inspirierte, diese einzubeziehen – wurde sie angeleitet von Andrea Scher und Jen Lemen, den Gründern des Mondo Beyondo Online-Kurses (www.mondobeyondo. org) beim World Domination Summit. Die Arbeit, die ich mit ihnen gemacht habe, hat mir wirklich geholfen, mir darüber klar zu werden, was ich auf der Welt am meisten schätze und was mir wirklich am wichtigsten ist. Und die Höhepunkt-Übung von oben kann Ihnen dabei genauso helfen. Wenn alle drei Ihrer Höhepunkte beinhalten, dass Sie in Gemeinschaft mit Menschen, die Sie lieben, sind, dann können Sie ziemlich sicher sein, dass das einen hohen Wert für Sie hat. Wenn Sie alle beinhalten, dass Sie Anerkennung für Leistungen erhalten haben, dann ist das ein hoher Wert für Sie. Bitte kritisieren und beurteilen Sie diese Liste nicht im Nachhinein. Das sind einfach Informationen über Sie selbst und das ist wunderbar. Sie sind der Einzige, der Sie von Ihrer Geburt bis zu Ihrem Tod pausenlos begleitet, Sie sollten sich also die Zeit nehmen, sich wirklich kennenzulernen.

Als nächstes werden wir uns die wiederkehrenden Motive in diesen Höhepunkterfahrungen genauer ansehen. Sie haben die Gemeinsamkeiten zwischen den Umständen Ihrer Erlebnisse festgestellt, nun ist es an der Zeit, zu sehen, was diese für Sie repräsentieren. Welche Werte bringen Sie Ihrem Leben?

WAS SCHÄTZEN SIE?

Nehmen Sie sich die Liste mit den wiederkehrenden Motiven von der Höhepunkt-Übung und schreiben Sie neben jedes den Wert, den es für Sie repräsentiert. Zum Beispiel, wenn Ihr wiederkehrendes Motiv in allen Ihren Erlebnissen ist, dass Sie von Leuten umgeben waren, die Sie lieben, könnte das Ihre Wertschätzung von Liebe und Gemeinschaft repräsentieren, also schreiben Sie das auf Ihrer Liste daneben. Wenn Sie *Anerkennung* auf Ihrer Liste als wiederkehrendes Motiv stehen haben, dann ist das einer Ihrer Werte und Sie müssen das Wort nicht weiter verändern. Wenn Sie ein paar Beispiele für Werte brauchen, sehen Sie sich die Liste unten an. Diese Liste ist keinesfalls vollständig, also fühlen Sie sich frei, sie zu ergänzen.

Reichtum	Unterhaltung	Liebe
Leistung	Aufregung	Loyalität
Abenteuer	Erweiterung	Natur
Schönheit	Familie	Offenheit
Zugehörigkeit	Freiheit	Frieden
Einsatz	Freundschaft	Vergnügen
Gemeinschaft	Spaß	Möglichkeiten
Kameradschaft	Großzügigkeit	Zielstrebigkeit
Anbindung	Dankbarkeit	Anerkennung
Besinnung	Gesundheit	Entspannung
Umweltschutz	Humor	Sicherheit
Nachsinnen	Innovation	Schutz
Zuwendung	Integrität	Dienst
Kreativität	Freude	Einsamkeit
Bequemlichkeit	Güte	Spiritualität
Gestaltung	Lachen	Nachhaltigkeit

Nun nehmen Sie sich die Liste der Werte, die Sie neben die wiederkehrenden Motive Ihrer Höhepunkterlebnisse geschrieben haben, und suchen Sie sich die wichtigsten vier oder fünf aus, die Sie wirklich tief bewegen. Das sind die Wörter, die am besten beschreiben, wer Sie sind und was Ihnen wichtig ist.

War das nicht klärend? Es ist irgendwie unglaublich befreiend, einige Schlüsselaspekte unserer Persönlichkeit zu erkennen. Das gibt uns einen festen Standpunkt in einer Welt grenzenloser Möglichkeiten. Halten Sie daran fest. Wir kommen noch darauf zurück.

Anlocken, was Sie wollen

Als ich in der Highschool war, erklärte mir meine Mutter ein sehr wichtiges Hilfsmittel, um gute Dinge in meinem Leben zu manifestieren. Sie sagte, wenn ich reine, positive Energie 17 Sekunden lang in meinen Gedanken und Gefühlen halten kann, wird eine klare Vibration ausgelöst, sodass ich manifestieren kann, was ich will. Sie hat dieses Konzept von der Arbeit von Abraham-Hicks (www. abraham-hicks.com) und ihrer Lehre über das Gesetz der Anziehung gelernt. Deren Arbeit zuzuhören und meine Forschung zu erweitern, indem ich andere Metaphysik-Lehrer mit einbezog, lehrte mich, dass wir, um manifestieren zu können, was wir wollen, uns darauf konzentrieren müssen, uns gut zu fühlen. Wenn wir uns darauf konzentrieren, anstatt einen bestimmten roten Sportwagen zu manifestieren, dann ziehen wir Erlebnisse an, durch die wir uns gut fühlen. Eines dieser Erlebnisse könnte sein, einen roten Sportwagen zu bekommen, oder vielleicht auch nicht. Der Punkt ist, niemand will Dinge im Leben haben, weil wir wirklich diese Dinge wollen. Wir wollen bestimmte Dinge haben, weil wir uns auf bestimmte Weise fühlen wollen. Und das Großartige daran, sich darauf zu konzentrieren, wie wir uns fühlen wollen, anstatt darauf, was wir eigentlich wollen, ist, dass uns gefallen wird, was wir in unser Leben hineinmanifestiert haben, anstatt uns das krallen zu müssen, was wir brauchen, um glücklich zu sein. Ihr Unterbewusstsein und das Universum sind viel kreativer und klüger, als Sie es ihnen oft zutrauen. Konzentrieren Sie sich darauf, wie Sie sich fühlen wollen, organisieren Sie Ihr Leben so, dass Sie sich öfter so fühlen und dann lehnen Sie sich zurück und sehen Sie zu, wie sich alles von selbst ergibt.

In ihrem Programm *The Desire Map* verdeutlicht Danielle LaPorte sehr gut die Idee, sich lieber auf Gefühle zu konzentrieren als auf das, was wir wollen und zeigt uns Wege auf, diese in unserem Leben anzuwenden mit ihrem Konzept der »innerlich ersehnten Gefühle« (sie geht auch kurz in *The Fire Starter Sessions* darauf ein). Ich empfehle wärmstens, ihr Programm zu erwerben, um tiefer zu verstehen, wie Sie sich fühlen wollen als Kompass für Ihr Leben. Diese nächste Übung wurde inspiriert durch meine frühes Studium von Abraham-Hicks, sowie von Gesprächen mit Danielle über innerlich ersehnte Gefühle.

WIE WOLLEN SIE SICH FÜHLEN?

Nehmen Sie sich noch mal Ihre Beschreibung Ihrer Höhepunkterlebnisse aus der Übung, die Sie gerade beendet haben, und lesen Sie sie noch einmal durch, entweder vor Ihrem Partner oder nur für sich. Achten Sie darauf, welche Emotionen in all diesen Erlebnissen vorkamen. Am besten kann man das tun, indem man jede einzelne Emotion auflistet, die in einer Beschreibung vorkommt. Und jedes Mal, wenn sich eine Emotion wiederholt, setzen Sie ein kleines Kreuz daneben. Wenn sie nur in einem Ihrer Höhepunkterlebnisse vorkommt, schreiben Sie es einfach auf. Wenn eine Emotion in allen drei Erlebnissen vorhanden war, wird sie zwei Kreuze daneben haben. Okay?

Wenn Sie damit fertig sind, kreisen Sie die Emotionen ein, die in allen drei Erlebnissen vorkamen. Setzen Sie einen Stern neben die, die in zwei von diesen drei Erlebnissen auftauchten. Diese eingekreisten und durch Sterne markierten Emotionen sind, wie Sie sich fühlen wollen.

Schon haben Sie es. Gleich werden wir diese Handvoll Gefühle nehmen und sie mit Ihrer Höhepunkt-Übung verbinden, um einen Leitfaden zu schaffen, nachdem Sie Ihr finanzielles Leben richten können. Aber erst müssen wir noch eine weitere Denkweise untersuchen.

Öffnen Sie sich dem Wie

Erinnern Sie sich – wir wollen gewisse Dinge nur, weil wir uns auf eine bestimmte Weise fühlen wollen. Aber manchmal halten wir so stark an einer Idee fest, wie wir dahin gelangen, dass wir andere mögliche Wege übersehen. Und so verpassen wir das Beste.

Also warum gehen wir nicht gleich zu den guten Dingen? Warum fragen wir nicht gleich nach Gefühlen und überlassen uns der wunderschönen Entfaltung des »Wie«?

Lassen Sie uns zum Beispiel sagen, Meredith würde sich gern *frei* fühlen. Sie hat bemerkt, dass *frei* eine Emotion ist, die sich in all ihren drei Höhepunkt-Erlebnissen zeigt. Ihr fällt auf, dass sie alle in einer Zeit passierten, in der sie mehr als genug Geld zum Leben hatte und in der sie sich vor niemandem verantworten musste. Sie war in ihren frühen 20ern, reiste um die Welt, folgte ihrem Herzen und ihrer Abenteuerlust. Meredith sehnt sich danach, sich wieder so zu fühlen. Also entscheidet sie sich, sich ein Jahr lang frei zu arbeiten, sodass sie genug Geld weglegen kann, um ein Jahr lang umherzureisen und wieder in diesen Status von Freiheit und Abenteuer einzutauchen, der für sie als junge Frau so berauschend war.

Es verläuft alles wunderbar. Meredith nimmt mehr Projekte auf, arbeitet viele Stunden und zieht voll durch. Ihre Ersparnisse wachsen ständig und jeden Tag guckt sie sich eine Collage mit Bildern ihrer Traumziele an. Sie ist glücklich und zufrieden mit sich, ungeachtet dessen, dass sie total gestresst und erschöpft ist, weil sie weiß, dass jeder Moment, den sie im Büro verbringt, ihr freie Zeit erkauft, die sie mit einem Rucksack und ihren Träumen in der weiten Welt verbringen kann.

Dann taucht aus heiterem Himmel plötzlich David auf. David ist beunruhigend charmant, hat ein Zwinkern in den Augen und arbeitet im Nachbargebäude. Er ist überhaupt nicht Merediths Typ, weil er etwas rundlich ist, nicht besonders athletisch gebaut und mehr an Haushaltsreparaturen und Gärtnern interessiert, als am Bergsteigen und unter der Zeltplane im Wald zu leben, wie die meisten Männer aus ihrer Vergangenheit. Sie treffen sich das erste Mal, als sie bei Starbucks für ihren Morgenkaffee anstehen. Obwohl Meredith anfangs zögert, mit ihm auszugehen, sagt sie, nachdem er sie das vierte Mal fragt, dann doch ja, einfach, um ihn zum Schweigen zu bringen und loszuwerden.

Meredith ist jetzt noch vier Monate von ihrem Aufbruchstag entfernt. Sie hat zwei Drittel des Geldes gespart, das sie braucht, um sich von ihrem Job abzuseilen und ein Jahr ins Blaue zu reisen. Es ist so nahe, dass sie schon fast den Geschmack des vietnamesischen Essens schmecken und die Märkte in Mumbai riechen kann. Sie spürt die salzige Luft des Toten Meeres auf ihrer Haut und den Sand der Sahara zwischen ihren Zehen.

Ein Abendessen mit David. Das ist alles, und dann wird sie ihn los sein. Sie wird sich nicht von ihrem Weg abbringen lassen. Sie will Freiheit. Und die kann sie bekommen, wenn sie durchhält, sich für vier weitere Monate frei arbeitet und sich dann auf den Weg macht. Sie schaut kaum in den Spiegel, bevor sie aufbricht, um sich mit David zum Dinner zu treffen. Wen interessiert es, wie sie aussieht? Daraus soll sowieso nichts werden. Nicht, wenn sie etwas damit zu tun hat. Ein Abendessen. Danke. Gutenachtkuss auf die Wange. Und tschüss.

Sie geht in das Restaurant mit einem so dicken äußeren Panzer, dass man eine Eishacke bräuchte, um durchzukommen. Trotzdem ist da etwas in Davids zwinkernden Augen, das ein vertrautes Gefühl in ihr erregt. Sie fühlt sich überschwänglich und aufgewühlt. Und frei. Ihr Eispanzer beginnt zu schmelzen, und tropft langsam auf den Boden unter ihren Stuhl. Oh, scheiße. Sie fühlt sich gleichzeitig unruhig, erheitert, erschrocken und irritiert. Zum Ende des Essens schwimmt eine große Pfütze zu ihren Füßen, die einmal ihr Eispanzer war. Sie sitzt vor David, verletzlich, offen, immer noch etwas irritiert, aber hauptsächlich fasziniert.

Er gibt ihr einen Gutenachtkuss und das überschwängliche Gefühl in ihrem Herzen wird größer. Sie verzieht sich schnell in ihr Auto, aus Angst, sich noch weiter hineinzustürzen und zu verlieren. Sie hat einen Plan, an den sie sich halten muss, und dieser Mann könnte sie sehr leicht von ihrem wohlgeebneten Weg abbringen. Sie darf ihn nie wieder sehen, nimmt sie sich vor, während sie in der Dunkelheit nach Hause fährt. Ich will mich frei fühlen, versichert sie sich selbst und dieser Mann will mich in die Falle locken. Ein emotionales Band verbindet uns. Beziehungen sind kompliziert. Ich will Freiheit und ich bin schon so nahe dran, sie zu bekommen. Bleib standhaft, Meredith, flüstert sie sich zu. Bleib standhaft, dann wirst du in vier Monaten frei sein.

Also ignoriert Meredith Davids Anrufe, die Blumen, die er in ihr Büro sendet und seine Nachrichten. Sie geht eher zur Arbeit und bleibt länger, sie treibt sich eine Weile in der Lobby herum und beobachtet die Straße draußen, um sicherzustellen, dass sie ihm nicht begegnet. Sie fängt an, ihren Kaffee von zu Hause mitzubringen, anstatt zu Starbucks zu gehen, weil sie nicht das Risiko eingehen möchte, David zu treffen und von seinen sonderbar funkelnden Augen und seinem unbeholfenen, aber reizenden Lächeln aufgewühlt zu werden.

Der vierte Monat kommt. Meredith hat mehr als genug Geld zusammengespart, um abzureisen. Ihr Chef wünscht ihr mit Bedauern alles Gute. Sie vermietet ihre Wohnung weiter und packt ihre Tasche. Sie entscheidet sich, das heftige Gefühl in ihrer Brust zu ignorieren, als sie das Flugzeug nach Bangkok besteigt – ihr Ausgangspunkt für ihr Jahr der Freiheit.

Sie beginnt ihre Reise, lernt wundervolle Menschen und Kulturen kennen, genießt wunderschöne Aussichten. Aber abends in der Herberge muss sie leider zugeben, dass sie sich einsam fühlt. Diese überschwängliche Freiheit, die sie vor 15 Jahren in der Welt gefunden hat, ist nicht mehr da. Wenn sie wirklich ehrlich zu sich wäre, würde sie feststellen, dass sie sich nicht frei fühlt, sondern eigentlich bedrückt. Sie erlebt dieses Abenteuer, als ob sie hinter einem Spiegelglasfenster sitzt, total beschäftigt mit einer Sehnsucht, die sie nicht recht benennen kann.

Als sie eines Tages am Strand an der Goldküste von Australien sitzt, kann sie nur daran denken, wie viel Weite und Möglichkeiten sie empfand, als sie mit David zusammen war. Seine Versuche, sie zu erreichen, hatten vor Monaten aufgehört, aber ein Funken brennt noch in ihrem Bauch. »Meredith«, sagt sie zu sich selbst, »wir gehen nach Hause!« Und damit packt sie zusammen und bucht einen Rückflug. Sofort verfliegt ihre depressive Stimmung und sie bekommt wieder einen Schimmer des überschwänglichen Enthusiasmus', den sie damals beim Reisen gespürt hatte, beim Planen ihrer jetzigen Reise und als sie mit David über einem weißen Tischtuch zusammensaß.

Sie kehrt in ihre Stadt zurück und zieht zu einer Freundin, die sie an der Tür begrüßt und mit wissendem Blick und leichtem Sarkasmus sagt: »Schon zurück?! Das hätte ich nicht erwartet.« Meredith wartet ein bis zwei Tage und ruft dann David an. Der bloße Akt, seine Nummer zu wählen, lässt sie so überschwänglich werden, dass sie ihre Aufregung kaum zurückhalten kann. Er ist so begeistert, von ihr zu hören, dass er seinen Missmut nur einige Momente aufrechterhalten kann. Sie vereinbaren, sich am Abend zu treffen.

Meredith erkennt, dass sie um die Welt gereist ist, um das zu fühlen, was sie hier bei David fühlt. Als sie ihre Beziehung weiterführen, erkunden sie alle Ecken und Winkel ihrer Stadt, unternehmen verrückte Dinge und pflanzen immergrüne Betten in ihren Hinterhof. Sie verreisen hin und wieder, aber Merediths Reisefieber scheint geheilt zu sein. Hier mit diesem leicht pummeligen, bezaubernden Mann fühlt Meredith sich frei. Und sie weiß jetzt, dass dieses überschwängliche, freie Gefühl zurückkommen würde, wenn sie es verlieren würde – aus den manchmal undenkbarsten Quellen. Sie erkennt, dass die Freiheit, die sie in ihren frühen 20ern gespürt hat, daher kam, dass sie ihrem Herzen gefolgt ist, und nicht daher, mit einem Rucksack herumzuwandern. Und hier ist sie wieder, zwei Etagen unter der Wohnung, in der sie sich vor 15 Jahren gefangen fühlte. Sie folgt ihrem Herzen und fühlt sich frei dabei, zu gärtnern und Heimwerkerprojekte mit einem Mann zu unternehmen, der dachte, dass Camping bedeuten würde, sich eine Hütte im Wald zu mieten, in der es einen vollgestopften Kühlschrank und einen Reinigungsservice gibt.

Idealerweise würden wir unser Geld für Dinge ausgeben, die uns am wichtigsten sind, die unsere Prioritäten widerspiegeln und für Dinge, die uns am meisten Freude, Zufriedenheit und/oder Gefühle des Überflusses, Wohlstandes und der Freiheit bringen. Aber solange wir nicht geklärt haben, was wir schätzen, können wir unser finanzielles Leben nicht mit unserer wahren Persönlichkeit in Einklang bringen und die Wunder, die das Leben für uns bereithält, werden sich nicht vollständig entfalten.

Freiheit navigieren

Im Laufe dieses Buches haben wir uns einen stärkeren Sinn für Freiheit erarbeitet. Freiheit ist eine Entscheidung. Freiheit bedeutet nicht zwangsläufig, sich zu entscheiden, verrückte, wilde Dinge zu tun oder ein totaler Querdenker zu sein. Aber es ist die Möglichkeit, das zu tun, wenn man sich dafür entscheidet. Einmal hat meine Familie meine Tante, meinen Onkel und deren drei Jungs besucht. Meine Schwester und ich waren fasziniert von »diesen Typen«, wie wir sie nannten, weil wir in einer rosafarbenen Welt voller Feen aufwuchsen, während sie in einer Welt von Sport und Steinschleudern aufwuchsen und sich ständig gegenseitig zu überbieten versuchten. Meine Schwester und ich wollten den Nachmittag mit ihnen verbringen, aber unser Vater sagte Nein. Er befürchtete, dass wir den ganzen Nachmittag nur fernsehen würden, wenn wir bei ihnen blieben. (Schlimmeres hätte uns zustoßen können, aber er war sehr besorgt um unseren Medienkonsum.) Meine Schwester war stinksauer und mit ihrer direkten Art, die ihrem Alter weit voraus war, antwortete sie: »Es ist nicht so, dass ich fernsehen will, Vati. Aber ich würde gern die Wahl haben.«

Diese Worte der 11-jährigen Ann fassen es gut zusammen. Es geht nicht darum, dass wir immer das wählen, was vor uns liegt, sondern, dass wir die Freiheit haben, es zu wählen, wenn wir es wollten.

Freiheit kann aber auch überfordernd oder manchmal sogar hinderlich sein. Wir Menschen streben eigentlich nach Struktur. Die Jahreszeiten bestimmen, was wir früh anziehen und welche Dinge wir am Tag machen können, ob drinnen oder draußen. Unsere Erziehung und unser Wunsch, ins Bild zu passen, geben uns einen Rahmen, in dem wir Entscheidungen treffen. Und dann gibt es da noch all die Erwartungen, die andere Leute an uns stellen, eine Menge von Einflussfaktoren, die den Entscheidungen viel zu vieler Menschen zugrunde liegen. (Und wie ich schon zu Beginn dieses Kapitels darlegte, eine Menge von Einflussfaktoren, die eine weltweite Wirtschaftskrise verursachten und weiterhin verursachen.)

Wie können wir wahre Entscheidungsfreiheit genießen, wenn wir immer noch Rahmenbedingungen haben, die wir nutzen, wenn wir Entscheidungen treffen, damit wir nicht im Meer verloren gehen, wie ein kleines Ruderboot ohne Ruder oder Anker? Ich bin froh, dass Sie das fragen. Betreten Sie mit mir die »Prüfsteine der Freiheit«, welche inspiriert sind durch Danielle LaPortes Konzept der innerlich ersehnten Gefühle, das ich bereits erwähnte.

PRÜFSTEINE DER FREIHEIT

Das *Merriam-Webster*-Wörterbuch definiert *Prüfstein* als »ein fundamentales oder wesentliches Teil oder Merkmal«. Im Prinzip heißt das, dass ein Prüfstein etwas ist, das uns hilft, ein Ereignis oder eine Person zu definieren. Das ist wichtig für Sie, denn jetzt werden wir die Prüfsteine Ihres Lebens in Zusammenhang bringen – welche Gefühle und Werte die echteste Version von Ihnen definieren. In Übereinstimmung mit diesen zu leben, wird Sie dazu führen, ein Leben in Freiheit zu leben, deshalb nenne ich sie die Prüfsteine der Freiheit.

Und so gehen Sie vor. Schreiben Sie in Ihr Journal die Gefühle, die Sie in der »Wie wollen Sie sich fühlen?«-Übung bestimmt haben, und dann schreiben Sie Ihre Werte aus der »Was schätzen Sie?«-Übung auf. Nachdem Sie diese Leitgedanken bestimmt haben, gehen Sie zu www.moneyalovestory.com/touchstones und laden Sie sich die Prüfsteine-der-Freiheit-PDF-Datei herunter. Drucken Sie sie aus und schreiben Sie Ihre Wunschgefühle und Ihre Werte auf die Karte, dann schneiden Sie sie aus, laminieren sie und hängen sie sich an die Wand. Noch besser ist es, mehrere auszudrucken, auszufüllen, zu dekorieren, wie Sie wollen und dann laminieren Sie sie und bringen sie zu Hause und in Ihrem Büro an – als regelmäßige Erinnerung, wer Sie sind und was Sie bewegt.

Diese Prüfsteine der Freiheit können Ihnen als Leitfaden dienen für jede finanzielle Entscheidung, die Sie von jetzt an bis in die Ewigkeit fällen. Immer, wenn Sie sich nicht sicher sind, ob Sie eine Investition tätigen, eine Zusammenarbeit eingehen, ein Projekt starten, eine Reise machen oder sogar einer Einladung folgen sollen oder nicht, ziehen Sie Ihre Prüfsteine zu Rat. Was befreiend an diesem Leitfaden ist, dass Sie nie wieder verloren sein müssen im Meer der Wahlmöglichkeiten ohne jegliche Struktur. Wenn Ihnen eine Entscheidung bevorsteht, holen Sie Ihre Karte hervor und lesen Sie, wie Sie sich fühlen wollen und was Sie schätzen. Fragen Sie sich selbst, bringt es mich meinen Wunschgefühlen und Werten näher, wenn ich ja sage, oder bringt es mich weg von diesen wesentlichen Merkmalen meiner wahren Persönlichkeit? Das erfordert vielleicht einiges an Voraussicht, weil wir niemals 100-prozentig wissen, wohin uns eine Entscheidung führt. Aber hören Sie einfach auf Ihren Körper. Ihr Körper wird sich zusammenziehen oder entspannen. Streben Sie vollkommene Entspannung an. Noch mal: Ihr Körper lügt niemals. Lesen Sie Ihre Prüfsteine, hören Sie auf Ihren Körper und ich garantiere Ihnen, dass Sie die beste finanzielle Entscheidung für sich in diesem Moment treffen werden.

Passen Sie Ihre Ausgaben Ihren Wertvorstellungen es an

Wir wollen uns nun etwas ausführlicher mit dem Konzept von Ausgaben, die unseren Wertvorstellungen entsprechen, befassen. Leider entspricht unser Ausgabeverhalten meist nicht unseren Wertvorstellungen. Wir investieren in einen Aktienfond, den unser Finanzberater für eine gute Idee hält. Oder aber wir kaufen Edelmetalle, weil unser Vater denkt, dass das eine sichere Anlage ist. Wir geben mehr als wir wollen für ein Kleid aus, um beim Klassentreffen zu glänzen, weil wir »gut aussehen« wollen, auch wenn sich uns beim Bezahlen der Magen umdreht. Wir kaufen ein

Haus, das größer ist, als wir es brauchen oder sogar wollen, wegen der abfälligen Meinung unserer Schwiegermutter über unser gemütliches kleines Haus. Um ein Leben zu führen, das sich wirklich frei anfühlt, müssen wir unsere Ausgaben an unsere Wertvorstellungen anpassen.

Es ist an der Zeit, eine Lupe herauszunehmen und unsere Ausgaben zu überprüfen – im Hinblick auf unsere Motivation und unser Ziel, das wir mit dem Kauf verfolgten. Lassen Sie uns sehen, ob Ihre Ausgaben an Ihre Kriterien für Freiheit angepasst sind. Und wenn nicht, werden wir sie in die richtige Richtung drehen, sodass Ihre Ausgaben sich mit Ihren Wünschen und Wertvorstellungen decken. Dann wird alles glatt laufen.

KAUFMOTIVATION

Teil 1: Unangebrachte Käufe

Wir haben bereits das erste Stück Arbeit getan in unseren Bemühungen, entsprechend unserer Werte einzukaufen. Erinnern Sie sich an die Übung, die wir in Kapitel 4 gemacht haben, in der es darum ging, potenzielle finanzielle Energielecks zu finden. Schlagen Sie in Ihrem Journal Ihre Liste der Energielecks auf (wenn es eine Weile her ist, dass Sie die Übung gemacht haben, können Sie sie auch noch mal mit aktuelleren Rechnungen und Kontoauszügen machen). Übertragen Sie die Liste der schlechten Transaktionen (mit Datum, Betrag und was gekauft wurde) auf eine neue Seite in Ihrem Journal mit der Überschrift Kaufmotivation.

Nun schauen Sie sich an, was Sie aufgelistet haben und analysieren Sie es genauer. Waren irgendwelche anderen Leute an der Entscheidung zum Kauf direkt oder indirekt beteiligt? War es nicht eigentlich der Wunsch Ihres Mannes, diesen Kauf zu tätigen und Sie haben zugestimmt, obwohl Sie es eigentlich nicht wollten? Haben Sie diese Anschaffung nur gemacht, weil Sie nicht die Kritik Ihrer Mutter ertragen wollten, weil Sie nicht die perfekten Gartenmöbel haben? Schreiben Sie jetzt die Umstände auf, die zu diesen Transaktionen geführt haben. Seien Sie dabei so detailliert, wie Sie wollen. Vielleicht merken Sie, dass diese Übung ein heißes Eisen anpackt und plötzlich schreiben Sie sich frei darüber, dass Sie sich von Ihrer Mutter kontrolliert fühlen. Das ist wirklich gut! Lassen Sie alles raus. Sie müssen es fühlen, damit es heilen kann.

Damit unser finanzielles Leben dem entsprechen kann, wie wir uns fühlen wollen und was wir schätzen, müssen wir uns erst der Einflüsse bewusst werden und uns von ihnen lösen, die bis zu diesem Moment unsere finanziellen Entscheidungen im Griff hatten.

Teil 2: Angemessene Käufe

Jetzt, wo Sie die Anschaffungen bestimmt haben, durch die Sie sich schlecht fühlen, drehen wir den Spieß um und betrachten es von der positiven Seite. Nehmen Sie sich Ihren Finanzbericht und schauen Sie sich die Ausgaben an, an denen keine Markierung ist. Übertragen Sie diese in Ihr Journal mit Datum, Zweck der Ausgabe und allen Details über die Umstände. Haben Sie einen Partyvorrat gekauft, um Freunde zu sich nach Hause einladen zu können? Haben Sie etwas für Ihre erste Eigentumswohnung eingezahlt? Wie haben Sie sich gefühlt, als Sie diese Ausgaben tätigten? Schauen Sie noch mal auf Ihre Liste mit den Transaktionen, bei denen Sie sich gut gefühlt haben, und nehmen Sie Ihre Prüfsteine der Freiheit zur Hand. Schreiben Sie neben jede Transaktion das Gefühl und/oder den Wert, den Sie repräsentiert. Achten Sie darauf, wie gut es sich anfühlt, Geld so auszugeben, dass es die eigenen Werte repräsentiert. Dafür wurde Geld gemacht. Deshalb fühlt es sich gut an, wenn wir es so einsetzen.

Behalten Sie diese Übung im Gedächtnis, wenn Sie in der Zukunft Kaufentscheidungen treffen. Wenn Sie etwas bezahlen, prüfen Sie, wie sich Ihr Körper fühlt. Holen Sie Ihre Prüfsteine der Freiheit heraus und sehen Sie, ob Ihre Entscheidung angemessen ist. Wenn nicht, könnten Sie eine andere Entscheidung treffen? Es gibt nur sehr wenig Umstände, unter denen Sie total eingekeilt sind und eine Entscheidung treffen müssen, die sich nicht gut anfühlt. Fangen Sie an, weitreichend zu denken, als der fähige Finanzverwalter, der Sie sind. Das ist Ihr Geld. Es ist Ihre Entscheidung. Wenn sich Ihre Entscheidung gut anfühlt und mit Ihren Prüfsteinen der Freiheit übereinstimmt, dann herzlichen Glückwunsch!

Sie gebrauchen Ihr Menschenrecht des freien Willens und der bewussten Entscheidung. Gute Arbeit.

Immer wenn Sie sich mit Ihrem Geld hinsetzen, sich mit einem Mitglied Ihres Finanzteams treffen oder eine Konversation über Geld mit Ihrem Ehepartner oder Ihrer Familie führen, tragen Sie Ihre Prüfsteine der Freiheit entweder physisch bei sich oder zumindest in Ihrem Gedächtnis. Machen Sie finanzielle Langzeitplanungen anhand Ihrer Prüfsteine und nicht anhand der Statistiken oder Gleichungen, die Ihr Finanzberater Ihnen vielleicht gibt. Sie müssen Ihr finanzielles Leben danach organisieren, was es Ihnen bringt. Sie sind ein wunderbar einzigartiges Individuum und Ihr Finanzplan muss nicht so wie der von irgendjemand anderem aussehen. Wenn Sie ihn darauf begründen, wie Sie sich fühlen wollen und was Sie schätzen, kann nichts schief gehen. Das ist die einzige Möglichkeit, wie wir Glück mit Geld kaufen können: wenn wir es entsprechend unserer wahren Persönlichkeit verwenden.

KAPITEL 8

WAHRE FINANZIELLE FREIHEIT

An diesem Punkt unserer gemeinsamen Reise haben Sie begonnen, einige Ihrer Geldangelegenheiten zu entwirren und Sie bekommen langsam Klarheit darüber, wohin Ihr Geld geht, was Sie schätzen, und wie Sie der Welt mehr Wert geben können. Ihr finanzielles Leben gleicht sich mit dem ab, was Sie wirklich sind. Für einige von Ihnen wird das der Punkt sein, an dem Sie nicht noch weiter gehen. Sie sind vielleicht schon an dem Punkt, an dem Sie sich mit Ihren Finanzen wohlfühlen. Sie fühlen sich befreit von der Sorge, dass Sie die Miete bezahlen oder Lebensmittel kaufen müssen – oder sogar die Reise zu unternehmen, die sie sich wünschen. Trotz all dem bin ich der Meinung, dass Sie selbst, wenn Sie diesen Punkt schon erreicht haben, noch mehr erreichen können, wenn Sie sich dafür entscheiden.

Wenn Sie ein Leben wahrer finanzieller Freiheit leben wollen, müssen Sie nicht nur in Betracht ziehen, wie viel Sie ausgeben und wie viel Sie verdienen, sondern Sie müssen auch die Quelle Ihres Einkommens berücksichtigen.

Wenn Sie dieses Kapitel lesen, kommt Ihnen manches vielleicht im Moment noch zu beängstigend vor, um darüber nachzudenken. Oder Sie denken vielleicht, dass das sowieso nichts für Sie ist. Oder es spricht vielleicht zu Ihrer Seele und inspiriert Sie, über Ihre Finanzen noch weitreichender nachzudenken. Was auch immer für Sie richtig klingt, ist der richtige Weg für Sie. Denken Sie daran, Sie sind wunderbar, so wie Sie sind, und wenn Sie sich entscheiden, dass dieser Schritt richtig für Sie ist – selbst wenn das jetzt noch nicht so ist – dann weiß ich, dass Sie es schaffen können.

Verschiedene Arten von Euro

So wie nicht alle Kalorien gleich sind, ist auch nicht jeder Euro Ihres verdienten Einkommens gleichwertig. 1000 Kalorien Donuts zu essen, wird eine andere Auswirkung auf Ihren Körper haben, als 1000 Kalorien Spinat zu essen. Stellen Sie sich vor, Sie verdienen 1000 Euro mit einem Job, der nicht mit Ihren Werten übereinstimmt. Das hat eine andere Qualität, als wenn Sie 1000 Euro verdienen, durch etwas, das Sie leidenschaftlich gern tun. »Warte mal«, denken Sie. »Es gibt einen großen Spielraum zwischen Aktivitäten, die man hasst und die man liebt.« Dem stimme ich natürlich zu. Also lassen Sie uns mal einige Unterschiede anschauen.

Stellen Sie sich drei Szenarien vor:
1) Sie arbeiten für einen Tyrannen, in einem Job, den Sie hassen und der Ihre Talente nicht fördert;
2) Sie arbeiten für einen wunderbaren Chef, werden gut bezahlt und Sie genießen Ihre Arbeit;
3) Sie verschaffen sich eine digitalen Download, auf Ihrer Arbeit basierend, der beständig Geld einbringt, ohne dass Sie noch weiter etwas dafür tun müssen.

Diese Szenarien zeigen zwei wichtige Dinge, die man in Betracht ziehen muss, wenn man seine Einkommensquellen bewertet: Übereinstimmung mit Ihrer Persönlichkeit und lineares vs. fremdfinanziertes Einkommen.

Es ist mein sehnlichster Wunsch, dass Sie eine Arbeit haben, die Sie lieben und die mit Ihrer wahren Identität übereinstimmt. Wenn das der einzige Grundstein von wahrer finanzieller Freiheit wäre, so wären die Szenarien 2 und 3 im gleichen Maße vorteilhaft.

Abgesehen davon gibt Ihnen der Unterschied zwischen linearem und passivem Einkommen die Möglichkeit, eine Hebelwirkung in Ihrem Leben zu schaffen, die Sie sonst nicht erreichen könnten. Deshalb lassen Sie uns nun diese zwei Arten von Einkommen genauer betrachten.

Geld für Stundenarbeit oder lineares Einkommen, entstammt der Bezahlung für eine bestimmte Arbeitszeit oder eine bestimmte erbrachte Leistung. Das ist im Prinzip das Einkommen, das Sie erhalten, wenn Sie für ein Unternehmen oder selbstständig arbeiten. Hingegen entspricht passives Einkommen nicht zu 100% Ihrer Arbeitszeit oder Ihren erbrachten Leistungen. Das kann zum Beispiel Einkommen sein aus dem wiederholten Verkauf eines Produktes, das sie einmal kreiert haben, von mehrfacher Verkaufsprovision, Mieteinnahmen oder aus Kapitalanlagen.

Es gibt viele Wege, Geld zu machen, ohne auf Stundenlohnbasis zu arbeiten. Mehrere Einkommensströme von verschiedenen Finanzierungsquellen zu haben, verschafft Ihnen den größtmöglichen Zugang zu finanzieller Freiheit. Aber für den Augenblick lassen Sie uns erst mal auf die Theorie hinter dieser Art von Einkommen sehen. Und wenn Sie, nachdem Sie das gelesen haben, inspiriert sind, schauen Sie in den Anhang, wo verschiedene Arten, diese Art von Einkommen zu erzeugen, aufgeführt sind.

Der Cashflow-Quadrant

Als ich Robert Kiyosakis Buch *Rich Dad, Poor Dad* am Ende der Highschool las, verschoben sich die Kontinentalplatten unter meinen Füßen, und ich war ein veränderter Mensch. Von da an dachte ich ganz anders über das Geldverdienen. Kiyosako säte einen Samen der Freiheit in mir, der über die Jahre zu einem beträchtlichen Laubbaum herangewachsen ist. In diesem Buch gab es zwei Konzepte, die meine Welt besonders ins Wanken brachten. Das eine war die Finanzielle-Freiheits-Gleichung, die besagt, dass wir finanziell frei sind, wenn unser passives Einkommen größer ist als unsere Lebenshaltungskosten. Mein Streben nach finanzieller Freiheit konzentrierte sich darauf, diese Gleichung in meinem eigenen Leben zu verwirklichen. Das zweite Konzept ist der Cashflow-Quadrant. Um sich genauer damit zu befassen, empfehle ich, sich *Rich Dad, Poor Dad* zu besorgen und es durchzulesen. Für unseren Zweck gebe ich Ihnen einen Überblick, um Ihnen Appetit darauf zu machen.

Das ist das Diagramm des Cashflow-Quadranten:

Cashflow-Quadrant (mit freundlicher Genehmigung von Cashflow Technologies, inc.) ©2011 Robert T. Kiyosaki, Rich Dad's Cashflow Quadrant: Rich Dad's Guide to Financial Freedom, Plata Publishing, LLC.

Das *E* steht für Employee (Arbeitnehmer), das *S* für Self-Employed (Selbstständiger), das *B* für Business Owner (Unternehmer), und das *I* für Investor. In der ultimativen Form finanzieller Freiheit ist es das Ziel, von der linken Seite des Diagramms, wo *E* und *S* wohnen, zur rechten Seite zu kommen, wo *B* und *I* wohnen. Als Angestellter oder selbstständige Person hat man wenig Fremdkapital. Man wird nur für seine eigene Leistung bezahlt, nicht für die Leistung von Dritten oder irgendeinem anderen System. Man hat nichts, womit man mehrfach für eine einzelne Leistung bezahlt werden könnte, wie wenn man ein Buch schreibt oder ein digitales Produkt erzeugt.

Leute auf der *E*- und *S*-Seite werden auch höher besteuert als die auf der *B*- und *I*-Seite, weil sie weniger Möglichkeiten haben, ihre Steuerbelastung zu verringern. Vom gesamten Weltbesitztum werden 5 Prozent von der linken Seite des Diagramms verdient und 95 Prozent von der rechten Seite. Interessanterweise sind trotzdem 95 Prozent der Menschen auf der linken Seite des Diagramms, wohingegen 5 Prozent auf der rechten Seite sind.

Auf der *B*- und *I*-Seite arbeitet Ihr Geld hart für Sie, anstatt dass Sie hart für Ihr Geld arbeiten. Unternehmer besitzen Systeme, die für sie arbeiten, egal ob sie da sind oder nicht. Ein Beispiel wäre Warren Buffet, dem unter anderem eine Firma namens *The Pampered Chef* gehört. Ich garantiere Ihnen, dass er nicht jeden Tag ins Büro gehen muss, damit sein hochwertiges Kochgeschirr verkauft wird und Umsätze erwirtschaftet werden. Er hat ein System geschaffen, das nicht mehr abhängig von seiner Zeit und seiner Leistung ist. Jemand, der im *I*-Quadranten ist, hat Investitionen, die ihren finanziellen Wert vermehren. Sie investieren möglicherweise in Wertpapiere wie z.B. Aktien und Rentenpapiere, in Immobilien oder Firmen. Wenn Sie wahre finanzielle Freiheit schaffen wollen, werden Sie im Allgemeinen das erwirtschaftete Geld aus Ihrem *B*-Quadranten-Geschäft nehmen und es investieren.

Keine Sorge, der Übergang von links nach rechts – von *E* und *S* zu *B* und *I* – kann schon ziemlich weit reifen, während Sie noch auf der linken Seite sind. Sie müssen den Übergang nicht über Nacht vollziehen. Sie müssen auch keinen kompletten Übergang machen. Es reicht vollkommen aus, wenn Sie einen Teil Ihres Geldes von der linken Seite verdienen und einen Teil von der rechten Seite.

Allerdings ist es wichtig, die Unterschiede zwischen den verschiedenen Quadranten und die entsprechenden Vor- und Nachteile zu verstehen. Am häufigsten sehe ich, dass Arbeitnehmer, die Freiheit wollen, Ihr eigenes Unternehmen gründen und selbstständig werden. Es ist an und für sich absolut nichts daran falsch, sein eigenes Unternehmen zu gründen oder selbstständig zu werden, aber es ist mit Sicherheit kein bewährter Weg zur Freiheit. Die meisten selbstständigen Leute verlassen ihren Job, um das Sagen zu haben, ihre Arbeitszeiten selbst festlegen zu können und sich vor niemandem rechtfertigen zu müssen. Aber im Endeffekt werden sie im Wesentlichen dann nur von ihrem Job bestimmt, weil sich nichts tut und keine Umsätze erwirtschaftet werden, wenn sie nicht kommen. Sie müssen immer die Suppe auslöffeln und sehr oft führt das dann zu enormem Stress, 80-Stunden-Wochen und Burn-out.

Lassen Sie uns Nancy als ein Beispiel nehmen. Nancy ist eine hochqualifizierte Massagetherapeutin in Miami. Sie arbeitet in einem der großen Hotels am South Beach und bietet dort Trocken- und Heilbadmassagen an. Sie findet es gut, dass sie dort Vorteile hat und freie Zeit bezahlt bekommt, aber sie hasst es, dass jemand anderes dafür verantwortlich ist, wann sie arbeitet, wer ihre Klienten sind und wie viel sie verlangen kann.

Nancy – als die nach Freiheit strebende Frau, die sie ist – entscheidet sich, ihre eigene Massagetherapiepraxis zu eröffnen. Sie hat sehr gute Beziehungen in Miami und weiß, dass sie mit ihrer luxuriösen Kundschaft, wo sie Hausbesuche macht, und ihren anderen Klienten, die zu ihrem gemieteten Büro kommen, problemlos ihren Wochenplan füllen kann.

Und sie hat recht. Innerhalb eines Monats, in dem sie ihr Praxisschild aufgehängt hat, floriert *Nancys Healing Hands Massage*. Sie ist einen Monat im Voraus ausgebucht mit Warteliste, empfängt an drei Tagen in der Woche Kunden im Büro und macht drei Tage die Woche Hausbesuche. Sie macht bis zu sechs Massagen am Tag und kassiert eine Menge Geld. Sie ist jeden Abend erschöpft, wenn sie nach Hause kommt, aber es ist diese zufriedenstellende Art von Erschöpftsein, die davon kommt, eine tolle Arbeit getan zu haben, die Früchte der eigenen Leistung zu ernten und Leuten zu helfen.

Sechs Monate nachdem sie ihr Geschäft begonnen hat, bricht sich Nancy den Arm beim Beachvolleyballspielen nach einem besonders dramatischen Sprung. Der Arzt sagt ihr, dass sie ihren Arm drei Monate lang nicht bewegen darf und das Massieren bleiben lassen soll. Was nun? Nancy flippt aus, weil sie kein anderes Einkommen hat, als das vom Massieren. Sie hat nur etwas über tausend Dollar gespart und niemanden, den sie um finanzielle Hilfe bitten könnte. Plötzlich fühlt sie sich nicht mehr so frei.

Nancy ist das klassische Beispiel einer Person im S-Quadranten. Sie ist eine tatkräftige Person. Sie ist dynamisch und will Freiheit. Sie ist die geborene Leiterin und glaubte immer, dass man etwas selbst tun muss, wenn es richtig gemacht werden soll. Was natürlich der Todesstoß für Selbstständige ist. Ihr Einkommen ist total abhängig davon, dass sie da sind und alles tun. Und wenn sie das aus irgendeinem Grund nicht können, verdienen sie kein Geld.

Manche Leute wie Nancy entscheiden sich, dass sie nicht wollen, dass alles 100-prozentig von ihnen abhängt in Bezug auf die Einkommensgenerierung, also stellen sie Arbeiter an. Nancy könnte zum Beispiel fünf großartige Masseure in Miami einstellen und sich von jedem ihrer Massagen einen Anteil der Einnahmen einstreichen. Aber dann hat sie dem Bild die Sorge um die Angestellten hinzugefügt und muss sich Gedanken machen über die Repräsentation ihrer Firmenmarke durch Leute, die sie nicht kontrollieren kann. Das ist der Preis, von dem viele von uns glauben, wir müssten ihn für die Freiheit bezahlen.

Um also wirklich frei zu sein, müssen wir davon wegkommen, dass wir alles selbst machen müssen. Wir müssen davon wegkommen, zu denken, wir hätten irgendwie versagt, wenn wir um Hilfe bitten und wir müssen uns überwinden, nicht alles kontrollieren zu können. Wenn Sie reich werden wollen, stellen Sie jemanden an, der schlauer und talentierter ist als Sie, oder der bessere Fähigkeiten hat. Nehmen Sie Leute in Ihr Team auf, zu denen Sie aufsehen.

Sagen wir, Nancy hat einen geschäftstüchtigen Freund namens Jason. Er ist sehr gut an der Aktienbörse vertreten und sie treffen sich eines Tages am South Beach. Jason hört von Nancys misslicher Lage und beschließt, dass es hier eine großartige Chance für sie beide gibt. Sie braucht Geld, und er braucht ein neues Projekt. Er hatte schon immer eine Leidenschaft für Gesundheit und Nancy scheint die begehrteste Massagetherapeutin in ganz Miami zu sein. Sie hat eine spezielle Technik, um Verspannungen im oberen

Rücken und in den Schultern zu lösen, die man nirgendwo anders findet.

Nancy hat diese Technik immer als gut bewachtes Geheimnis bewahrt, weil es der Schlüssel dazu war, dass ihre Klienten wieder zu ihr kommen. Aber Jason hilft ihr, es auf eine andere Art zu sehen. Er macht ihr verständlich, dass sie wahre Freiheit nur erreichen kann, wenn sie bereit ist, die Kontrolle abzugeben. Wenn sie einer Gruppe anderer Massagetherapeuten diese Technik beibringen würde und ihnen genehmigen würde, diese unter ihrem Firmennamen zu benutzen, könnte sie regelmäßige Einkünfte aus dieser »Erfindung« beziehen. Nach einiger Überzeugungsarbeit also und etwas Zeit, die Nancy braucht, um ihr Kontrollproblem zu bewältigen, investiert Jason einen Batzen Geld und sie beginnen zu arbeiten.

Nancy unterrichtet ihre erste Klasse Massagetherapeuten in ihrer Schulter- und Nackenverspannungslösungstechnik, die sie jetzt als Markenzeichen eintragen lassen hat. Alle Massagetherapeuten, die sie ausbildet, beginnen, diese Technik zu nutzen und ihr eigenes Geschäft zu gründen, aber sie zahlen jedes Jahr dafür, ihre Technik zu nutzen, weil sie so populär geworden ist. Auf diese Art muss sie keine anderen Massagetherapeuten einstellen – sie sind genötigt zu einer Fortbildung mit ihr und anderen Meistertrainern in ihr Unternehmen zu kommen, wenn sie fortlaufend die Firmenmarke nutzen wollen, um sich einen Kundenstamm aufzubauen. Und sie bekommt jedes Mal einen großen Gehaltsscheck, wenn einer ihrer Therapeuten sein Lizenzabkommen erneuert. Sie ist auch versichert, dass sie durch das Gesetz in Bezug auf geistiges Eigentum gut geschützt wird.

Nancy und Jason beginnen dann, ihre Verdienste von diesem neuen B-Quadranten-Geschäft in verschiedene Im-

mobilien und Geschäfte in Miami zu investieren. Einige
von ihnen entwickeln sich gut und wenige gehen flöten,
aber insgesamt bleibt ihr Saldo stark aufgrund ihres Gold-
eselgeschäftes. Sie sind beide finanziell total frei *und* sie
haben Arbeit, die ihren Talenten entspricht, welche sie mit
der Zeit festgestellt haben. Zusätzlich haben sie ein System
aufgebaut, durch das andere Massagetherapeuten besser
werden können, in dem, was sie werden und selbst lukra-
tive Praxen eröffnen können. Sie haben sogar ein Empfeh-
lungsprogramm, bei dem man jährlich Anteile, also Resteinkommen, verdient, wenn sich Massagetherapeuten
gegenseitig dieses Training empfehlen, um eine Lizenz zu
bekommen. Jeder profitiert also davon!

Nancys Geschichte ist nur ein Beispiel, wie ein Angestellter sich zum *S*-Quadranten bewegen kann und dann
zum Leben in finanzieller Freiheit auf den *B*- und *I*-Quad-
ranten graduiert.

Der Mythos der Unentbehrlichkeit

Uns allen wurde beigebracht, dass wenn wir im Leben etwas erreichen wollen, wir sehr hart arbeiten und uns unter
Beweis stellen müssen. Uns wurde auch beigebracht, total
unersetzbar zu werden, um Arbeitsplatz und Erfolg zu sichern. Werde der beste, spezialisierteste, am höchsten qua-
lifizierte Hersteller, und du wirst immer eine Arbeitsstelle
und ein beständiges Einkommen haben. Baue ein Geschäft
auf deine einzigartigen Fähigkeiten, Gaben und Talente
auf und stelle sicher, dass du der Einzige bist, der das tun
kann, was du tust. Sodass du niemals von jemandem in
den Schatten gestellt oder ersetzt werden kannst.

Hier liegt das Problem an dieser Mentalität: Wenn Sie
unentbehrlich sind, sind Sie aufgeschmissen. Wenn Sie der

Beste in dem sind, was Sie tun und niemand anderes es genauso gut wie Sie machen kann, heißt das, dass Sie da sein müssen, um es zu tun. Sie müssen da sein, um die Produktion zum Laufen zu bringen und Umsätze zu erwirtschaften.

Wenn es Ihnen um Arbeitsplatzgarantie geht, ist es wahrscheinlich genau die richtige Strategie, unentbehrlich zu werden. Aber wenn es um wahre finanzielle Freiheit geht, ist es an der Zeit, entbehrlich zu werden. Sie können nicht gleichzeitig Arbeitsplatzgarantie und Freiheit anstreben. Diese beiden Ziele schließen sich sozusagen aus und stammen aus zwei total verschiedenen Denkarten.

Und die Wahrheit ist, dass Arbeitsplatzgarantie sowieso ein Mythos ist. Es gibt so viele Marktteilnehmer und äußere Faktoren, die in jedem Gewerbe gegeben sind, dass es keine Gewissheit gibt, dass die Dinge bleiben, wie sie sind – besonders in der heutigen Zeit. Ihre Zukunft und Ihr finanzielles Leben komplett in die Hände Ihres Chefs oder des Chefs Ihres Chefs oder irgendeiner Firma zu legen, ist nicht unbedingt das Schlauste, was man in seinem Streben nach Freiheit tun kann.

Deshalb, wenn Sie Freiheit wollen, müssen Sie ersetzbar werden in irgendeinem B-Quadranten-Geschäft. Dieses Konzept ist schwer zu begreifen, besonders für unser Ego. Sie sagen jetzt vielleicht: »Du meinst, ich soll es so machen, dass ich nicht notwendig bin, damit das System funktioniert und so, dass es egal ist, ob ich da bin oder nicht?« Und meine Antwort lautet JA! Wenn Sie wahrhaftig finanziell frei werden wollen, ist es so.

Wenn Sie sich Ihren Weg zur finanziellen Freiheit erdenken, gehen Sie sicher, dass Sie all die verschiedenen Aspekte Ihres Ziels berücksichtigen. Ich höre oft Leute sagen, dass Sie berühmt werden wollen, weil berühmte Leute reich und frei sind. Aber ich sage, wenn Sie berühmt sein und sich wichtig fühlen wollen, das ist etwas ganz anderes. Ich schlage Ihnen vor, ein wenig tiefer zu sehen, was hinter Ihrem Wunsch nach Ruhm steckt. Wenn Sie ein tiefes Bedürfnis haben, gesehen zu werden, ist das wunderbar. Sie müssen nicht berühmt sein, um gesehen zu werden. Sie können in einem Theaterstück oder einer Musical-Gruppe ausprobieren, wie es sich anfühlt gesehen zu werden, während Sie auf der Bühne stehen. Fangen Sie an, sich mehr zu lieben und anzuerkennen. Vertiefen Sie Ihre persönlichen Beziehungen, sodass Sie sich dort mehr beachtet fühlen. Dann können Sie sich ein Leben schaffen, das keinen Ruhm erfordert und Ihnen trotzdem hilft, Ihr Bedürfnis nach Beachtung zu erfüllen.

Und Sie können ein Leben schaffen, das nicht erfordert, dass Sie immer da sein müssen, um Geld zu verdienen. Wenn Sie berühmt werden wollen, um ein verrücktes Partyleben zu führen, dann ja, tun Sie das, aber erwarten Sie nicht, dass Berühmtsein genauso ist wie Reichsein oder finanzielle Freiheit. Diese Kombination steht nicht von vornherein fest. Ich erzähle Ihnen ein bisschen von meinen persönlichen Erfahrungen mit diesem Phänomen: Als ich in der Mittelschule war, wurde das Buch meiner Mutter *Frauenkörper – Frauenweisheit* sehr bekannt. Von der Zeit, als es veröffentlicht wurde, als ich 11 war, bis jetzt war sie zehn Mal bei Oprah, mehr als einmal auf der Bestseller-Liste der *New York Times* und hat schon oft in übervollen Sälen zu vielen Menschen gesprochen.

Die Leute fragten mich ständig: »Wie ist es, so eine reiche und berühmte Mutter zu haben?« Das war eine von Natur aus schwer zu beantwortende Frage, angesichts der Tatsache, dass ich nur eine Mutter hatte und das mit nichts vergleichen konnte. Es bringt mich auch heute noch durcheinander, wenn Leute mich das fragen. Was daran jedoch faszinierend ist, um beim Thema zu bleiben, dass Leute Berühmtsein automatisch mit Reichsein gleichsetzen. Es besteht die Annahme, dass man sofort einen großen Batzen Geld bekommt und finanzielle Freiheit, sobald man prominent wird.

Ich bin so froh, dass ich die Erfahrung machen durfte, mit einer berühmten Mutter aufzuwachsen, die trotzdem unglaublich bodenständig geblieben ist, weil mich das sehr viel über Prioritäten gelehrt hat. Ich habe auch schon einige Zeit mit berühmten Schauspielern, Musikern und anderen sehr bekannten Leuten verbracht. Und ich bin hier, um zu verkünden, dass Ruhm nicht zwangsläufig reich macht und definitiv nicht klüger im Umgang mit Geld. Es gibt hundert Geschichten von Leuten, die sehr viel Geld gemacht haben und dann nicht gut damit umgehen konnten, sodass sie nach ein paar Jahren nichts mehr hatten.

Willie Nelson ist dafür ein gutes Beispiel. Sein Name ist allgemein bekannt, und man könnte annehmen, er sei auch reich. Es geht ihm sicher gut jetzt, aber er musste 1990 Insolvenz anmelden, weil er 16,7 Millionen Dollar Steuerschulden an die IRS bezahlen musste. Immerhin wurde er kreativ und veröffentlichte ein Album unter dem Titel *The IRS Tapes: Who'll Buy My Memories?*, welches er verkaufte, um seine Schulden zurückzahlen zu können. Aber mein Punkt bleibt: Ruhm bedeutet nicht zwangsläufig, viel Geld zu machen. Und außerdem, wenn man viel Geld verdient, wird das nicht automatisch zu Reichtum, denn es kommt darauf an, was man mit dem Geld anfängt. Was bei Ruhm auch nicht garantiert ist, dass man glücklich ist oder geliebt wird.

In dem Film *J. Edgar* mit Leonardo DiCaprio gibt es einen Satz, der mir nicht mehr aus dem Kopf geht. Eine Frau, mit der J. Edgar etwas Zeit verbringt, sagt zu ihm: »Alle Bewunderung der Welt kann den Platz nicht füllen, den die Liebe einnimmt.« Das ist so ernüchternd wie wahr.

Wenn Sie hinaus in die Welt gehen und einen großen Unterschied machen wollen, wird das sicherlich etwas Bekanntheit mit sich bringen, und daran ist ja auch nichts falsch. Aber wenn es um Ihr finanzielles Leben geht und darum, wahre Freiheit aufzubauen, ist meine Empfehlung, es so zu machen, dass Ihr Einkommen, oder ein Großteil davon, nicht davon abhängig ist, dass Sie da sind und produzieren, egal wie berühmt oder einflussreich Sie werden.

Es gibt einige Bereiche, in denen es keinen Sinn ergibt, entbehrlich zu werden. Bei Freunden und Familie will man offensichtlich der Beste sein, die einzigartigste Version seiner selbst und man zeigt sich von seiner besten Seite. Wenn es darum geht, die kreative Arbeit zu tun, für die man geboren wurde, was einem in den Genen liegt, will man natürlich auch zeigen, was man kann und der Beste und Außergewöhnlichste sein. Aber wenn es um passives Einkommen geht, kann man nicht gleichzeitig unentbehrlich und finanziell frei sein.

Zur Sache kommen

Das ist ein guter Zeitpunkt, sich daran zu erinnern, was es bedeutet, wirklich finanziell frei zu sein. Meine Definition ist zweiteilig. Der erste Teil ist rein mathematisch: Sie sind finanziell frei, wenn Ihr passives oder fremdfinanziertes Einkommen größer ist als Ihre Lebenserhaltungskosten. Sehr klar und einfach. Und für viele Leute ist der schwierigere Teil dieser Gleichung nicht, genug passive Einnahmen zu erzielen, sondern sich über ihre Lebenserhaltungskosten klar zu werden (siehe Kapitel 5).

Der zweite Teil meiner persönlichen Definition finanzieller Freiheit ist weit weniger greifbar, aber ohne Zweifel genauso wichtig. Dieser Teil besagt, dass Sie in dem Maß finanziell frei sind, je seltener Sie Geld zu Fall bringt und umso mehr Sie eine Liebesbeziehung zu Ihrem Geld, sich selbst und Ihrem Wert für die Welt haben.

Das ist finanzielle Freiheit auf der emotionalen und spirituellen Seite der Dinge. So wie bei einer Erleuchtung ist es reine Übung, diese Ebene der Freiheit zu erreichen. Und Sie werden sie vielleicht nicht zu 100 Prozent in diesem Leben erreichen. Aber Stück für Stück sind wir in der Lage, uns jeden Tag ein bisschen mehr wertzuschätzen. Wir können uns immer mehr im Leben zeigen, um Wertvolles zu erschaffen und unsere Beziehung zum Geld mit kleinen Babyschritten zu heilen, bis wir 90 Jahre oder noch älter sind.

Jetzt werden wir uns verschiedene Varianten, Fremdkapital zu schaffen, genauer ansehen: Resteinkommen, passives Einkommen und wiederkehrendes Einkommen. Zuerst werde ich diese drei Begriffe definieren.

- Resteinkommen: Einkommen, das man immer wieder erzielt für eine Arbeit, die man ein Mal getan hat (z.B. Honorar für Bücher, Einnahmen für das Mitwirken in einem Werbespot, für das man jedes Mal bezahlt wird, wenn er gesendet wird, oder sich wiederholende Provisionszahlungen von einem anfänglichen Verkauf eines Verbrauchsgutes, wie z.B. Vitaminen, Hautpflegeprodukten oder Lebensmitteln)
- Passives Einkommen: Einkommen, das aus Investitionen erzielt wird – es fühlt sich passiv an, weil man nirgendwo erscheint, um es zu verdienen (z.B. Mieteinnahmen für einen Besitz oder Dividenden für Wertpapiere)

- Wiederkehrendes Einkommen: ähnlich wie Resteinkommen basiert es auf Arbeit, die man nur ein Mal gemacht hat und für die man immer wieder bezahlt wird – der Unterschied ist, dass diese Bezahlungen nach einem festgelegten Zeitplan erfolgen

Jeder, der behauptet, das Schaffen von Rest-, passivem oder wiederkehrendem Einkommen erfordere keine Arbeit, ist fehlinformiert.

All diese Arten von Einkommen erfordern Strategie, Fähigkeiten, Zeit, Energie und manchmal Kapital, das man einsetzen muss.

Diese Arten von Einkommen machen die ursprüngliche Arbeit, die man hineingesteckt hat, jedoch mehrfach bezahlt.

Wenn Sie allerdings einen Job haben oder selbstständig sind, investieren Sie das gleiche Maß an Arbeit und Energie, aber werden nur ein Mal dafür bezahlt. Sehen Sie den Unterschied? Beides erfordert Arbeit und Energie, aber das Erste ist viel klüger und das Zweite ist einfach anstrengender. Wenn Sie sowieso arbeiten gehen, warum sollten Sie dann nicht mehrfach dafür bezahlt werden?

Seit ich *Rich Dad, Poor Dad* gelesen habe, hat sich mein Denken über wiederkehrendes Einkommen verändert. Coaching und Workshops anzubieten, ist ein lineares Einkommensmodell und mein Geld damit zu verdienen, widerspricht meiner ganzen finanziellen Philosophie (obwohl es für andere Leute nicht falsch sein muss). Deshalb habe ich meine Feng Shui-Beratungsstelle geschlossen, obwohl es sehr gut lief und ich viel Geld verdiente. Ich konnte es nicht ausstehen, nur für die Stunden bezahlt zu werden, in denen ich mit meinen Klienten arbeitete und dass es kein wiederkehrendes Einkommen in diesem Geschäftsmodell gab. Finde einen Klienten, arbeite ein paar Stunden und werde bezahlt. Und das immer und immer wieder. Ich konnte das einfach nicht mehr weiter machen.

Ich startete mein Mentoring-Programm im Februar 2012. Ich hatte mir eine bemerkenswerte Online-Anhängerschaft aufgebaut und mir wurde klar, dass es keinen klaren Weg für Leute gab, um mit mir zu arbeiten, wenn sie auf meine Seite gingen. Ich wusste, dass ich anfangen könnte, Leute zu coachen oder Workshops über finanzielle Freiheit anzubieten, aber das ist ein lineares Einkommensmodell: ein Mal arbeiten, ein Mal bezahlt werden. Als ich das Programm startete, war ich überwältigt von der positiven Reaktion. Ich hatte mehr als 50 Bewerber auf 12 Stellen in der ersten Woche, und ich war begeistert. Die Bewerber bewarben sich für eine Stelle in meinem Network Marketing-Geschäft mit USANA, wo sie mit meinem Team, der Freedom Family, und auch mit mir persönlich zusammenarbeiten würden. Ich brauchte elf Jahre Geschäftserfahrung und Training, um mir finanzielle Freiheit zu schaffen und es in dieses Mentoring-Programm einzubeziehen. Und das Einzige, was die Leute tun mussten, um beizutreten, war ein Geschäft mit USANA zu gründen (was eine kleine Investition von weniger als 1000 Dollar war).

Was faszinierend an den Gesprächen mit den Bewerbern war, dass viele von ihnen mich nur für meine Zeit bezahlen, aber kein Geschäft gründen wollten. Sie hätten mir mehr als 4000 Dollar bezahlt, nur um mit mir persönlich zu arbeiten, aber sie konnten den Wert nicht erkennen, ihr eigenes Geschäft für weniger als 1000 Dollar zu gründen. Menschen sind wirklich faszinierend.

Zugegeben, ein Network Marketing-Geschäft ist nicht für jeden etwas, aber eins habe ich aus dieser Erfahrung gelernt: Viele Menschen würden lieber Geld nur in die Richtung ihrer Wünsche werfen, als etwas dafür zu tun.

Ich weiß, dass ich Leute persönlich oder in Gruppen coachen und mit ihnen arbeiten könnte. Ich weiß, dass ich damit eine Menge Geld verdienen könnte und vielleicht werde ich das in der Zukunft tun – wer weiß? Aber ich glaube so stark an wiederkehrende Einkommensströme in meinem Leben, dass ich kein bisschen meiner wertvollen Zeit in Einkommensströme investieren möchte, bei denen ich nur einmal für den Aufwand bezahlt werde, den ich betreibe. Manche Leute denken, ich bin verrückt. Ich musste schon viele potenzielle Klienten zurückweisen und bekam einige Kritik von Fachkollegen. Aber ich schätze Freiheit von ganzem Herzen, und meine Art von Freiheit wird durch wiederkehrendes Einkommen erzeugt. Ich kann nicht in einem Bereich meines Lebens Leute persönlich coachen und damit ein lineares Einkommen erzeugen und dann auf der Bühne stehen und über die Bedeutung von Freiheit und Resteinkommen sprechen. Das ergibt keinen Sinn. Deshalb kann man mit mir, zumindest zur Zeit, nur persönlich arbeiten, indem man meinem USANA-Geschäft beitritt.

Auf diese Art verdienen wir beide Resteinkommen mit einem bewährten Geschäftsmodell in einer Industrie, die mit einem Produktsortiment arbeitet, welches ich bewundere und das das beste ist, was man für seine Gesundheit bekommen kann. Es ist ein totaler Gewinn für beide Seiten. Und ich würde mich heuchlerisch fühlen, wenn ich irgendetwas anderes anbieten würde.

Diese Entscheidung beruht darauf, dass finanzielle Freiheit und Fremdkapital das Wesentliche meiner Mission sind und dass ich auf diese Weise anderen helfen möchte. Wenn Sie eine Person sind, die an finanzieller Freiheit interessiert ist, aber sich auch gern mit linearen Einkommensformen beschäftigt, denken Sie daran, dass diese Dinge sich keinesfalls gegenseitig ausschließen. Sie können Ihren eigenen Instinkten vertrauen, was die richtige Mischung und Ausrichtung für Sie, Ihre Gaben und Talente und Ihre Ziele ist. Um Ihnen zu helfen, das herauszufinden, lassen Sie uns einige Optionen, um Fremdkapital zu schaffen, ansehen.

IHR NÄCHSTER SCHRITT ZU WAHRER FINANZIELLER FREIHEIT

Wie schon erwähnt, müssen Pläne für große Veränderungen im Leben als eine Abfolge endlicher Handlungsschritte zusammengesetzt werden, damit Sie nicht davon überwältigt und entmutigt werden. Unser momentanes Ziel ist es, einfach mögliche Wege zusammenzutragen, durch die Sie wahre finanzielle Freiheit erlangen können. Nehmen Sie sich Ihr Journal und fangen Sie an, Möglichkeiten aufzuschreiben, die Sie schaffen können, um fremdfinanziertes Einkommen zu beziehen. Zur Inspiration schauen Sie in den Anhang und lesen Sie die Vor- und Nachteile von einigen der verschiedenen Arten, dies zu tun. Aber beschränken Sie sich nicht auf diese! Nutzen Sie Ihre Fantasie.

Nur Sie wissen, was Sie wollen. Wenn Sie ein paar Ideen zusammengetragen haben, gehen Sie noch mal zurück und legen Sie fest, welche die beste für Sie ist.

Hören Sie auf Ihren Körper und auf Ihre Intuition. Lassen Sie sich nicht von der Größe Ihrer Vorstellung abschrecken. Schreiben Sie einfach einen konkreten Handlungsschritt auf, den Sie tun können, um sich in

Richtung Ihres Ziels vorwärtszubewegen. Wenn Sie zum Beispiel ein Network Marketing-Geschäft gründen wollen und eine Freundin haben, die Sie vor einigen Monaten zu einer Präsentation einlud, die Sie nicht besuchen konnten, könnte Ihr nächster Aktionsschritt sein: »Susan eine E-Mail schreiben und sie fragen, ob sie nächsten Donnerstag mit mir Kaffee trinken will, damit sie mir von ihrem Geschäft erzählen kann.«

Jetzt schreiben Sie sich diesen Handlungsschritt in Ihren Kalender an einem bestimmten Tag zu einer bestimmten Zeit ein.

Dadurch, dass Sie Ihren nächsten Handlungsschritt bestimmen und in Ihren Kalender schreiben, werden Sie sich weit weniger überwältigt fühlen.

Wenn finanzielle Freiheit Ihr ultimatives Ziel ist, müssen Sie aufhören zu denken, der einzige Weg, diese zu erschaffen, sei, länger zu arbeiten, nach einer Gehaltserhöhung zu fragen, noch mal zur Schule zu gehen, um einen höheren Abschluss zu machen oder höhere Preise zu verlangen. Stattdessen müssen Sie anfangen, sich zu überlegen, wie Sie Geld verdienen können, so dass Ihnen mehr freie Zeit zur Verfügung steht – durch das ultimative Produkt.

Es gibt keinen einzig richtigen Weg für alle, also suchen Sie sich einen aus, mit dem Sie im Einklang sind, um passives Einkommen zu schaffen. Und dann fangen Sie an, die Babyschritte zu tun, die nötig sind, um es wachsen zu lassen.

All die hässlichen Seiten

Bevor Sie nun gleich flügge werden, möchte ich Ihnen noch einmal etwas ans Herz legen, dass ich im Buch schon mehrmals erwähnt habe.

Man hat uns beigebracht zu glauben, dass wir glücklich sein werden, sobald wir feste Bauchmuskeln haben, den Traumpartner, ein schönes Zuhause, ein niedliches Baby, ein Unternehmen mit sechsstelligem Einkommen und genügend passive Einnahmen, um unsere alltäglichen Bedürfnisse abzudecken. Das klingt für mich wie eine Falle. Denn ganz egal, was Sie tun, es wird immer etwas geben, um das Sie sich kümmern müssen.

Im Leben geht es nicht um Perfektion, sondern einfach darum zu leben.

Man wird nicht glücklich davon, dass man genügend auf der hohen Kante hat oder bestimmte Dinge besitzt.

Es wäre vollkommen verrückt und sogar sadistisch zu sagen, dass man warten sollte, bis man sich erfüllt fühlt, um alles in den Griff zu kommen. Als ich noch mit meinen Schulden kämpfte und dem Wunsch nach finanziellen Bewusstsein, sagte mir eine liebe Freundin: »Wenn du deine Finanzen in den Griff kriegst, triffst du bestimmt auch deinen Traummann.« Damit lag sie ja so was von falsch! Aaargh! Wir müssen doch nicht perfekt sein, um Liebe zu finden! Das würde ja heißen, ich müsste ein aufgeräumtes Haus haben, eine organisierte Sockenschublade, morgendliche Meditationsübungen, straffe Schenkel, einen guten Ruf und ein hohes Einkommen, um Liebe zu verdienen und anziehen zu können. Das wäre ja ziemlich bekloppt. Und glücklicherweise stimmt das auch nicht. Ich habe einen tollen Mann getroffen, als ich noch voll verschuldet war. Und ich glaube, dass es kein Zufall war, dass ich innerhalb von sechs Monaten, nachdem ich mich in ihn verliebt hatte, alle Schulden abbezahlt hatte. Außerdem hatte sich mein Einkommen innerhalb eines Jahres verdoppelt.

Ich hatte fälschlicherweise immer geglaubt, zuerst perfekt sein zu müssen, bevor mich jemand lieben könnte. Aber ich habe gelernt, dass man sich zuerst selbst lieben muss, um glücklich zu sein – und zwar mit all seinen hässlichen Seiten. Sie müssen Ihrer eigenen Glückseligkeit folgen.

Ja, die finanzielle Freiheit zu erlangen, ist eine großartige Sache, aber man sollte sich auch nicht nur noch darauf versteifen oder sein Wohlbefinden im Hier und Jetzt deswegen völlig außer Acht lassen.

Es gibt da dieses schöne Zitat von Thich Nhat Hanh:»Es gibt keinen Weg zum Frieden – der Frieden ist der Weg.«

Glänzen Sie in Ihrem Leben, selbst wenn Sie nicht den perfekten Körper, Job, Partner oder das perfekte Kind, Haus, Unternehmen oder Familienleben haben und auch nicht tonnenweise Geld auf Ihrem Bankkonto. Jeder Bereich Ihres Lebens ist verbunden, je mehr Sie sich selbst also die Erlaubnis geben, glücklich zu sein und jeden Bereich Ihres Lebens zu genießen, umso mehr wird diese positive Einstellung auch auf andere Dinge abfärben.

Ich werde niemals vergessen, wie ich am Küchentisch meiner Mutter saß und meine letzte Kreditkartenrate abbezahlte.

Ich war allein. Es war Juli. Ich drückte auf »Absenden« auf der American Express-Webseite. Und es war vollbracht. Sieben Jahre voll Angst und Stress verpufften nun. Ich hatte so lange all diese Affirmationen und Wunschcollagen über Schuldenfreiheit gemacht, und nun war es wirklich Realität geworden. Ich fühlte eine Woge von Energie in diesem Moment, doch hauptsächlich eher eine stille Befriedigung. Ich genoss das Gefühl des Abbezahlens für eine Weile. Denn ich wollte sichergehen, dass ich diesen Augenblick in Erinnerung behielt. Ich erzählte es meiner Mutter und meinem Mann. Sie freuten sich wahnsinnig für mich. Wir gingen schick essen, und dann machte ich ganz normal weiter mit meinem Leben. Kann man sagen, dass ich nun glücklicher bin, da ich meine Schulden los bin und in finanzieller Freiheit lebe?

Ja, das würde ich schon sagen. Aber nicht wegen des Geldes. Ich bin inzwischen viel glücklicher, weil ich mit meinen Werten und meiner Vorstellung von Freiheit im Einklang lebe. Ich bin in der Lage, mehr für die Welt zu tun, meine Stimme laut erklingen zu lassen, mehr zu geben und präsenter zu sein, da ich mir keine Sorgen mehr über Schulden machen muss und wie ich sie abbezahlen kann.

Die Schürfwunde in meinem Hirn, die ich mir selbst zufügte, indem ich mich ständig wegen meinen Geldproblemen runtermachte, ist fast vollständig verheilt. Ich kann nun bewusst die Entscheidung treffen, mich gut zu fühlen, meine Ziele zu verfolgen und dem Göttlichen zu dienen. Das ist etwas völlig anderes, als sich ständig zu fragen, ob ich in der Lage sein werde, meine monatliche Kreditkartenrechnung zu begleichen.

Aber ich wartete nicht solange bis meine Kreditkarte wieder völlig ausgeglichen war oder ich ein sechsstelliges Einkommen hatte, um Glück und Freude in meinem Leben zu empfinden. Ich wartete nicht, um auf mein Herz zu hören oder meiner Leidenschaft zu folgen. Ich wartete nicht, um gute Arbeit in der Welt zu leisten oder meine Wahrheit zu sprechen. Und ich kann Ihnen ebenfalls nicht empfehlen zu warten.

Na, und nun?

Es ist so ein verrücktes Wunder, dass es überhaupt Leben im Universum gibt, geschweige denn, dass wir als empfindende und relativ bewusste menschliche Wesen existieren. Dass unsere Herzen schlagen, unsere Augenlider flattern und unser Geist offen ist – das nenn ich wahre Magie. Ganz egal, wie viel Wissenschaftler über Zellen und Fortpflanzung erklären können und wie das Leben funktioniert und sich immer weiter ausbreitet – niemand kann wirklich erklären, wie und warum wir hier sind. Meiner Meinung nach, kann man diese Lücken zwischen der Wissenschaft und den ungeklärten Mysterien dieser Welt nur mit dem Göttlichen füllen.

Nennen Sie es die Quelle, Gott oder Göttin, Universum oder das Unerklärliche. Oder bezeichnen Sie es als das, was man nicht vollständig erklären oder begreifen kann, von dem man aber weiß, dass es da ist. Nennen Sie es Magie. Nennen Sie es ein Wunder. Doch wie auch immer Sie es nennen, da draußen ist etwas am Werk, das größer ist als wir es sind. Für mich erklärt das die Tatsache, dass wir uns alle hier auf diesem blaugrünen Planeten tummeln – jeder vollkommen einzigartig. Sie sind ein Wunder. Sie sind ein verdammtes wunderschönes Wunder.

Sie sind kein Unfall. Sie haben der Welt, ja dem ganzen Universum, etwas unglaublich Wertvolles für die Ewigkeit anzubieten.

Machen Sie sich nicht kleiner als Sie sind, indem Sie Ihr Leben von Ihren finanziellen Sorgen zermürben lassen. Wenn Sie mehr ausgeben als Sie verdienen, nur von Lohnauszahlung zu Lohnauszahlung leben und sich immer weiter in Schulden verstricken, dann nützen Sie niemandem und können im Leben nicht glänzen.

Ich hoffe, dass Sie an diesem Punkt der Lektüre schon eine neue Perspektive gewonnen haben. Ich hoffe, dass Sie inzwischen einen Ausweg aus Ihrem finanziellen Stress sehen und den Weg zur Freiheit. Bei dieser Art von Freiheit geht es zudem um viel mehr als nur darum, Rechnungen bezahlen zu können oder sechsstellige Einnahmen zu erzielen. Es geht um viel mehr als nur um schicke Restaurantbesuche und tolle Urlaube. (Aber es geht auch nicht *nicht* um diese Dinge.)

Es geht darum, Ihre Talente und Gaben, die Sie in diesem Leben mitbekommen haben, voll anzunehmen. Es geht darum, ihre einzigartige Wahrheit auszusprechen – und zwar auf Ihre individuelle, unnachahmliche Weise. Es geht darum, Ihr einzigartiges Genie mit der Welt zu teilen. Es geht darum, es mit offener und herzlicher Gelassenheit zu tun und einem Sinn dafür, wann es genug ist. Und beides wird oft dadurch ermöglicht, dass man finanziell gut gepolstert ist.

Ihr finanzielles Wohlbefinden ist direkt mit ihrer Fähigkeit verbunden, dieser Welt zu nützen und zu dienen. Ihre Verpflichtung zur finanziellen Freiheit ist eine Verpflichtung zur Verbesserung von allem und jedem. Wenn Sie sich selbst befreien, dann befreien Sie andere. Sie geben Ihnen die Erlaubnis, die Fesseln von »das sollte man tun« und »so müsste es sein« abzustreifen. So kann man sich endlich sein eigenes Leben gestalten.

Seien Sie ein glänzendes Beispiel für Freiheit. Wenn andere dann Ihr finanzielles Wohlbefinden wahrnehmen und sehen, was möglich ist, werden sie auch in der Lage sein, ihre persönlichen Grenzen auszudehnen. Geben Sie sich die Erlaubnis, frei zu sein. Geben Sie sich die Erlaubnis, wohlhabend zu sein. Geben Sie sich die Erlaubnis, dass Sie nicht nur wollen, was Sie schon besitzen, sondern auch das haben, was Sie wertschätzen. Geben Sie sich die Erlaubnis, sich so zu fühlen, wie Sie sich gerne fühlen wollen. Nur eine leuchtende Glühbirne mehr – und schon wird die Welt ein wenig heller. Seien Sie dieses Licht. Drücken Sie auf den Schalter. Verlieben Sie sich in Ihr Geld. Verlieben Sie sich in sich selbst. Verlieben Sie sich in Ihr Leben und leben Sie Ihre ultimative Liebesgeschichte zum Geld voll Glück und Freiheit.

Auf dem Freeway zur finanziellen Freiheit

Was sind nun all die verschiedenen Arten, um sich regelmäßige, passive Einnahmen zu beschaffen? Ich werde Ihnen einige Sachen vorstellen, die mir vertraut sind und die jeweiligen Vor- und Nachteile erörtern. Bitte denken Sie daran, dass ich nicht mit all diesen Freeways zur finanziellen Freiheit auch selbst Erfahrungen gemacht habe. Während ich jede Methode erkläre, gehe ich darauf noch einmal individuell ein. Das ist keine umfassende Liste, aber sie deckt schon ziemlich viele Optionen ab.

Es gibt Tausende von Menschen weltweit, die sich durch einen oder mehrere dieser Wege finanzielle Freiheit verschafft haben. Aber sie müssen selbst herausfinden, was für Sie die richtige Sache ist.

Achten Sie bei jeder Freeway-Option immer auf die Signale ihres Körpers, während Sie darüber lesen. Fühlen Sie sich verkrampft oder total entspannt? Vielleicht von beidem ein bisschen? Das sind alles wichtige Informationen. Und dann müssen Sie natürlich noch die Pro- und Kontrapunkte miteinbeziehen, die ich für jede Methode beschreibe.

Wahrscheinlich haben Sie nach diesem Abschnitt nicht gleich einen kompletten Businessplan erstellt, aber im Anhang finden sie genug Quellen, um weiter an Ihren Ideen zu arbeiten und Ihr Konzept weiter auszubauen.

Ich würde Ihnen empfehlen, dass Sie mit einem Freeway zur finanziellen Freiheit beginnen, das Ding zum Laufen bringen und sich dann schrittweise mit den anderen Methoden zu befassen.Wenn Sie mit zu vielen Sachen auf einmal anfangen, werden Sie sich schnell verzetteln und könnten sogar eine Menge Geld dabei verlieren. Gehen Sie also die Liste durch und bestimmen Sie die Methode, die Ihnen sinnvoll für Ihr Budget und Ihren momentanen Lebensstil erscheint.

Ich bin hier als Botschafterin aus dem Land der finanziellen Freiheit, um Ihnen zu sagen: »Hey! Es ist möglich, sein Leben auf eine Weise zu leben, die für Sie und die Welt auch eine Bedeutung hat. Es ist möglich, Ihre Zeit gut zu managen und einfach frei zu sein.« Es folgen ein paar Methoden, wie Sie das schaffen können und ein paar Hinweise für den Anfang.

Geistiges Eigentum

Finanzielle Freiheit durch Ihre eigenen, kreativen Ideen und Techniken zu erlangen, kann ein fantastischer Weg sein. Besonders wenn Sie über spezielle Fähigkeiten, Kenntnisse oder Perspektiven verfügen. Sie können das auf unzählige Arten tun – mit digitalen oder materiellen Produkten, mit Kursen, dem Publizieren von Büchern oder mit musikalischen Kompositionen und deren Veröffentlichung.

Digital

Beispiele: Meine Freundin Marie Forleo, eine Internet-Marketing-Expertin, designt digitale Produkte und Kurse, die sie online verkauft, sodass sie nicht pro Stunde bezahlt wird. Sie strengt sich einmal richtig an, um ein E-Book oder einen Kurs zu erstellen, und hat dann etwas, das sie unzählige Male verkaufen kann. Das ist ein tolles Beispiel für einen Freeway zur finanziellen Freiheit. (Einer ihrer Kurse, *B-School*, zeigt, wie man dies selbst genau so machen kann. Informationen dazu finden Sie im Anhang.)

PRO: Sie können ein digitales Imperium praktisch kostenlos aufbauen und Informationsprodukte online verkaufen, wenn Sie wissen, wie Sie eine Webseite erstellen und Ihre Informationen in eine ansprechende Form bringen können. Die Chancen stehen nicht schlecht, dass Sie so ein Online-Business für weniger als 500 Euro auf die Beine stellen können. Jeder kann bei diesem Spiel mitspielen, solange man einen Computer hat, eine Internetverbindung und etwas zu sagen, zu lehren und/oder zu verkaufen hat. Sie haben dabei die ultimative kreative Freiheit und können jede Person sein, die Sie sein wollen. Sie können sagen, was immer Sie loswerden wollen und Ihr Unternehmen so führen, wie Sie wollen, denn Sie haben sich vor niemandem zu verantworten.

Außerdem können Sie jederzeit von überall auf der Welt Ihr Geschäft führen.

KONTRA: Um diese Arbeit langfristig machen zu können, so dass es sich auch lohnt, muss man allerdings auch etwas Sinnvolles zu sagen haben. Es gibt ziemlich viele Leute, die durchschnittliche Informationsprodukte online verkaufen, um sich etwas dazuzuverdienen. Doch sie tun damit niemand einen Gefallen. Da es keinerlei Zugangsbeschränkungen gibt, kann jeder online seine digitalen Produkte verkaufen. Und das ist gleichzeitig ein Vor- und ein Nachteil. Sie müssen sich wirklich eine Online-Gefolgschaft aufbauen, um Ihre Informationsprodukte auch anständig verkaufen zu können. Man muss sich also Kenntnisse im On-line-Marketing aneignen und sich immerzu um seine Ziel-kundschaft kümmern. Für manche ist das sogar ein Pluspunkt, aber für diejenigen, die auch mal ganz gerne ein Jahr von der Bildfläche verschwinden wollen, wenn sie Lust dazu haben, wäre das definitiv ein großer Minuspunkt.

Das andere Problem hierbei ist, dass die Leute, die Ihr Produkt einmal gekauft haben, es dann eben auch besitzen und nicht noch einmal erwerben müssen. Das bedeutet, dass man ständig seine Marketingstrategien verbessern muss, um an neue Kunden zu kommen. Oder aber man entwickelt ständig neue Produkte, um sie an dieselben Kunden zu verkaufen. Für die meisten Leute, die sowieso ständig online sind, stellt das kein großes Problem dar, weil sie gerne neue Inhalte erstellen und es ihnen Spaß macht, darüber zu posten. Aber Sie sind nicht wirklich fi-nanziell frei bis sich Ihre Lebenserhaltungskosten von Ih-ren passiven Einnahmen aus den Verkäufen Ihrer Produkte abdecken lassen, ohne dass Sie sich weiter darum küm-mern oder sich neue Produkte ausdenken müssen.

Verkaufsartikel

Ein Beispiel: Ich habe eine Freundin, deren Stiefvater den AirCast erfunden hat. Dabei handelt es sich um ein Pro-dukt, das weltweit von Orthopäden in Krankenhäusern be-nutzt wird, um Knochen während des Heilungsprozesses zurechtrücken zu können. Durch AirCast konnte Millio-nen Menschen auf der ganzen Welt geholfen werden. In-zwischen ist daraus ein boomendes Unternehmen gewor-den, das besonders durch die Hilfe meiner Freundin so enorm gewachsen ist.

Das geistige Eigentum ihres Stiefvaters, seine Erfindung des AirCast, hat ein Business-System geschaffen, dass Geld einbringt, egal ob er noch in diesem Unternehmen tätig ist oder nicht (er ist es nicht).

Ein weiteres Beispiel von jemandem, der finanzielle Freiheit erlangt hat, indem er seine Intelligenz benutzte, um ein neues Produkt zu erfinden, ist mein Freund Kevin. Er kreierte das Software-Programm *Freehand* und konnte damit eine Menge Geld machen.

PRO: Wenn Ihr Produkt zur richtigen Zeit auf den Markt kommt und zum Hit wird, kann man viel Geld mit Erfindungen verdienen. Das ist ein toller Freeway zur finanziellen Freiheit, wenn Sie vor originellen Ideen nur so sprudeln und über die Mittel verfügen, diese auch umzusetzen.

KONTRA: Man kann nie vorhersagen, ob ein bestimmtes Produkt tatsächlich zum Verkaufsschlager wird, wenn es auf den Markt kommt. Sie denken vielleicht, Sie haben die perfekte Lösung für ein alltägliches Problem gefunden, aber dann floppt Ihre Erfindung total, und Sie haben viel Zeit, Energie und Geld verschwendet.

Suchen Sie sich einen guten Anwalt, der sich auf das Urheberrecht von geistigem Eigentum spezialisiert hat. Robert Kiyosaki erzählt in seinen Büchern, wie er die erste Nylon-Brieftasche für Surfer mit Klettverschluss erfand. Als der Artikel auf den Markt kam, war er sofort ein Hit und es wurden gleich über 1000 Einheiten verkauft. Leider war das Produkt in keiner Weise geschützt oder patentiert – und superleicht nachzumachen. Schon bald gab es also Leute, die ähnliche Artikel anboten. Und schwupps war Robert aus dem Geschäft, da er nicht dieselben Ressourcen und Vertriebsmöglichkeiten hatte wie die Konkurrenz, die mit seiner Idee nun reichlich Kohle machte. Wenn Sie also Ihre Ideen verkaufen wollen, müssen Sie sie auch beschützen.

Bücher – traditionelle Veröffentlichung

Beispiele: Ich kenne viele Autoren, die ziemlich gut damit gefahren sind, ihre Ideen in Buchform zu bringen. Meine Mutter hat vier Bücher geschrieben, zwei davon wurden *New York Times*-Bestseller. Und ein paar meiner Freunde sind ebenfalls inzwischen Bestseller-Autoren. In der Verlagswelt läuft es normalerweise so ab: Man sucht sich zuerst einen Agenten, der Interesse daran hat, Sie als Autor zu repräsentieren und der Ihr Buch dann an verschiedene Verlage schickt. Wenn sich ein Verlag für Ihr Projekt entscheidet, bekommen Sie manchmal (aber eben nicht immer) einen Vorschuss.

Ein großer Teil meiner College-Ausbildung wurde durch solche Vorschüsse und Tantiemen auf die Bücher meiner Mutter bezahlt, daher bin ich sehr dankbar für diese Art von Einnahmen. Leute wie Stephen King (übrigens auch ein Einwohner aus Maine) oder Danielle Steel bekommen ja auch ein ganz ordentliches Einkommen aus Buchvorschüssen und -tantiemen zusammen. Sie bringen allerdings auch ständig neue Sachen auf den Markt, von denen sie unzählige Exemplare verkaufen.

PRO: Wenn Sie einen Computer haben (oder selbst nur eine Schreibmaschine) und eine Idee, dann können Sie ein Buch schreiben. Wenn Ihr Buch von einem aktuellen kulturellen Bedürfnis oder Phänomen handelt und sich daher sehr gut verkauft, können Sie die Tatsache genießen, dass Sie einmal ein Buch geschrieben haben und nun immer wieder dafür bezahlt werden. Das passiert allerdings nicht jedem, der ein Buch geschrieben hat. Aber für diejenigen, die es schaffen, ist es eine wunderbare Sache, um dadurch passive Einnahmen zu erhalten. Wenn Sie bei einem bekannten Verlag veröffentlichen, so ist das eine fantastische Sache, denn Sie erlangen dadurch Glaubwürdigkeit und können von den exzellenten Vertriebsmöglichkeiten profitieren, auf die die meisten Autoren keinen Zugriff haben.

KONTRA: Wenn Sie denken, dass Sie automatisch reich und berühmt werden, wenn Sie Ihr Buch bei einem renommierten Verlag veröffentlichen, liegen Sie leider vollkommen falsch. Wenn Sie zu den Glücklichen gehören, die einen Vorschuss für Ihr Buch bekommen, kann der relativ klein ausfallen und gerade mal Ihre Lebenserhaltungskosten während des Schreibprozesses abdecken (wenn überhaupt). Oft verkauft sich ein Buch nicht so gut, dass der Vorschuss wieder reinkommt. Dann erhält der Autor auch nie irgendwelche Tantiemen.

Der Buchmarkt ist umkämpft und übersättigt. Da braucht es schon eine brillante Idee, kreatives Marketing und tolle Besprechungen, damit ein Buch zum Bestseller wird. Sogar dann wird es sich nicht ewig verkaufen, es sei denn, Sie halten ständig Vorträge und landen so in den nationalen Medien.

Einnahmen von Buchverkäufen kann man eigentlich nicht wirklich als passive Einnahmen bezeichnen. Man muss immerzu Promotion machen, um das Buch unter die Leute zu bringen. Im Grunde arbeitet man also für jeden Euro, der reinkommt. Autoren bekommen zudem nur einen sehr kleinen Anteil von jedem Buch, das verkauft wird. Der Verlag kriegt den größten Teil, während der Autor selbst nur etwa 15 Prozent erhält. Und davon gehen nochmals 15 Prozent an den Agenten. Die meisten Autoren werden durch das Schreiben eines Buches keine finanzielle Freiheit erlangen, vielleicht reichen dafür nicht mal zehn. Ein Buch zu schreiben, bedeutet eine Menge Arbeit.

Und selbst wenn Sie das Glück haben, einen Agenten zu bekommen, einen guten Verlag und vielleicht sogar einen Vorschuss erhalten, gibt es absolut keine Garantie, dass Sie mit Ihrem Buch jemals Tantiemen verdienen werden. Und zu guter Letzt dauert es ja auch schließlich wahnsinnig laaange, bis aus einer Idee im Kopf ein fertiges Buch im Regal wird. Meine Mutter brauchte vier Jahre, um *Frauenkörper – Frauenweisheit* zu schreiben. Und dann hat es nochmals eineinhalb Jahre gedauert, um es zu lektorieren, den Umschlag zu gestalten und das Buch auf den Markt zu bringen.

Das Buch, das Sie in den Händen halten, war ursprünglich eine Idee, die im Mai 2011 aufblitzte. Die Veröffentlichung war dann im September 2013. Obwohl ich nur ein paar Monate brauchte, um es zu schreiben, dauert einfach der Gesamtprozess so lange. Üben Sie sich also in Geduld und denken Sie an andere Einkommensquellen, denn ein Buch zu schreiben, ist finanziell nicht besonders sicher.

Bücher – Self-Publishing

Beispiele: Wenn man sich erst mal alle Nachteile von traditionellen Veröffentlichungen vor Augen geführt hat, ist es kein Wunder, dass viele Autoren sich für einen Alleingang entscheiden, bei dem sie nicht nur größere kreative Freiheit und mehr Kontrolle über ihr Werk haben, sondern auch einen höheren Prozentsatz vom Profit und eine viel schnellere Veröffentlichung.

Meine Freundin Nancy Levin gab ihren Gedichtband *Writing for My Life* bei Balboa Press heraus. Dabei handelt es sich um eine Tochtergesellschaft für Eigenveröffentlichungen von Hay House. Der ganze Prozess vom Einreichen des Manuskriptes bis hin zur Veröffentlichung dauerte sechs Wochen. Sie investierte 999 Dollar für Satz und

Druck, und danach waren die Bücher bereit für *Print on Demand*. Jedes Buch kostet 9.95 Dollar. Entsprechend ihrer Bestellmenge zahlt Nancy für jedes Exemplar etwa 4 bis 5 Dollar. Bis jetzt hat sie mit diesem Projekt etwa 12000 Dollar gemacht. Es wäre sehr schwierig gewesen, einen traditionellen Verlag dazu zu bewegen, einen reinen Gedichtband zu veröffentlichen. Und auf etwaige Tantiemen hätte sie wahrscheinlich ewig warten müssen.

Also beschloss Nancy, den Stier bei den Hörnern zu packen und die Sache selbst in die Hand zu nehmen. Gut gemacht, Nancy!

Mein Freund Michael Chase, der Gründer des *Kindness Center*, gab 2009 sein Buch im Eigenverlag heraus. Er begann es im Januar 2009 zu schreiben. Im Juli 2009 war es dann schon veröffentlicht, und er konnte es stolz in den Händen halten. Das Buch zusammenzustellen hat ihn nichts weiter gekostet als Fleiß und Schweiß, denn er machte sogar selbst den Satz und die Gestaltung. Und seine Frau, eine professionelle Fotografin, übernahm das Autorenfoto. Er verdiente immerhin 4000 Dollar mit dem Buch, nachdem er 400 Exemplare verkauft hatte, denn er nutzte einen Print-on-demand-Service, der 7 Dollar pro Buch kostete, dessen Verkaufspreis am Ende 17.95 Dollar war. Das ist doch mal eine Investition, die sich ausgezahlt hat, wenn Sie mich fragen!

Aber es gibt noch eine andere tolle Sache, die durch Michaels Eigenveröffentlichung passiert ist. Er erhielt dadurch eine Plattform, ein großer Verlag wurde so auf sein Werk aufmerksam und schlussendlich bekam er doch noch einen richtigen Buchvertrag. Doch er erzählte mir, dass er froh war, selbst veröffentlicht zu haben. Denn obwohl es immer sein Traum gewesen war, von einem renommierten Verlag vertreten zu werden, hatte er durch seine Eigeninitiative ein tiefes Verständnis für die Verlagswelt bekommen und dafür, was die eigentlichen Aufgaben eines Verlegers sind.

PRO: Wie bereits erwähnt, haben Sie mehr kreative Kontrolle über das fertige Produkt ohne die Ge- und Verbote eines Verlagshauses im Hinterkopf, was Sie sagen dürfen und was nicht. Sie haben ebenfalls die totale Kontrolle, was die Covergestaltung betrifft. Und Sie bekommen das fertige Produkt auch viel schneller auf den Markt, als wenn Sie den traditionellen Veröffentlichungsweg einschlagen. Außerdem bekommen Sie eine viel höhere Gewinnbeteiligung. Ihre einzigen Ausgaben sind die Energie, die Sie für das Schreiben Ihres Manuskriptes brauchen, vielleicht noch das Honorar für den Umschlagdesigner und den Lektor sowie die ursprünglichen Druckkosten. Ansonsten bekommen Sie Ihr Geld direkt, sobald Ihre Bücher verkauft werden.

KONTRA: Es gibt beim Self-Publishing aber auch eine Menge Nachteile. Den ersten hatte ich schon bei den Vorteilen aufgelistet: Sie haben die alleinige Kontrolle. Das bedeutet allerdings auch, dass Sie sich um jedes Detail selbst kümmern *müssen*.

Sie müssen einen Lektor finden, einen Setzer und eine Druckerei. Außerdem sollten Sie über ein gutes Netzwerk verfügen, wenn Sie Ihr Buch selbst veröffentlichen, sodass die Leute auch ohne einen großen Verlag darauf aufmerksam werden. Ein großer E-Mail-Verteiler, Vortragstermine und Social Media-Aktivitäten sind ein Muss, wenn Sie viele Bücher verkaufen wollen.

Sie können nicht einfach ein Buch bei Amazon reinstellen und erwarten, dass die Leute es schon irgendwie finden. Es gibt dort einfach schon viel zu viel. Ich würde daher auch keinem Self-Publishing empfehlen, wenn er nicht über ein exzellentes Netzwerk verfügt. Ein renommierter Verlag stärkt außerdem Ihre Glaubwürdigkeit als Autor. Im Moment verändert sich gerade sehr viel in der Verlagswelt. Aber während ich das hier schreibe, geht es Verlagen wie Random House, Penguin, Simon & Schuster oder Hay House noch immer sehr gut, und sie geben eine Menge wundervoller Publikationen heraus. Wenn Sie Ihr Buch selbst veröffentlichen, haben Sie nicht dieselben Vertriebsmöglichkeiten, über die ein großer Verlag verfügt. Das kann natürlich ein sehr großer Nachteil sein. Die Möglichkeiten sind eigentlich unbegrenzt, bei der Art von geistigem Eigentum, das Sie gern vermarkten würden. Sie müssen sich nur darüber klar sein, auf was Sie sich einlassen. Bleiben Sie immer vorsichtig und setzen Sie nicht alles auf eine Karte. Genießen Sie den kreativen Prozess und die Möglichkeit, Ihr Werk unter die Menschen zu bringen. Und achten Sie darauf, den geschäftlichen Teil klug anzugehen oder zumindest jemanden zu haben, der Ihnen dabei helfen kann.

Investitionen
Beispiele: Sie können in Aktien oder Fonds investieren, Immobilien oder Unternehmen, um Ihr Geld für Sie arbeiten zu lassen, anstatt dass Sie für Ihr Geld arbeiten. Meine liebe Freundin Barbara Stanny, eine meiner größten Mentorinnen, verdient das Meiste von ihrem Geld, weil sie so schlau investiert. Sie bekommt ziemlich viel passive Einnahmen von den Zinsen und Gewinnausschüttungen von dem Geld, das sie in Immobilien, Fonds und Aktien gesteckt hat. Das läuft alles sehr gut für sie.

Robert Kiyosaki machte das meiste Geld mit Immobilien in Phoenix in den Neunzigern. Er kaufte mit seiner Frau ein Gebäude, sanierte und renovierte es, um es dann für einen höheren Betrag als die Hypothek inklusive Nebenkosten zu vermieten. So konnte er sich über beträchtliche passive Einnahmen freuen.

Als das Unternehmen wuchs, investierte er in private und kommerzielle Immobilien. Als er und seine Frau zum ersten Mal finanziell frei waren, lebten sie einzig und allein von ihren Einnahmen aus den Immobilien. Arbeiten mussten sie nicht mehr. Tatsächlich musste sich Kiyosaki sogar selbst dazu zwingen, ein ganzes Jahr zu pausieren.

Sie können auch in Unternehmen investieren. Risikokapitalanleger machen auf diese Weise ihr Geld. Wenn jemand eine Geschäftsidee hat, an die Sie glauben, können Sie demjenigen eine finanzielle Startspritze im Austausch gegen Anteile am Unternehmen geben. Vielleicht möchten Sie ein stiller Teilhaber sein, der sich nicht am eigentlichen Geschäft beteiligt und einfach nur Geld investiert. Oder aber Sie werden Berater und investieren sowohl Geld als auch Ihr Wissen, um der Firma zum Erfolg zu verhelfen.

Und dann, wenn/falls das Unternehmen größer wird und Profit abwirft, haben Sie einen Anteil an dieser Firma, der weit mehr wert ist als das Geld, das Sie ursprünglich investiert haben. Sean Parker, der Typ, der Napster erfand, investierte in Facebook, als die Idee dazu noch in den Kinderschuhen steckte. Als Facebook zu dem Monolithen heranwuchs, zu dem es nun geworden ist, wuchs auch Seans Firmenanteil. Inzwischen hat er dadurch Milliarden Gewinn gemacht. Wenn Sie in ein Unternehmen investieren, können Sie entweder ein Risikokapitalanleger sein und sich so Geschäftsanteile sichern oder ein sogenannter Business-Engel, der einfach nur Geld in Start-ups steckt und keine Firmenanteile dafür bekommt, aber eine ver-

bindliche Zusicherung, dass er eine Rückzahlung bekommt, sobald das Unternehmen wächst und entspre-
chende Gewinne abwirft.

PRO: Investitionen sind eine tolle Art, um Geld zu vermehren, das Sie bereits besitzen. Sie können Ihr Geld in
Aktien, Immobilien oder junge Unternehmen stecken, um
dann darauf zu warten, dass es wächst, wenn der Markt
sich verbessert oder die Firma Erfolg hat. Es ist außerdem
eine fantastische Methode, um mit seinem Geld die Dinge
zu unterstützen, an die man glaubt. Wenn Ihnen beispielsweise Nachhaltigkeit und soziales Bewusstsein wichtig ist,
dann können Sie Ihr Geld in Unternehmen stecken, die
sich nach diesen Werten richten und so die Welt ein wenig
besser werden lassen.

KONTRA: Wenn es um Investitionen geht, dann stimmt
das alte Sprichwort:»Um Geld zu machen, braucht man
Geld.« Sie brauchen ein gewisses Kapital, um investieren
zu können. Und wenn Sie nicht wissen, was Sie tun, dann
ist es ganz leicht, Geld zu verlieren. Wenn Sie den Immo-
bilienmarkt nicht kennen, dann werden Sie auch kein
Glück als Vermieter haben. Es ist dann fast unvermeidlich,
dass Ihre Bemühungen sinnlos sind und Sie auch noch viel
Geld verlieren. Denn obwohl jeder Mensch selbst einen
Teil des Wirtschaftssystems darstellt und die Wirtschaft ein
bisschen in eine bestimmte Richtung lenken kann, haben
wir keine wirkliche Kontrolle über den Markt. Wenn Sie
also 2008 während des großes Crashs all Ihr Geld in Aktien
angelegt hatten, dann haben Sie viel Geld verloren. Und es
gab nichts, was Sie hätten tun können.
     Viele kluge Finanzberater, von denen ich etwas lernen
durfte, sagen:»Legen Sie nur so viel in Aktien an, dass Sie

es leicht verschmerzen können, wenn Sie jeden Cent davon verlieren.«

Es ist einfach schon ein sehr hohes Risiko, sein Geld zu investieren. Daher kann ich Ihnen nur empfehlen, sich mit einem Profi zu beraten, dem Sie vertrauen, wenn es um Aktien und dergleichen geht.

Und recherchieren Sie auch gründlich, wenn Sie Ihr Geld in Unternehmen oder Grundstücke stecken wollen. Seien Sie sich bewusst, dass es sehr riskant ist. Überlegen Sie gut, mit wie viel Risiko Sie sich noch wohl fühlen und auf wie viel Geld Sie problemlos verzichten können, bevor Sie irgendetwas unterschreiben.

Das traditionelle Großunternehmen

Beispiel: Besitzer großer Firmen mit einem System, bei dem es egal ist, ob Sie physisch präsent sind oder nicht. Ganz egal ob Bill Gates nun vor Ort auftaucht oder nicht, Microsoft bringt ihm kontinuierlich Geld ein. Und Bill Gates verdient immer noch eine ganze Menge davon. (Obwohl ich mir sicher bin, dass er sehr häufig in die Firma geht und mit Herz und Seele dabei ist, weil er das so will. Das Zauberwort heißt hier *wollen*.) Die meisten Leute, die ein traditionelles Unternehmen wie ein Restaurant oder einen Laden eröffnen, bleiben für immer auf der Stufe, auf der die meisten Selbstständigen sind: Wenn Sie nicht selbst auf der Arbeit aufkreuzen, passiert rein gar nichts.

Einige schaffen es, tolle Leute einzustellen, die den Laden für sie schmeißen, während Sie selbst in der Zwischenzeit tun und lassen können, was sie möchten. Diese Leute schätzen ihre Freiheit eben mehr als das Gefühl, wichtig zu sein und gebraucht zu werden. Es ist aber auch ein großer Unterschied, ob Sie in Ihrer Firma arbeiten, weil Sie das müssen oder weil Sie es lieben. Blake Mycoskie, der Erfinder der *TOMS* Schuhe und Autor von *Start Something That Matters*, konzentriert sich hauptsächlich darauf, über Schuhe zu sprechen und diese als Give-Aways zu verschenken. Er hat andere Leute für die täglichen Geschäfte in seiner Firma, weil er den Außendienst bevorzugt. Er ist frei, um zu entscheiden, was er mit seiner Zeit anfangen möchte. Aber damit *TOMS* Schuhe Gewinne erzielt, ist es nicht nötig, dass Blake dort jeden Tag aufkreuzt, um irgendetwas zu arbeiten. Er hat ein System, durch das er zu seinem Geld kommt, ob er nun aufkreuzt oder nicht.

PRO: Ein traditionelles Unternehmen, das groß genug ist, um genügend Einkünfte zu generieren, ob Sie nun vor Ort sind oder nicht, ist schon eine wunderbare Sache. So haben Sie die Freiheit, ein Produkt herzustellen, an das Sie glauben, und das Unternehmen so zu führen, wie Sie das wollen. Wie das eben Blake Mycoskie tat. Niemand sonst hatte eine Firma, die immer ein Produkt verschenkte, sobald sie eins verkaufte. Aber da Blake ja der Gründer und Besitzer war, konnte er sich ein Geschäftsmodell basteln, mit dem er klarkam. Und das tat er auch – und zwar mit einem einfachen Paar Schuhe. Wenn Sie Ihr eigenes Unternehmen leiten, dann kann Ihnen niemand sagen, wie Sie das tun sollen. Sie bestimmen, wo es langgeht. Und wenn Sie tolle Leute einstellen, die den Laden schmeißen, können Sie sich auf die Dinge konzentrieren, die Ihnen Spaß machen und die Sie am besten können. Überlassen Sie den Rest jemand anderem, während Sie weiterhin den Lohn Ihrer Arbeit genießen können. Denn schließlich waren Sie es ja, die den Stein am Anfang ins Rollen gebracht haben.

KONTRA: Fünfundneunzig Prozent aller Unternehmen scheitern innerhalb der ersten fünf Jahre. Es gibt also überhaupt keine Erfolgsgarantien bei der Unternehmensgründung. Und wie ich bereits erwähnte, kommen die meisten Unternehmer niemals aus dieser Phase heraus, in der sie selbst backen müssen, damit sie Doughnuts verkaufen können. Und diese Tatsache ist branchenunabhängig.

Es kann ziemlich hart sein, gute Leute für die Geschäftsleitung Ihrer Firma zu finden. Und es kann sogar noch schwieriger sein, wirklich die Kontrolle abzugeben, wenn man dann gute Leute gefunden hat. Um ein großes, erfolgreiches Unternehmen zu gründen, braucht man also viel Zeit, Geld, Energie und Kreativität. Sie müssen das Produkt entwickeln, es herstellen, den Vertrieb, das Marketing und den Kundendienst übernehmen. Außerdem müssen Sie sich um Forschung und Entwicklung kümmern und jeden anderen Aspekt Ihrer Firma, um das Geschäft am Laufen zu halten.

Sie müssen also ganz unten anfangen, ohne ein System, an das Sie sich halten könnten. Eine Firma zu gründen, die schließlich so groß wird, dass Sie entweder anderen die Leitung überlassen oder sie für eine große Summe verkaufen können, ist nichts für schwache Nerven.

Meine Empfehlung an Sie: Tun Sie es nur, wenn Sie so dafür brennen, dass nichts anderes Sie je befriedigen könnte. Meine Schwester Ann hat mir die Geschichte eines bekannten Schauspielers erzählt, der eine Abschlussklasse in der theaterwissenschaftlichen Fakultät in Yale unterrichtete. Während seines Vortrags sagte er: »Wenn es irgendetwas auf der Welt gibt, womit Sie genauso glücklich wären wie mit der Schauspielerei, dann machen Sie lieber das.« Ungefähr so denke ich auch über traditionelle Unternehmensgründung.

Franchising

Beispiel: Wenn ein großes Unternehmen ein System aufbaut, das andere Leute (Lizenznehmer) kaufen und betreiben können. Der Lizenznehmer muss kein eigenes Produkt oder Geschäftsmodell haben, sondern nur genug investieren, um das schon bestehende System in seiner Gegend einführen zu können. McDonald's ist ein Franchise, ebenso wie Subway. Der Vater einer Freundin aus Kindertagen besitzt mehrere McDonald's Restaurants im Süden von Maine, wo wir aufgewachsen sind.

Er schien ziemlich viel Freiheit zu haben, denn er hatte für all seine Filialen Manager. Er musste also selbst nicht vor Ort sein, damit sich die Big Mäcs verkauften.

PRO: Mit einem Franchise erhält man zugleich ein erprobtes Geschäftsmodell. Man muss daher am Anfang nicht so viel Energie hineinstecken wie bei einer traditionellen Unternehmensgründung. Das Produkt ist vorhanden, das Marketing ist da und das Geschäftsmodell ist etabliert. Sie müssen nur noch Leute, Geld und Energie in dieses System stecken, um damit loslegen zu können. Das ist ein tolles Modell für jemanden, der von einem schon bestehenden erfolgreichen Unternehmen bzw. einer eingeführten Marke profitieren will.

KONTRA: Die meisten Francise-Unternehmen kosten 100000 Euro und mehr. Einige der größeren McDonald's Restaurants können sogar mehr als eine Million Euro kosten. Wenn Sie also nicht viel Startkapital besitzen, kommt dieser Weg sowieso nicht für Sie in Frage. Außerdem gibt es keine Garantie, dass ein Geschäftsmodell, das woanders super funktioniert, auch in Ihrer Stadt Gewinne erzielen wird. Doch egal, ob Sie nun Geld verdienen oder nicht, Sie sind trotzdem dazu verpflichtet, regelmäßig den Lizenzgeber zu bezahlen. Es ist zudem schwierig, gutes Personal zu finden, besonders für ein Fastfood-Restaurant. Und die meisten Franchises sind nun mal welche. Ständiger Personalwechsel kann echt anstrengend sein. Viele Chefs nennen ihre Firmen ja schon »Erwachsenentagesstätte«, wegen all des Ärgers mit den Angestellten. Außerdem sollte man nicht vergessen, dass man nicht aus Überzeugung hinter den Produkten der meisten Franchise-Unternehmen stehen kann, selbst wenn sie gutes Geld einbringen. Oder wollen Sie etwa wirklich Ihr Geld damit verdienen, indem Sie Junk Food verkaufen und so zu Fettleibigkeit, Diabetes und Herzkrankheiten beitragen? Wenn Sie sich für diese Art von Franchise entscheiden sollten, dann tun Sie das lieber, indem Sie bei etwas mitmachen, das dem Planeten hilft – vielleicht ein Fitnessclub oder ein HealthFood-Francise.

Network Marketing
Beispiel: Und dann gibt es da die Industrie, in der ich angefangen habe: Network Marketing. Eine Firma stellt ein Produkt her oder bietet eine Dienstleistung an, was dann durch Mundpropaganda verbreitet wird. Der Konsument wird praktisch dafür bezahlt, dass er das Produkt oder die Dienstleistung weiterempfiehlt.

Es ist wie eine Mini-Version von Franchising, denn es gibt schon ein fertiges Produkt und ein System, mit dem Sie arbeiten können. Ich begann mein Network Marketing-Unternehmen, als ich 18 Jahre alt war. Das kostete mich damals weniger als 700 Dollar.

Ich begann mit den Freunden meiner Eltern und den Eltern meiner Freunde. Schon bald wurde dieser Kreis immer größer, während ich einfach über die Produkte erzählte, die ich benutzte und liebte. Ich war stolz darauf, sie repräsentieren zu können und zu erklären, auf welche Weise sie den Leuten in meinem Leben helfen. Am Ende meines Studiums hatte ich genügend passive Einnahmen durch meine Kunden und mein Vertriebsteam, dass ich Brown abschließen konnte, ohne eine »richtige Arbeit« machen zu müssen. (Mein Einkommen betrug zu dieser Zeit etwa 40000 Dollar im Jahr.) Als ich mich doch dazu entschloss, solch einen richtigen Job in New York anzunehmen, nur um mir selbst zu beweisen, dass ich das konnte, hielt ich ganze vier Monate durch. Und zwar genau bis zu dem Tag, an dem mich die Event-Agentur, für die ich arbeitete, fragte, ob ich nicht all meine Wochenendpläne absagen könne, es ginge um eine Party für einen besonders wichtigen Klienten. Es war mir zuwider, dass jemand anderes so über meine Zeit bestimmen konnte. Schon bald nach diesem Wochenende kündigte ich und steckte all meine Mühen in den Aufbau meines Network Marketing-Unternehmens. Meine Tante Penny und mein Onkel Phil Kirk sind zwei der Topverdiener bei USANA. Seit ich 1994 bei USANA einstieg, ist ihre Kunden- und Vertriebsbasis stetig gewachsen. Jede Woche bekommen Penny und Phil ihre Kommission von den Gesundheitsprodukten, die sie in ihrer Organisation verkaufen. Ganz egal, ob sie nun gerade die Mount Everest-Basisstation besuchen, was sie vor ein paar Jahren übrigens wirklich zusammen mit meiner Großmutter taten, oder in Südfrankreich Freunde besuchen. Penny und Phil haben die ganze Welt bereist und in mehr als 28 Häusern während ihrer 40-jährigen Ehe gewohnt. Sie sind freiheitsliebende Vagabunden wie aus dem Bilderbuch, aber anstatt wie die meisten arme Nomaden zu sein, genießen sie die totale finanzielle Freiheit. Sie sind außerdem in der Lage, durch

USANA die Musikkarriere ihrer drei Söhne zu unterstützen, was sie natürlich sehr freut.

PRO: Jeder kann ein Network Marketing-Unternehmen leiten. Es gibt keine Zugangsbeschränkungen, was das Alter, Geschlecht, die Bildung oder die Erfahrung betrifft. Wenn Sie bereit sind zu lernen und aus Ihrer Komfortzone herauszukommen, dann können Sie auch im Network Marketing erfolgreich zu sein.

Es gibt nur sehr geringe Startkosten beim Network Marketing, und schon haben Sie Ihr eigenes Unternehmen. Es gibt im Grunde kein Risiko, denn der Einstieg bei den meisten Firmen erfordert nur eine einmalige Investition von weniger als 1000 Euro, und dafür bekommen Sie dann die Produkte der Firma. Sie haben Zugriff auf ein erprobtes System und bekommen meist noch kostenlose Hilfe und Unterstützung. Es gibt ein fertiges Produkt, eine Forschungs- und Entwicklungsabteilung, ein Kundenservice-Center, eine Versandabteilung, eine Stelle für Rücksendungen, eine Produktionsabteilung und, nicht zu vergessen, ein bestehendes Team. All diese Leute können Ihnen beim Aufbau Ihres Unternehmens helfen, aber Sie müssen sie nicht bezahlen, fortbilden, einstellen oder entlassen. Wenn Sie eine Network-Marketing-Firma leiten, werden Sie Geschäftsfähigkeiten entwickeln, die Sie dann bei jeder Ihrer zukünftigen Unternehmungen im Leben nutzen können: Vortragstechniken, Kommunikationsfähigkeit, Zeitmanagement, Organisation, Präsentation, Marketing, Verkaufsstrategien und persönliches Wachstum. Warren Buffet, Donald Trump und Richard Branson besitzen alle Anteile an Network Marketing-Firmen. Robert Kiyosaki empfiehlt, dass jeder, der etwas über Unternehmen und passive Einnahmen lernen möchte, fünf Jahre lang bei einer Network-Marketing-Firma verbringen sollte. Einfach nur als Übung und um bestimmte Fertigkeiten zu entwickeln, unabhängig vom Einkommen, das Sie erwirtschaften. Das kann ich persönlich auch voll unterschreiben. Denn jede Fähigkeit, die ich für mein Online-Unternehmen, als Rednerin, Workshop-Leiterin und allgemein als Geschäftsfrau nutzte, hatte ich durch meine Network Marketing-Firma gelernt. Wenn Sie im Leben erfolgreich sein wollen – ganz egal womit – sollten Sie Ihre Verkaufsfähigkeiten schulen. Und um das zu tun, gibt es nichts Besseres als Network Marketing. Besonders wenn es sich dabei um ein Team handelt, dass dies auf eine freundliche und aufrichtige Art tut, wie mein Team.

KONTRA: Ein erfolgreiches Network Marketing-Unternehmen aufzubauen, erfordert viel von Ihnen. Sie müssen alle begrenzenden Glaubenssätze über Bord werfen, die Sie eventuell über Marketing oder Verkaufsstrategien haben. Das heißt, dass Sie Ihre Angst vor Zurückweisung überwinden müssen (was Sie sowieso lieber früher als später im Leben tun sollten, denn Zurückweisungen sind so gut wie unvermeidlich, wenn man etwas Bedeutsames aufbauen will). Sie müssen aus Ihrer Komfortzone heraus. Und dazu sind viele Leute nicht bereit. Sie müssen zudem auch ein sozialer Schmetterling sein, wenn Sie beim Network Marketing erfolgreich sein wollen. Sie müssen es schon mögen, ständig neue Leute zu treffen und mit ihnen in Kontakt zu bleiben. (Sie müssen dazu nicht einmal besonders extrovertiert sein, sondern einfach nur Menschen gern haben.) Es gibt gewisse unprofessionelle Praktiken, die im Network Marketing benutzt werden, welche der ganzen Branche einen schlechten Ruf geben. Mein Team und ich haben daher den Begriff des »achtsamen Network Marketings« geprägt. Denn wir wollen das Ansehen dieser Branche grundlegend ändern. Das heißt, dass wir niemanden zu irgendetwas überreden wollen. Wir versuchen den Leuten weder was zu verkaufen, noch drängen wir sie, etwas zu unterschreiben, das sie nicht gut finden. Unser Unternehmen ist einfach freundlich und will den Menschen von Herzen helfen.

Jedes Unternehmen, das irgendeine Bedeutung hat, will im Grunde das Leben der Menschen verbessern. Die Wahrheit ist, wenn Sie sich darauf konzentrieren, der Welt dienlich zu sein und etwas Wertvolles zu schenken, dann sind Sie automatisch auf dem richtigen Weg. Aber viele Leute machen dabei den Fehler, dass Sie nur an die Inhalte denken und dabei Ihr Geschäftsmodell völlig außer Acht lassen. So verpassen sie es, sich aus dem System auszuklicken und sich wirklich nur noch auf die Dinge konzentrieren zu können, die ihnen Spaß machen. Zwanzig Jahre später blicken sie mit blutunterlaufenen Augen vom Schreibtisch hoch und können sich nicht mehr erinnern, warum sie damit eigentlich angefangen haben. Sie sind so ausgebrannt, dass sie nicht mal mehr wissen, wer sie sind, geschweige denn, was sie gerne tun.

Lassen Sie nicht zu, dass das auch Ihr Schicksal wird! Suchen Sie sich einen der beschriebenen Freeways zur finanziellen Freiheit aus und beginnen Sie damit, diesen als eine von mehreren Einnahmequellen in Ihr Leben zu integrieren. Wenn Sie zur Zeit angestellt sind, ist das großartig. Bleiben Sie dabei, während Sie hier und da etwas Zeit abknapsen, um sich nebenher Ihren eigenen Weg zur finanziellen Freiheit aufzubauen, wie beispielsweise mit einem Network-Marketing-Unternehmen.

Das geschieht nicht über Nacht, also üben Sie sich bitte in Geduld. Auch wenn es 10 oder 15 Jahre braucht, um genügend passive Einnahmen zu generieren, um Ihre Lebenserhaltungskosten abzudecken, wäre es das nicht wert, wenn Sie dafür dann tun könnten, was immer Sie wollen? Sie werden das nicht schaffen, indem Sie für jemand anderen arbeiten, also können Sie auch genauso gut damit anfangen, etwas nebenher zu machen. Suchen Sie sich die Sache aus, die etwas in Ihnen zum Klingen bringt und starten Sie dann durch!

Hier noch einige Quellen, die Sie auf Ihrer persönlichen Reise zur finanziellen Freiheit nutzen können. Ich habe all diese Bücher gelesen, all diese Seiten besucht und mich persönlich durch all diese Programme gearbeitet. Sie haben bei meinen finanziellen Angelegenheiten alle Wunder bewirkt. Und ich weiß, dass sie das bei Ihren auch tun werden.

Vergessen Sie nicht, im Internet die Seite www.money alovestory.com zu besuchen, um unsere gemeinsame Reise fortzusetzen. Ich werde die Quellenangaben dort regelmäßig aktualisieren, also schauen Sie öfters mal vorbei und abonnieren Sie die Updates.

NACHWORT:

MAL ERNSTHAFT – WORUM GEHT ES HIER EIGENTLICH?

Es ist toll, die eigenen Finanzen in den Griff zu kriegen und noch dazu genügend Geld zu verdienen, um seine Träume verwirklichen zu können. Aber was kommt danach? Was hat die viele Arbeit, die wir gemacht haben, denn überhaupt für einen Sinn? Wozu das Ganze?

Wir haben es alle schon einmal gehört: »Du kannst es nicht mitnehmen.« Darum geht es bei meiner Philosophie ja auch nicht – um die Ansammlung von Dingen, sondern vielmehr um Freiheit. Meine tiefe Leidenschaft für ein Leben in finanzieller Freiheit rührt von meinem Wunsch, eine bessere Welt zu erschaffen, solange ich da bin. Und ich möchte mein Wissen gern weitergeben, weil ich weiß, dass jeder von uns aus einem bestimmten Grund auf dieser Welt ist.

Wenn wir uns aber ständig Sorgen um unsere Finanzen machen, können wir unseren Lebenszweck nicht voll erfüllen, geschweige denn unser eigentliches Potenzial verwirklichen.

Wenn wir wegen der nächsten Miete schon wieder völlig gestresst sind oder uns fragen, ob wir noch genug zu essen kaufen können, kriegt unsere kreative Energie einen gehörigen Dämpfer.

Finanzieller Stress zehrt einfach an all unseren Kräften. Punkt. Es ist dann einfach viel schwieriger, auf unsere innere Stimme zu hören. So wie ich das sehe, können Sie erst Ihren Zweck auf diesem Planeten voll erfüllen und einen sinnvollen Beitrag leisten, wenn Sie sich finanziell befreit haben.

Eins meiner Lieblingszitate ist von Frederick Buechner und lautet: »Die persönliche göttliche Berufung ist der Ort, an dem die eigene tiefste Freude mit dem größten Hunger der Welt zusammentrifft.«

Wo ist dieser Ort für Sie? Wenn Ihr finanzieller Stress nun der Vergangenheit angehört, wäre jetzt ein guter Zeitpunkt, um nochmals über Ihre wahre Leidenschaft nachzudenken. Ganz egal, ob Sie dazu berufen sind, eine fantastische Mutter zu sein, Profitänzerin zu werden oder ein Waisenhaus in Uganda aufzubauen. Was auch immer es sein mag, finden Sie diesen Ort Ihrer tiefsten Freude. Denn allein schon, indem Sie sich erfüllt fühlen und Ihrem Herz folgen, dienen Sie dem Planeten.

Ich habe bereits erwähnt, dass Menschen aktiver werden, wenn sie Schmerzen vermeiden wollen, als wenn es darum geht, sich Vergnügen zu verschaffen.

Die Chancen stehen nicht schlecht, dass Sie durch einige Kapitel die Wahrheit über Ihre finanzielle Situation erkannt haben. Vielleicht war das sogar schmerzhaft.

Ich weiß zumindest, dass es mir ziemlich wehtat, als ich begann, ehrlich mit meinen Geldangelegenheiten umzugehen. Aber es wäre weit schmerzhafter gewesen, wenn ich weiterhin ohne finanzielles Bewusstsein gelebt hätte, immer mit diesem nagenden Gefühl, dass ich ohne Integrität lebe.

Es war unglaublich befreiend, mich endlich offen und ehrlich mit meinen Geldangelegenheiten zu konfrontieren.

Und meine finanzielle Realität begann sich auf dramatische Weise zu verändern, nachdem ich diese Dinge nun bewusst, klar und liebevoll betrachtete. Ich fing an, mehr Geld zu verdienen, konnte meine Schulden abbezahlen, erlangte wahre finanzielle Freiheit und konnte der Welt mehr geben, da ich meine authentische Stimme wiedergefunden hatte.

Die Chancen stehen nicht schlecht, dass Sie gerade jetzt die Schmerzen finanziellen Umbruchs oder fehlenden Bewusstseins Ihrem Geld gegenüber spüren. Aber inzwischen kennen Sie da ein paar Techniken, mit denen Sie aus dem Schmerz ins Vergnügen der finanziellen Achtsamkeit und Freiheit gelangen können. Vielleicht sind Sie noch nicht ganz am Ziel, aber auf dem Weg dahin, was sich schon ziemlich toll anfühlt, nicht wahr? Der Unterschied zwischen Stillstand und Vorwärtskommen, sogar wenn es sich nur um Babyschritte handelt, ist entscheidend und sollte nicht außer Acht gelassen werden.

Jetzt wäre ein guter Zeitpunkt, um sich selbst zu gratulieren, dass Sie so weit auf dieser Reise rund ums liebe Geld gekommen sind. Viele Leute werfen unterwegs die Flinte ins Korn, weil sie zuviel Angst bekommen oder sich von ihren inneren Widerständen besiegen lassen. Nehmen Sie sich einen Augenblick, um das zu würdigen. Sie haben tolle Arbeit geleistet! Auf was auch immer wir unsere Aufmerksamkeit lenken, wird wachsen und sich ausdehnen. Je mehr Sie Ihren Erfolg feiern, egal wie klein er auch sein mag, desto mehr werden Sie in Zukunft zu feiern haben.

Jetzt ist auch ein guter Moment, um noch einmal den

Test rund ums liebe Geld am Anfang des Buches zu machen. Machen Sie dieses Quiz nun noch einmal und überzeugen Sie sich selbst, wie sehr sich Ihr Punktestand inzwischen verbessert hat. Kommen Sie in ein paar Monaten und Jahren immer mal wieder auf diesen Test zurück und werden Sie Zeuge, wie Sie sich mehr und mehr in Ihr Geld, in sich selbst und in Ihr Leben verlieben. Ich bin nicht so dreist, dass ich vorgebe zu wissen, warum Sie auf dieser Welt sind. Denn das wird nun mal eine der großen, unbeantwortbaren Fragen des Lebens bleiben. Aber ich bin mir ziemlich sicher, dass wir nicht hier sind, um uns abzumühen und Jobs zu machen, die wir hassen. Ich weiß, dass kein Mensch dem anderen völlig gleicht. Also muss es auch einen Grund dafür geben. Sie sind vollkommen einzigartig. Sie sind wie niemand sonst auf der Welt. Sie besitzen Gaben, die sonst keiner hat. Und wenn Sie grummelig, pleite und gestresst durchs Leben gehen, wird die Welt nie in den Genuss Ihrer besonderen Fähigkeiten kommen.

Wenn Sie also noch einen anderen Grund brauchen, um Ihre Finanzen in Ordnung zu bringen und sich selbst zu befreien, dann tun Sie es doch, weil Sie der Welt Ihr Genie und Ihr Talent nicht vorenthalten dürfen.

Ich begann meine Reise in die finanzielle Freiheit vor allem, weil ich eines Tages eine Mutter sein wollte, die tatsächlich auch immer präsent ist. Ich wollte in der Lage sein, mich auf meine Familie zu konzentrieren und zu Hause bei meinen Knirpsen zu bleiben, solange sie noch klein sind. Ich will viel Zeit am Strand verbringen, Sandburgen bauen, ihnen Geschichten vorlesen und ihnen einfach zu verstehen geben, wie wertvoll sie sind.

Ich kann an keine lohnendere Aufgabe denken, als Zeit mit den lieben Kleinen zu verbringen. Das ist eine echte Investition in die Zukunft dieses Planeten. Zudem wird es ihnen in Zukunft sicherlich so manche teure Therapiestunde ersparen.

Aber vielleicht ist das einfach nicht Ihr Ding. Vielleicht sind Sie ein Verrenkungskünstler und würden so gerne ein großes Publikum mit Ihrem Können in Staunen versetzen. Oder vielleicht liegt Ihr großes Talent ja im Organisieren von Dingen. Dann wäre das Ihr persönlicher Beitrag zum Weltfrieden.

Vielleicht sind Sie aber auch völlig erschöpft, leiden an Burn-out und jedes Mal, wenn Sie daran denken, eine noble Tat zu vollbringen, bekommen Sie schreckliche Kopfschmerzen. Sie können einfach nicht weiter denken, als an die Vision Ihrer Selbst, wie Sie sich bei paradiesischem Wetter am Swimming Pool entspannen – natürlich eisgekühlte Cocktails mit bunten Papierschirmchen schlürfend. Wenn das so sein sollte, dann ist das auch völlig okay. Folgen Sie in diesem Fall unbedingt Ihrem Traum und begeben Sie sich an diesen tollen Pool. Relaxen Sie dort so lange, bis Sie sich wirklich erholt fühlen. Füllen Sie zuerst Ihre energetische Tasse auf, selbst wenn diese größer ist als der Pool, neben dem Sie chillen. Es wird sich schlussendlich etwas in Ihnen bewegen, wenn Sie »voll« sind und Ihre eigene Tasse beginnt überzulaufen. Und Sie werden diesen Überfluss sicherlich gerne dort einbringen wollen, wo er etwas Gutes in der Welt bewirken kann.

Bücher

Startup! von Chris Guillebeau
Die 4-Stunden-Woche von Timothy Ferriss
Trau dich, reich zu werden von Suze Orman
Absicht und Erfolg von Jerry und Esther Hicks
Die dynamischen Gesetze des Reichtums von Catherine Ponder
The Education of Millionaires von Michael Ellsberg
The Fire Starter Sessions von Danielle LaPorte
Das Lebensspiel und seine Regeln von Florence Scovel Shinn
Overcoming Underearning von Barbara Stanny
Märchenprinzen warten nicht von Barbara Stanny
Rich Dad, Poor Dad von Robert Kiyosaki
Secrets of Six-Figure Women von Barbara Stanny
Smart Women Finish Rich von David Bach
Tapping: Leben ohne Stress von Nick Ortner
Denke nach und werde reich von Napoleon Hill

Websites

www.dailyworth.com
www.mint.com
www.debtorsanonymous.org
www.underearnersanonymous.org
www.moneyalovestory.com

Meine Programme
The Freedom Family (meine Network Marketing
    Community von
USANA: www.thefreedomfam.com) www.katenorthrup.com/shop

Andere Programme
Marie Forleos B-School: www.moneyalovestory.com/bschool
The Desire Map von Danielle LaPorte:
    www.moneyalovestory.com/desire
Money Clarity von Daily Worth:
    www.dailyworth.com/moneyclarity

Danksagungen

Als ich dieses Buch noch ein letztes Mal durchlas, bevor ich es in den Druck geben wollte, traf es mich wie der Schlag, dass dieses Buch ja überhaupt nicht von mir war. Mein Name steht vielleicht auf dem Umschlag, aber dieses Buch enthält die Arbeit, das Herzblut und die Geschichten von Tausenden. Und dafür bin ich mehr als dankbar.

Ich steh auf der Schulter von Riesen. Ich fühle mich unglaublich privilegiert, dass ich in diese Zeit geboren und nun in der Lage bin, in die Fußstapfen derer zu treten, die vor mir da waren. Vielen Dank an all die, die neue Wege aufzeigen. Frauen und Männer, die es wagten, eine neue Perspektive vorzuschlagen, und an jeden, der sich jemals dazu entschied, etwas anders als all die anderen zu machen.

Es ist unmöglich, dass sich auf diesen Seiten die wahre Tiefe meiner Dankbarkeit für all die Hilfe und Inspiration zeigt, die mir auf meinem Weg zuteil wurde. Aber ich werde versuchen, was möglich ist, um es wenigstens sehr oberflächlich zu tun.

Dieses Buch begann als kleines Samenkorn, als ich die »Women &Wealth«-Seminare mit Maggie Pierce gab.

Maggie, ohne deinen Wunsch mitzumachen und Frauen eine neue finanzielle Perspektive zu zeigen, wäre nichts von alledem passiert. Dankeschön.

Ein spezieller Dank gilt auch Nancy Reid, für unsere vielen »Women&Wealth«-Workshops in New York. Wir waren das dynamische Duo.

Ich danke jedem vom *Team Northrup* und aus der Freedom Family. Jedem, der auch weiterhin die Kunde von finanzieller Freiheit und blühender Gesundheit in der Welt verbreitet. Unsere Geschäftsfamilie füllt mein Herz mit Liebe und Stolz.

Barbara Stanny – durch deine grenzenlose Liebe und notwendige Strenge im »Overcoming Underearning«-Seminar hat es bei mir endlich »Klick« gemacht. Mein Dank gilt Janice Goldman Pickler, meiner ersten Finanzberaterin. Danke, dass du mir ein sicheres Gefühl gegeben hast, sodass ich zugeben konnte, dass ich nicht alles im Griff habe.

Danielle LaPorte, als du mir sagtest: »DU bist die große Chance«, hat sich alles verändert. Danke, dass du in mir dieses Feuer entfacht hast, das mich schließlich befreit hat. Und ich danke dir, dass du die Art von Freundin bist, die quer durchs Land reist, nur um mit mir feiern zu können.

Regena Thomashauer, Nicole Daedone und Dame Lori Sutherland, ihr Ladys habt mir die Erlaubnis gegeben, Spaß und Freude mit meinem Geld zu haben. Und das war wirklich revolutionär!

Patty Gift, du bist ein wahres Geschenk für die Welt! Während der Reveal Conference hast du neben mir gesessen und mich dann gefragt, ob ich nicht ein Buch schreiben wolle.

Danke, dass du mich wirklich »gesehen hast«, danke für deine Freundschaft und Führung. Ich weiß auch zu schätzen, dass du eine verdammt gute Lektorin bist.

Laura Gray, du hast meine Ideen angenommen und sie so verwandelt, dass sie auch einen Sinn ergeben. Danke, dass du so ganz anders denkst als ich und für deinen Lektoratszauber in diesem Buch.

Ich danke auch Chris Guillebeau. Ihr Event zu ihrem Buch *Die Kunst, anders zu leben* in Portland, Maine, inspirierte meine Freedom Tour. Und ich bin für immer dankbar, dass ich David Fugate vorgestellt wurde, meinem wunderbaren Agenten, mit dem es sich so leicht arbeiten lässt und der an meine Arbeit glaubte – zu einem Zeitpunkt, als ich es wirklich brauchte.

Ich hatte ein Seminar auf der Brown mit dem Titel »Unternehmerschaft und gute Arbeit«, das die Frage beantwortete, ob es möglich ist, ordentlich Geld zu verdienen, bedeutungsvolle Arbeit zu machen und gleichzeitig auch noch glücklich zu sein. Dieser Kurs hat mein Leben verändert. Ich danke Ihnen, Professor Josef Mittlemann, dass Sie Fragen gefragt und beantwortet haben, die wirklich wichtig sind und dass Sie mir gezeigt haben, dass Geld, Service und Glück alle wunderbar nebeneinander gedeihen können.

Danke an den Northrup-Clan: Omi, Anne, Rachel, Karl, Jill, Jake, Jen, John, Annie, Billy, Lori, Jacob, Nigel, Matt, Ebony und Großvater, dafür dass du immer zum dem Rhythmus deiner eigenen Trommel marschiert bist – privat und im Geschäftsleben.

Ich bin dankbar, dass ich mit euch allen Gene teile, die fröhlich aus der Reihe tanzen.

Penny und Phil Kirk, ich danke euch, dass ihr meinem 14-jährigen Unternehmergeist Rückenwind gegeben habt. Danke, dass ihr meine Mentoren seid, ob bei geschäftlichen Dingen, Spiritualität oder allgemeinen Lebensfragen.

Eure Führung ist und bleibt einfach unbezahlbar.

Danke an Kris Carr und all die verrückten, sexy Frauen, ihr wisst schon, wer ihr seid: Die liebevolle Unterstützung unserer Truppe haut mich jede Woche aufs Neue wieder um.

Kirsten Lewis, Heather Graham, Moby und Annie Moller: die Hexen von Norton. Danke für all eure Magie.

Mein Dank an Dr. Mryon Wentz für Ihre Vision und auch an jeden von USANA Health Sciences, besonders Dave Wentz und Dan Macuga, dafür dass ihr ein wunderschönes, ganzheitliches Vehikel der Freiheit für Tausende geschaffen habt, mich eingeschlossen. Lori Truman, danke, besonders für deine liebevolle Führung.

Dyana Valentine, du verrückte, wundervolle Frau: Danke, dass du als Erste dieses Buch gelesen hast und anschließend deine Liebe und Genialität ausgeschüttet hast.

Cheryl Richardson, danke für den scheinbar zufälligen Vorschlag, mal bei *Movers&Shakers* vorbeizuschauen.

Reid Tracy: Danke für meine Buchveröffentlichung!

Louise Hay: Danke für eigentlich alles!

Mollie Langer: Danke, dass du uns alle zusammengebracht hast.

Nancy Levin, ich danke dir, dass du dein Licht so sehr strahlen lässt, dass die ganze Welt ein bisschen heller wird.

Meggan Watterson, ich danke dir, meine süße Seelengefährtin, dass du mir und so vielen anderen Frauen auf der Welt erlaubst, sich selbst zu verwirklichen.

Ich danke Rebecca Bent und der Handel Group, dass sie mein Potenzial gesehen haben, lange bevor ich selbst auch nur einen Funken davon wahrnehmen konnte.

Colleen Saidman, Rodney Yee, und Josh Pais: Danke, dass ihr mich gelehrt habt, die Wahrheit zu sagen.

Chela Davison, dafür, dass du mir geholfen hast, meinen Platz zu finden. Ned Leavitt und Gail Larsen, vielen Dank, dass ihr meine Stimme gehört habt – auf zwei sehr unterschiedliche, aber gleich wichtige Arten. Marie Forleo, danke, dass du ein neues Vorbild für Wohlstand bist und eine supertolle Mentorin und Freundin. Ich danke Noah Levy, Ellen Folan, Raina Rahbar, Carissa Reiniger, Michelle Phillips, Michael Chase, Andrea Coles, Laura Garnett, Nisha Moodley, Rochelle Schieck, Deborah Kern, Liza Pascal, Ayan Rivera, Jill Rogers, Kelly Turner, Aaron Teich, Melanie Ericksen, Mike Perry, Hope Matthews, Lucas Foglia, Sasha Rubel, Sandra Chiu, Terri Cole, Jessica Ortner, Rachel Goldstein, Jessica Shepard, KC Baker, Liz Dialto, James Wedmore, Alisa Vitti, Liz Rider, Gabrielle Bernstein, Latham Thomas und meiner lieben Danielle Vieth. Eure Freundschaft, Unterstützung, Liebe und euer Humor haben mich während des ganzen Prozesses wunderbar begleitet. Danke, dass ihr euch als Übungsobjekte bereit erklärt, so großartige Fragen gestellt habt und einfach dafür, dass es euch gibt.

Danke an jeden, der Mike und mir auf der Freedom Tour Unterkunft gewährt hat. Eure offenen Arme und Heime haben es möglich gemacht.

Danke an die Yarmouth Girls (Ellen, Emma, Lindsay, Hannah, Morgan, Meghan, Liz und Rebecca), dass sie von Anfang an für mich da waren. Eure Freundschaft bedeutet mir mehr, als ihr euch vorstellen könnt.

Danke, Bill and Michele Watts, dass ihr so einen tollen Mann großgezogen habt.

Diane Grover, du bist eine der beeindruckendsten Frauen, die ich kenne. Danke, dass du für so viele Jahre die heilige Ordnung bewahrt hast. Und Charlie, danke, dass du dich so toll um Di gekümmert hast, so dass sie das an alle anderen weitergeben konnte. Tracey Moller, danke für deine Begeisterung für dieses Projekt und für deine Liebe. Ich fühle mich reich beschenkt, dass du in meinem Leben bist. Und Waverly danke ich für die Chance, eine große Schwester sein zu dürfen. Ich hätte mir keine perfektere kleine Schwester wünschen können. Danke an Ann Moller, meine Schwester, beste Freundin und meine Lektorin für verzwickte Fälle: Danke für die vielen Kicherorgien, für deine Art mit Worten umzugehen, dafür, dass du an mich glaubst und für deine Liebe. Ich bin wirklich gesegnet.

Dad, ich danke dir, dass du immer für mich da warst, sogar in den schwierigen Zeiten. Danke, dass du mir deine Liebe zur englischen Sprache und deine Fertigkeiten damit übermittelt hast. Und danke, dass du der perfekte Dad bist. Danke Mom, für dein Vermächtnis, deine Liebe und für ein erstes Chakra, das die Größe von Texas hat. Danke, dass du nie wie andere Mütter warst. Ich könnte nicht dankbarer sein, dass wir uns in diesem Leben gefunden haben.

Für Mike, danke, dass du mein Mann bist, dass du auf dieser Straße mit mir gemeinsam reist, für alle Abenteuer, die wir erlebt haben und für alle, die noch kommen werden. Und am meisten danke ich dir dafür, dass du mich liebst und dass ich dich lieben darf.

Für diejenigen von Ihnen aus meiner Online-Community, ob nun bei KateNorthrup.com, Facebook, Twitter oder Instagram, danke für alles und besonders für unsere gemeinsame #MoneyLove -Reise.

Und eine tiefe Verbeugung geht an SIE. Danke, liebe Leserin und lieber Leser, dass Sie hier bei mir gewesen sind. Ohne Sie wäre das alles nicht möglich gewesen.